天下文化 35週年
Believe in Reading 相信閱讀

夢中的台灣

我多麼盼望
那是一個正義的社會
人們心中充滿和平
誠實無欺像濁水溪的流水

我多麼盼望
那是一個順暢的磁場
人們心中去除枷鎖
自由開放像日月潭的浮雲

我多麼盼望
那是一個光耀的世界
人們都伸出誠摯友誼之手
溫暖交流像阿里山吹來的微風

一塊上天賞賜肥沃的樂土
一群人間勤勞謙卑的勇士
血淚的灌溉　無悔的耕耘
腴沃回歸腴沃

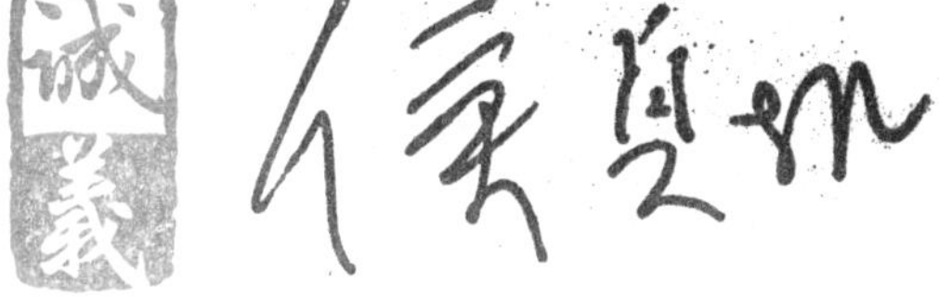

與台灣鋼鐵產業七十年
不遺餘力打造夢中的台灣．　　二〇一七．十一月十三日

[從無到有奠定基業]

從五金行到拆船業，從東和行到東和鋼鐵，從侯金堆、侯政廷到侯貞雄、侯傑騰，世代傳承，一步一腳印穩健前行。

◀ 在侯金堆的帶領下，東和行成立，全心發展五金事業。

▲ 侯金堆（左二）與幾位創始元老，侯政廷（右二）、陳朝壽（左一），共同推動東和行的誕生。

▲ 發展漸穩後，東和行開始嘗試多角化經營，事業版圖擴及拆船業。

▲ 侯貞雄（右三）擔任工總理事長期間與理事合影。

▶ 東和鋼鐵二十週年慶，侯貞雄（左）與侯政廷（右）合影。

▲ 侯貞雄（左）強大的人脈實力，成為東和鋼鐵國際化的強大後盾之一。美國前總統柯林頓（右）訪台餐會合影。

▶ 東和行於1962年改組為東和鋼鐵，並在1978年打造出第一座電弧爐在高雄廠開工試俥，開啟台灣煉鋼元年。

▲ 東和鋼鐵桃園廠動土興建，侯貞雄（前排左二）、侯王淑昭（前排左一）、侯傑騰（前排右二）均親自出席。（2008年）

◀ 桃園廠上梁典禮，侯貞雄手持上梁金螺栓。(2009年)

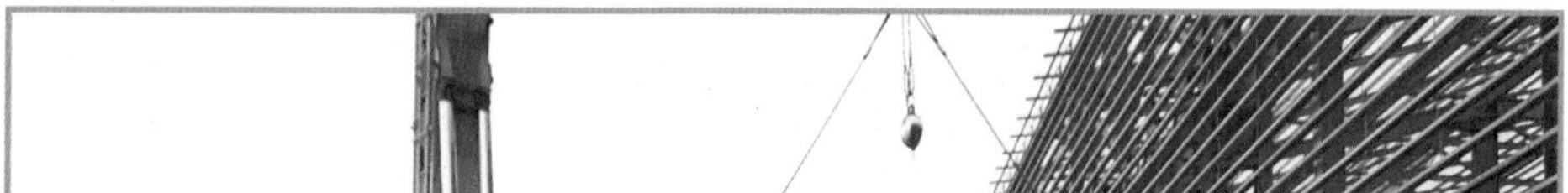

▲ 侯貞雄與家人相偕出席桃園廠上梁典禮，前排為侯貞雄兩位孫子。(2009年)

▲ 東和鋼鐵桃園廠是台灣第一座沒有傳統加熱爐的鋼鐵廠，總統蔡英文（前排右四）也曾親自蒞廠參觀。前排右二為桃園市市長鄭文燦。東和鋼鐵副董事長暨執行長侯王淑昭（前排左三）及董事長侯傑騰（前排左二）親自接待。

▲ 東和鋼鐵五十週年，各界嘉賓冠蓋雲集，前總統府祕書長吳伯雄（左一）、前副總統蕭萬長（左二）、前立法院院長王金平（右一）等人均出席祝賀。右二為侯貞雄。

▲ 慶祝東和鋼鐵五十週年，侯貞雄（中）帶領員工高唱親自作詞的〈東鋼之歌〉。

▲ 東和鋼鐵打破外界對鋼鐵廠的刻板印象，以桃園廠為例，外觀已幾乎看不出是一座鋼鐵廠。

◀ 東和鋼鐵桃園廠行政中心空橋入選為英國建築設計平台網站World Build 365，五座全球最令人驚豔的空間跨距之一。

[以家國為念]

只要是有意義的事情，就應該要堅持。這是侯貞雄的信念，並且付諸實際行動，盡己所能，為台灣的人才與未來奉獻。

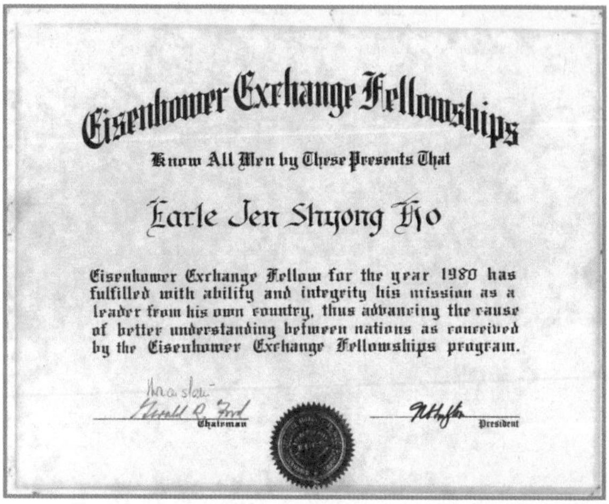
Eisenhower Exchange Fellowships

Know All Men by These Presents That

Earle Jen Shyong Ho

Eisenhower Exchange Fellow for the year 1980 has fulfilled with ability and integrity his mission as a leader from his own country, thus advancing the cause of better understanding between nations as conceived by the Eisenhower Exchange Fellowships program.

Chairman

President

◀ 侯貞雄獲選為艾森豪獎金得獎人，是台灣傳統產業第一位獲獎的企業家。（1980年）

▲ 美國艾森豪獎金會會長艾森豪（D. Eisenhower，前排右六）訪台，並與歷屆得獎人合影。後排左六為侯貞雄。

▲ 侯貞雄（右）出任台翔航太公司董事長，獲當時的總統李登輝親自接見。（1992年）

▲ 肩負台灣航太事業發展重任，侯貞雄（前排中）前往英國航空BAe參訪。

▲ 侯貞雄（右七）赴歐考察德國高鐵。（1993年）

▲ 侯貞雄（前排右六）於1991年創設侯金堆傑出榮譽獎，對學術界貢獻頗深。圖為1993年時，時任中央研究院院長的李遠哲（前排左六）應邀擔任致詞貴賓。

▲ 侯貞雄（上圖右、下圖右二）獲清華大學授予榮譽博士學位，家人均到現場祝賀。（2010年）

▲ 侯貞雄（前排左三）以個人名義捐贈清大，成立「侯金堆講座」，由當時的清大校長陳力俊（前排右四）代表接受。（2010年）

▲ 台大社科院落成，侯貞雄（前排左三）與捐助人合影。（2010年）

▲ 台大社科院頤賢館落成，侯貞雄親書頤賢館誌。

▲ 侯貞雄詩作〈夢中的台灣〉，寫出他心中對台灣的殷殷期盼，留存於台大頤賢館中。

[牽手走過半世紀]

侯貞雄與侯王淑昭結縭半世紀，風雨同路，共譜一生鋼鐵柔情。

▲▶ 侯貞雄與侯王淑昭在人生路上相互扶持，共創事業。

▲ 春之藝廊開幕，侯貞雄（中）親自迎接當時的外交部部長葉公超（左）到場剪綵及參觀展覽。

▲ 馬鞍山鋼鐵總院辦公大樓落成，大廳中展示的雕塑藝術家陳義郎的作品，由東和鋼鐵致贈留念。圖中為侯貞雄，左三為侯王淑昭。（2012年）

▲ 艾森豪獎金會年會，侯貞雄（左二）與前總統李登輝（右二）伉儷餐敘。

▲ 六十六歲開始學習聲樂，叱吒風雲的鋼鐵鉅子侯貞雄，有著不為人知的柔軟與溫暖。

▲ 侯貞雄夫婦平日除了共同打拚事業，也支持贊助藝文活動。

▲ 牽手一生是一段互相學習生命的過程，讓彼此的感情更加雋永。

誠義

侯貞雄

與台灣鋼鐵產業七十年

目錄

序

以一當十的優秀人才

中央研究院前院長　李遠哲

一九九三年二月，我受邀擔任「侯金堆傑出榮譽獎」頒獎典禮貴賓，有機會更深入了解貞雄兄，誠如我當時演講所說的：「一位最傑出的人才，往往勝過十位次好的人才。」

貞雄兄擁有上帝賜予聰慧的資質，成長過程中受父母影響的生意頭腦、敏銳的觀察力，以及凡事認真努力、追根究柢的精神，創造許多台灣第一，也給台灣許多領域，尤其鋼鐵產業，帶來深遠的影響。

為台灣產業做先鋒

以本書中一些重要記載為例，台灣在一九七一年至一九八八年間，年平均拆船量稱霸世界，當時全世界有約百分之七十五的船在台灣拆解，其中一大部分是由東和鋼鐵拆解的，貞雄兄確確實實與同業協力打造台灣成為全球拆船業王國。

另外、貞雄兄的遠見、宏觀與創新思維，使他獨具慧眼，看出電爐煉鋼將取代拆船船板成為鋼筋原料，於是開始投資小型電爐，引進「連續鑄鋼機」新技術，備置電爐和連續鑄鋼設備，成為台灣鋼鐵業首家引入連續鑄鋼技術和設備的廠商。

一九八六年收購桃園乏人問津的法拍鋼鐵廠，將廠房及土地重新規劃，逐步將東和鋼鐵轉型成電爐煉鋼、軋鋼一貫作業的鋼筋廠。

不日，東和鋼鐵躍居民間電爐煉鋼第一大廠，但貞雄兄不以第一大廠自滿而停頓腳步，更因應社會對環境需求及營建品質安全之重視，不惜斥資百億元，打造華人圈首座H型鋼廠，產品廣受社會歡迎。

近年設置的東和鋼鐵觀音桃園新廠，為台灣第一座沒有加熱爐的鋼筋廠，是全台灣最現代化、最有效率、產能最大，也是完成軋延速度最快的鋼筋廠之一。從拆船到電爐煉鋼、從鋼筋到型鋼、從電爐煉鋼到煉軋鋼一貫化生產，貞雄兄為東和鋼鐵打造了世界級鋼鐵廠般永續經營的競爭力。

熱愛台灣

貞雄兄對台灣這塊土地的愛與期望，是有目共睹的。

擔任台翔航太公司董事長期間，他帶領台灣在航太工業發展上有顯著進步；後為高鐵能順利興建，親自於銀行與政府間奔走協商，為高鐵起死回生的關鍵推手。

一九九九年的九二一大地震，至今仍是台灣人記憶中最深的痛，東和鋼鐵在第一時間捐出超過一萬公噸的鋼材，供中、小學希望工程災後重建所需，協助興建災區校園工程。

台灣大學社科院遷建，東和鋼鐵捐贈鋼材與捐款逾兩億元，對社科院回遷母校計畫挹注重大，台大社科院頤賢館遂成為校園裡最美麗的風景之一。

清華大學以其父親為名的「侯金堆講座」，則為貞雄兄以個人名義捐助兩億元，協助學校積極留任並延攬國際優秀人才，提升學術研究水準。貞雄兄捨棄有形，而以無形的講座捐贈，因為他認為，「有意義的事情就值得去做！」

「侯金堆傑出榮譽獎」則是為長期默默投身基礎科學領域的教育及研究工作、且貢獻優異者而成立，這種堅持扶植學術領域的心，自始至終都沒變過，是貞雄兄深深令我折服之處。自一九九一年成立榮譽獎項至今，享有「學界小諾貝爾獎」的美稱，成為傑出學者競相爭取的桂冠。其他善舉眾多，卻也不能在此細數。

一生從事鋼鐵業的領頭尖兵，一位善盡社會責任的企業家，一身鐵漢柔情的多情才子，貞雄兄熱愛生命、不斷追尋使命，生命中堅持追尋第一、守護台灣這片土地，正以良善的正向能量，持續發光發熱，確是一位值得大家學習與敬佩的傑出的人才。

序 俠士、詩人和企業家

台灣大學經濟系名譽教授／台大經濟研究學術基金會董事長

東和鋼鐵公司名譽董事長侯貞雄先生，是我台灣大學經濟學系的學弟。一九五八年，貞雄考進台大經濟系時，我已經是研究所三年級的研究生，由於一年級的學生在羅斯福路四段的校總區上課，而經濟系所屬的法學院卻在徐州路，所以我們在校的時間雖有一年重疊，但是並無見面的機會。

貞雄台大畢業並服完預備軍官役後，到美國印第安納大學經濟系深造，一九六五年獲得碩士學位，到史丹佛研究中心（Stanford Research Institute）擔任電腦程式設計研究員。

他原本希望，工作一段時間，有了一些社會經驗後，繼續攻讀博士，往學術領域發展；然而，由於家族事業的需要，他又是家中的獨子和長兄，責無旁貸，遂在父親侯金堆先生的要求下，於一九六七年返國，任東和鋼鐵副總經理，負責採購業務。

然後，隨著歷練增加，接續他的堂兄侯政廷為總經理和董事長，展現雄才大略，一步一步走向台灣鋼鐵大王和工業界領袖的地位，也將東和鋼鐵發展為民間最大的鋼鐵公司。

侯金堆先生的東和鋼鐵於一九六五年十二月從嘉義遷至高雄市，並在台北市設立辦事處；六〇年代和七〇年代的業務主要為拆船，供應國內外鋼鐵材料、機件和產製鋼筋，唯受到設備的限制，鋼筋的產量不多。

卓然超群的眼界

八〇年代中期，貞雄看出美、蘇和解，東、西方冷戰結束，國際鋼胚的供應充裕，價格下降，而廢船的數量減少，價格上漲，國內工資又不斷提高，環保意識上升，拆船的優勢不再，於是說服董事會，將東和鋼鐵的經營重心，從拆船轉向電爐煉鋼。

一九八六年六月，東和鋼鐵宣布停止拆船業務，以新台幣四億元買下桃園八德的盛進鋼鐵廠，包括：兩萬餘坪土地和兩座當時台灣最大的五十公噸電爐，將其加以整修，提升性能，並將高雄小港廠電爐的性能從二十公噸提高為三十公噸，全力向電爐煉鋼發展。

一九八七年四月，東和鋼鐵總部從高雄遷至台北市；一九八八年七月，股票上市，貞雄繼續尋找下一個主力產品，決定興建H型鋼廠。

東和鋼鐵的H型鋼廠，落腳於苗栗西湖工業區，土地面積四十公頃，從籌劃到落成歷時六載，耗資百億元，成為國內第一座一貫化自動生產一體成型的H型鋼廠，也是華人社會第一座、世界第七座型鋼廠。嗣後，繼續增添設備、訓練人才、精進技術，使東和鋼鐵電爐鋼廠的生產性能蜚聲國際，在國內更是穩居型鋼霸主的地位。

貞雄從父親繼承的庭訓是「生意人要誠信」，貞雄認為，誠信是做人的基本態度，一諾千金，絕不食言；誠信也是東和鋼鐵嚴守的企業倫理，雖然鋼鐵市價變動無常，然而東和鋼鐵答應人家多少就是多少，不論市價如何變動，一定按約定的價格和數量供貨，也因此建立起良好的商譽，受到客戶的信賴和尊敬。

貞雄「要做企業家，不當生意人」，兩者的區別在於，生意人精打細算為了賺錢，企業家則不斷在技術上和產品上創新，賦予舊產業新生命。他說：「只有夕陽公司，沒有夕陽工業。」又說：「鋼鐵公司永遠不會被淘汰，但沒有競爭力的鋼鐵公司是會被淘汰的。」

他雖然不是科技專家，卻不斷產生創意，引進新設備、新產品，提升產品的品質和性能，改善製程，增進生產效率，不斷提高公司的附加價值；而他的創意得以落實，則有賴他重視人才，以及對員工在技藝和精神方面的訓練。

一九九四年他從誠信出發，引申出「律己、愛智、樂觀」的理念，做為東和鋼鐵的企業文化，希望讓公司像一個和諧的大家庭，員工在共同的價值引導下，一起努力追求企業的永續發展。

律己是企業倫理的根本，愛智是技術進步的源泉，樂觀是積極進取、永不氣餒的精神。

富而好施的風範

貞雄樂善不倦、富而好施，台大經濟系系友最感驕傲、也最感謝的是，他捐贈巨資，幫助社會科學院完成從徐州路遷回校總區的宿願。

搬遷前的社科院，也就是以前的法學院，位於徐州路，為日據時期台北高等商業學校的舊址，但一年級的學生都在校總區上課。

記得六十多年前，我還是一年級新生的時候，下了課無處可去，在遼闊的校園遊蕩，也無系裡的師長和學長可以請教，感到沒有歸屬感；二年級回到徐州路，又覺得地方狹小，缺少高等教育學府的氣象，而且和校總區有一點距離。法學院的學生到校總區選課，或者校總區的學生到法學院選課，都有很多不便，學生和教師都不能從一個完整大學的優勢中得到利益。後來在經濟系任教，也常聽同事們談起，希望遷回校總區的心願。

一九八四年，我出任校長後，收購臨近辛亥路的校園預定地，保留為法學院用地，完成虞兆中校長時期的計畫，將商學系擴充為管理學院，遷回校總區，在從國防部新收回的土地上興建大樓。

在我校長任內的最後時期，台大向立法院爭取到二十二億元預算，做為法學院遷回校總區的建築和搬遷經費，可惜直到陳維昭校長時期，只完成了社會系、社工系、國發所和新聞所的遷建，其餘部分則因延宕過久被收回。

一九九九年，法律系升格改制為法律學院，原法學院更名為社會科學院，包括政治系、經濟系，以及在校總區的社會系、社工系和國發、新聞兩所。法律學院在系友的資助下，於二〇一〇年遷回校總區，法學院舊址只剩下政治和經濟兩系。

經過九〇年代的教改，台灣高等教育環境發生巨大改變，大學迅速增加，致使教育經費稀釋，台大新增的建築，主要靠熱心校友捐助，社科院後續的遷院計畫只能從政府得到部分補助。

風趣幽默的言談

二〇〇四年十月，台大經濟系系主任何志欽在圓山飯店舉辦了一場系友早餐會，邀請當時擔任中華民國工業總會理事長、東和鋼鐵董事長、一九六二年台大經濟系畢業的系友侯貞雄發表專題演講，貞雄當場慨允捐贈現金八千萬元和市價一億兩千萬元建院所需鋼材。

至今，我還清楚記得，貞雄開場說了兩句英文：「天下沒有白吃的午餐，但早餐更貴。」全場哄堂大笑。

大約同一時期，經濟系和台大經濟研究學術基金會也向畢業系友發起募捐，初期募得大約兩千萬元，在建築學者劉育東教授的協助下，邀請到日本聞名國際的建築師伊東豊雄（Toyo Ito）設計社科院大樓。

想不到，台大經辦單位有很多意見，伊東三易其稿方得通過，加上一些行政上的細節，延遲多年，直到二〇〇九年八月二十日始取得建築執照，十一月十三日公開招標，十二月十一日由承包高雄世運會主場館的互助營造得標，於二〇一〇年三月動土，二〇一二年十一月竣工，貞雄承諾的捐贈也隨著鋼價上漲，超過三億元。

這座台大迄今單位建築面積最大、耗資最多的社科院大樓，總經費不包括設計費和內部裝潢費為十六億七千萬元，其中教育部補助四億七千萬元，學校向銀行貸款四億兩千萬元興建地下停車場，其餘不足之數仰賴捐款，而貞雄是最大的捐贈者。

由伊東豊雄精心設計、互助營造用心建造的這座台大社科院新館，甫告完成，便已獲得公共工程委員會第十二屆公共工程金質獎、文化部第一座公共藝術建築和內政部的綠建築證章，伊東豊雄也於二〇一三年獲得所謂建築師諾貝爾獎的普立茲克建築獎（Pritzker Architecture Prize）。

新館除供社科院政治系和經濟系教學與研究之用外，並對全校師生開放。如今各種學術活動頻繁，各國建築界聞名來訪的專家絡繹於途。雖然鋼價上漲導致東和鋼鐵的捐贈成本大幅增加，但貞雄一點也不遺憾，因為他認為社科院的價值遠勝過所有捐款人的貢獻。做為捐贈者，貞雄可以這樣說；但做為使用者，我們不能不常懷感恩之心。

功成不居的氣度

貞雄因為捐贈巨款取得社科院大樓一側的命名權，但他功成不居、為而不有，不願以自己或家族相關的名稱命名。

他曾問我的意見，我建議用「敦品館」，因為「敦品勵學，愛國愛人」是我們母校的校訓，而這些年來，台灣的教育重知識、輕品德，社科院的教育尤應強調品德為先，方不致讓知識用於誤國誤民之途。不過，貞雄另有想法，他決定根據《易經．頤卦》，命名為「頤賢館」，期許社科院為國培育賢才。

我和貞雄在學生時期雖然無緣相識，然而，一九七九年和一九八〇年先後獲得美國艾森豪獎金赴美考察，也因而都成為艾森豪獎金中華民國協會的董事，在每月例會中經常有見面的機會。

貞雄和我也都是台大經濟研究學術基金會的董事。這個由梁國樹學長於一九九〇年發起創設的基金會，主要目的在於幫助母校經濟系提升教學和研究水準，貞雄是創始捐助人，我只是應邀參加；一九九五年，國樹兄不幸早逝，我繼任董事長至今。這個基金會也是社科院結合外部資源，順利完成遷院工作的主要平台，如今遷院完成，我覺得如釋重負。

任重而道遠

貞雄天資穎悟，中學時期喜歡看歷史書和武俠小說。他數學好，希望將來讀理工，做工程師，卻不意考取台大經濟系，又對經濟學著迷，希望念博士、做教授，向學術界發展，結果卻成為一位成功的企業家，真是人生難料。不過，我相信，經濟學的素養對他多采多姿的人生有重大影響，讓他像很多外國的前輩經濟學家，不但是經濟學者，也是哲學家和思想家，還像中國傳統的「士」，關心國家發展、人民福祉。

曾子曰：「士不可以不弘毅，任重而道遠。仁以為己任，不亦重乎？死而後已，不亦遠乎？」（《論語．泰伯》）所以，一九七九年，美國背棄中華民國和中國大陸建交時，貞雄和他的五位民間友人到華盛頓密集拜會國會議員、研究助理、政府官員和有力人士，協助政府促成《台灣關係法》的立法。

一九九九年，籌辦中的高鐵瀕臨與政府解約時，他又以個人身分，周旋於高鐵股東、銀行團和政府主管機關之間，溝通協調，讓高鐵起死回生。對於這種急公好義的性格，他小時候愛讀歷史書和武俠小說，應也有一定的影響。

貞雄為人正直不阿，是非分明，而又多情善感，雅好音樂、藝術，喜歡作詩和寫書法，洋溢著浪漫的情懷，讓他的人生豐富。他是我們台大經濟系的俠士、詩人和企業家！讓我藉著這個機會，表達我的敬佩、感謝和祝福之意。

序 擁有無私之心的鋼鐵才子

台灣大學名譽教授
陳維昭

同樣是在一九三九年十一月出生，侯貞雄先生的生日和我相差不過三天，或許我們之間家庭環境、生活背景有所不同，但所處的時代背景和社會大環境是彼此共通的。

譬如說，我們都是在二次世界大戰期間出生，在戰爭的威脅中長大；都經歷了大學聯合招生考試史上唯一一次的不分組，也因此侯先生雖志在念理工，卻進了台大經濟系；有許多共同的朋友，像他嘉中的同學，有些後來成了我台大醫學院的同學，侯夫人大哥王泰澤先生則是我旅美研究期間最密切的好友。

因此，拜讀《誠義——侯貞雄與台灣鋼鐵產業七十年》大作，熟悉的時代故事、熟悉的人物，讀來倍感親切，也倍有感觸。尤其，對侯貞雄先生的為人處世，所展現的智慧、視野，以及以誠信為其核心價值的企業家精神，感到無比敬佩。

東和鋼鐵是由侯貞雄父親侯金堆先生所創建，侯貞雄承續父親一手建立起來的事業基礎，算是企業的第二代，但是他人在國外就從採購學起，回國後歷經副總經理、總經理乃至董事長，透過不斷創新、轉型，積極推動現代化，強化企業體質，在原有勞力密集的拆船和軋鋼之外，有計畫地逐步朝向一貫作業的煉軋鋼廠的目標邁進。

這段期間，他率先引進連鑄技術和設備，建立了全台第一座連鑄機；從軋鋼轉型為電爐煉鋼、從人工軋鋼進入半自動軋鋼，終而使東和鋼鐵成為台灣民間第一大鋼鐵廠、創造一個全新的鋼鐵世代，侯貞雄也因而在台灣鋼鐵業界贏得「鋼鐵才子」之美譽。可以說，侯貞雄是讓東和鋼鐵在鋼鐵業締造新猷的第一代，而東和鋼鐵的發展歷程也就成了台灣鋼鐵產業的發展史。

展現企業家精神

除了在鋼鐵產業上的卓越成就之外，侯貞雄先生最為人所津津樂道的是，他對國家、社會的關懷與無私的付出；其中影響最重大的是，促成了美國《台灣關係法》的成功立法。

一九七〇年，先是中華民國被迫退出聯合國，接著尼克森訪問中國大陸；一九七八年，卡特宣布與中國建交，頓時讓台灣陷入地位不明、民心不安、士氣低落、資金外流等情況。此時，侯貞雄先生在其妹婿楊正雄先生的協助下，與辜濂松先生等所謂六壯士，默默推動攸關台灣安全、穩定的美國《台灣關係法的》訂定，對維護台灣自由、民主與經濟繁榮，實有極大的貢獻。

侯貞雄先生對社會的關懷是多方面的。二〇〇〇年二月五日，我應侯先生之邀，參加了一九九九年「侯金堆傑出榮譽獎」的頒獎典禮，並針對學術面向的「維護公平與追求卓越」發表演講，當時我提到，在科學的發展與運用科學以解決問題方面，沒有任何事項可以取代一流的人才。

「侯金堆先生文教基金會」是由侯貞雄先生所捐助成立，除獎助優秀在學青少年之外，並設置「侯金堆榮譽獎」以獎勵傑出研究人才，選定相對冷門的基礎科學、材料科學、金屬冶煉與環境保護四大領域為獎勵對象，多年來受獎學者超過一百多位，對相關產業的發展提供相當貢獻。

侯先生說：「基礎科學的研究工作，是一條寂寞漫長、清苦單調的路，但其成果又大多屬於人類所共有，這些具有獻身精神和人類大愛者，最值得鼓勵與讚揚。」這種堅持扶植冷門學術的心意，正展現了侯貞雄先生的視野，以及對人類的大愛。

除了獎勵傑出人才之外，侯先生更大筆捐助學術界，以培育更多人才。

慷慨捐輸

二〇〇四年十一月十五日，台大七十六週年校慶，也是在我校長任內最後一次主持校慶典禮，心中充滿興奮；但最讓我興奮的是，當天下午與侯貞雄先生有關捐贈鋼材的簽約儀式。侯先生的臨門一腳，讓延宕多年的台大社會科學院遷建工程終於塵埃落定，心中著實充滿無限感激。

但沒想到，簽約後，經濟環境發生變化，鋼材價格開始飆漲，合約內容本來是約定捐贈八千萬元現金與一億兩千萬元等值鋼材，這時台大又提出了不甚合理的要求，希望東和鋼鐵負責建築所需的所有鋼材而不限定價值。

結果，侯先生也爽快答應了！台大社科院大樓完成啟用，侯先生沒有要求任何應有權益，只在社科院大樓親筆題了「頤賢館」三個字，更是顯得意義非凡。

距上次在台北喜來登健身房與侯貞雄先生見面談話，轉眼已四年有餘，當時我們的話題還是離不開台大社科院遷建的問題，後來才知悉侯先生金體違和，在此衷心祝福他早日康復，以譜出後續更精采的人生樂章。

序 真情豪氣的不凡企業家

中央研究院院士
陳力俊

一個產業界的巨擘與一個長居象牙塔中的學者，交集通常不會很多，而我與貞雄兄卻有相當多且深刻的互動。特別的是，我們都曾從對方手中接過兩張證書。

從貞雄兄手中，我接過的是一九九三年侯金堆傑出榮譽獎「材料科學類」獎項證書，以及侯金堆先生文教基金會董事證書；貞雄兄從我手中，接過的則是一九九七年中國材料科學學會「傑出貢獻獎」證書，以及二〇一〇年清華大學名譽博士證書。

一九九五年至一九九九年，本人擔任中國材料科學學會理事長，注意到學會歷年來各項活動，東和鋼鐵始終是最積極贊助的私人企業，同時進一步了解，東和鋼鐵是國內最大上市民營鋼鐵公司，在貞雄兄擘劃執行下，以前瞻創新斐聲業界，所以學會獎章委員會決議將一九九七年傑出貢獻獎頒贈給東和鋼鐵董事長貞雄兄。

清大自一九九六年起，即已建立名譽博士制度，以表揚在學術或專業領域上有特殊成就或貢獻、有益人類福祉的傑出人士。二〇一〇年至二〇一四年，本人接任清大校長，在思索可能人選時，很自然地想到貞雄兄，多年來秉持東和鋼鐵「律己、愛智、樂觀」之經營理念，建立具有良好社會形象之鋼鐵企業，東和企業積極推動經濟外交，回饋鄉里社稷，對國家發展貢獻良多。

他成立侯金堆先生文教基金會，獎勵獻身基礎科學、材料科學、金屬冶煉、環境保護以及綠色建築五大領域之教育研究工作貢獻卓著人士，對提升台灣科學研發能量、產業技術之升級影響甚巨。貞雄兄秉持遠見，領導工業總會，並深具人文素養，推動國內藝術發展，扶濟災黎，傾注教育，經審查委員會一致通過，授予名譽工學博士學位，確為實至名歸。

幫助強化清大師資

因為種種因素，國內高教發展普遍受到經費拮据的限制。所以，大學校長的主要任務之一，往往是校長們不熟悉與不擅長的事——為學校籌措經費，這時經歷與人脈就倍顯重要。當我懇請貞雄兄對清大有所挹注時，他唯一的問題是：「什麼對學校幫助最大？」並且很快決定捐贈兩億元，在清大設立「侯金堆講座」，協助清大禮聘國際知名學者，長期到清大任教，而清大也因此在二〇一〇年能一舉延攬當時在美國一流的伊利諾大學電機系任職的兩位正教授，同時到校任教，並分別擔任電資學院院長和奈微與材料科學中心主任，此後也陸續得以聘請多位院士級的教師，發揮了很大功效。

二〇一三年末，一次侯金堆先生文教基金會董事會中，貞雄兄罕見地缺席，才得知他不久前不幸中風而行動不便；後來，則又欣見他在復健方面漸有進展，先是能到董事會與侯金堆傑出榮譽獎頒獎典禮向大家打招呼，再而能於二〇一七年二月侯金堆傑出榮譽獎頒獎典禮親自頒獎，並合影留念，活動力逐漸增強。

清大恰巧得以在貞雄兄復健過程中略盡綿薄，緣因清大楊梵孛教授是知名治療中風失語症專家，侯夫人得知後與我聯繫，促成了貞雄兄每週到清大「上課」。猶憶一次與貞雄兄一起上課，看到貞雄兄已能順著幾首他最喜愛的樂曲節拍哼唱，臉部表情也逐漸豐富，治療效果有顯著進展，令人欣喜。

律己、愛智、樂觀

貞雄兄在應邀對清大二〇一〇年畢業生致詞時，曾引美國大學籃賽傳奇教練伍登（John Wooden）名言：「Talent is God-given, be thankful. Fame is man-given, be humble. Conceit is self-given, be careful.」勉勵畢業生。東和鋼鐵「律己、愛智、樂觀」之經營理念，已成企業文化，觀諸貞雄兄為人行事，不啻為其恪守的座右銘，讓人看到一位成功的企業家，不僅發揚父業，打造世界一流鋼廠，不恃才傲物，有情有義，誠心奉獻，以促進社會進步為天職。這反映在他於中美斷交時，為促成《台灣關係法》竭盡心力；在興建高鐵面臨破局時，協助適時獲得援手，成為「台灣的驕傲」；擔任工業總會理事長，為產業進步效命，諸多事功，讓人感佩不已。

東和鋼鐵內部刊物定名為《平凡》，取平凡的累積就是不平凡之意。但貞雄兄在十歲時，即展現不讓么妹出養的情義和風範；在高中時，研讀佛經，探索人生哲理，他台大畢業時的感言是：「我想製造一顆炸彈，把自己引爆，像火柴般燃燒，僅是一縷輕煙。」

在嘉中一九五八年畢業五十週年紀念冊中，貞雄兄以清大國學院四大導師之一的王國維先生「人生三境界」演譯他的人生寫照，引美國詩人佛洛斯特（Robert Frost）的詩作〈未擇之路〉（The Road not Taken）抒發他的人生體悟；大學時即選定被侯母視為「高雅而珍貴的菊花」的侯夫人為終身伴侶。

他初到美就學打工的經驗，頓悟「金錢固然重要，但是時間更為珍貴」；在踏入商業社會之初，即能當機立斷租小飛機從空中俯瞰確定廢鐵料源，迅速學會貿易實務工作；其後主導東和鋼鐵大轉型，從軋鋼到煉鋼，獨具慧眼，掌握連續鑄造新技術，成功說服中鋼執行產業分工、區隔市場策略，挽救台灣電爐煉鋼業者；以誠信為經營企業之本，打造並落實「律己、愛智、樂觀」的企業文化，要求做好基本功，堅持品質第一。

著書立傳，傳承典範

六十五歲學游泳、六十六歲學聲樂，活到老、學到老，處處可見其過人之處。

美國《紐約時報》專欄作家布魯克斯（David Brooks）在二〇一五年出版《品格》（*The Road to Character*）一書，認為大多數人都在追求職場成就，卻不十分明瞭如何健全自己的人格。貞雄兄在高中時即有「假如你現在去世，你對世上最懷念的是什麼？」讓人無言以對的大哉問；他本身也能很早即脫離追求「人爵」，也就是俗世的財富與事業，而注重「天爵」，體悟人生，講求誠信、關愛與慈善，有原則、有堅持，可為後人垂範。

芸芸眾生，紅塵滾滾，古往今來，多少英雄豪傑，往事如煙，不曾留痕，實為憾事。清大直接留美生胡適先生經常勸人立傳，以為歷史見證，並傳承典範。喜見這本貞雄兄傳記，即將付梓。

本書文筆流暢，內容充實，除備載貞雄兄與台灣鋼鐵業發展史與國內重大事件的交集，也極為珍貴地揭露傳主萬丈豪情的另一面，詩書棋弈，動靜皆宜，富而好禮並兼顧家庭和樂，描述細膩，動人地刻劃出一位善盡社會責任的傑出企業家多采多姿的豐富人生，是一本很值得推介的傳記。

序 我和一個特別的人結婚

東和鋼鐵副董事長暨執行長 侯王淑昭

一九六〇年，我十八歲，由屏東來到台北，準備投考師範大學美術系，選擇在沈國仁老師的繪畫教室學素描，也跟陳銀輝老師學水彩，但終究我沒有考上師大美術系，而是去了銘傳商專文書科就讀。這年，因緣際會之下，我認識了侯貞雄。

貞雄和我哥哥都是由外地到台北讀大學的遊子，卻因為父母親的關係，他們兩人同時寄居在一位林姓友人家中，也因此我們雙方的父母有機會相識，再加上我和弟弟也要來台北讀書，所以他們就相約一起買房子，讓孩子們比鄰而居，共同找一個可以照料我們三餐的歐巴桑，解決我們在吃的方面的問題。這應該是神安排的，貞雄不但是我們的鄰居，也因為天天一起在餐桌上見面，牽起了一段姻緣的開始。

在台大經濟系就讀時，貞雄總是神采奕奕、意興風發，對台灣的經濟常有獨特的見解，對國際時事也十分關心；而我只是在銘傳就讀的女孩，在我的眼中，貞雄是一個才氣縱橫的大男子，他不但很會讀書，而且思考敏捷、眼光獨到，還同時寫得一手好字，會唱歌、會吹口哨。面對這樣的男子，我是完全佩服的。

一九六七年，我們結婚了，貞雄是我的初戀，也是我的丈夫；轉眼之間，五十年過去，我們的孩子也已成年，長子玉書如今是一位專業藝術家，次子傑騰接班成為東和鋼鐵的董事長。歲月如流水，我們的人生都尚在努力行進著。

歲月無聲

回想五十年前，因為貞雄是獨子，婚後，我在公公的安排下進入東和鋼鐵，和貞雄一起工作；如今，我已在東和鋼鐵工作五十年。時間在我的生命中流淌著，我常忘了自己，只求自己要扮演好侯家的媳婦，成為一個好太太、好母親和好員工。

直到二〇一三年，貞雄無預警地生病。我是東和鋼鐵的副董事長兼執行長，我守護東和鋼鐵，照顧生病中的貞雄，我生命中的任務尚未卸下。

生病中的貞雄，雖然身體不如從前了，但頭腦還清醒，他的意志依然堅強而堅定，對於必須學習的事物從不敷衍，即便在復健過程中偶有不順利，他雖然會生氣、會懊惱自己的狀態，但最終還是會盡全力學習不放棄。

貞雄生病也讓我們體認到，或許有更多患有同樣病情的人需要復健，於是我們購買了一套「雲端機器人」（Robot-Assisted Therapy）贈送給陽明醫院，期待分享給更多需要復健的病人使用。

貞雄每週會去陽明醫院復健三次，每次至少一小時，隨著這座全台只有三台的最新復健機器人做腳部和手部的運動。看他全力踩踏，和螢幕上的遊戲比賽著，或是靠自己的力量用手玩遊戲、接雪花、買蘋果、撈魚……。貞雄近八十歲了，看他聚精會神操作遊戲把手，那麼投入、那麼全力以赴，我內心的悸動，或許只有我自己能了解。

貞雄生病之後，我一直希望能找一位牧師到家裡來陪伴貞雄讀《聖經》，並期待讓貞雄得到平安；然而，我自己卻因為擔心貞雄的病情而無法平靜。有一天，每週四來家裡陪我們讀《聖經》的葉牧師問我：「妳有為侯先生禱告嗎？」我才驚覺，自己因為太憂心而忘了這件重要的事。之後，我天天向上帝禱告，祈禱上帝賜福給貞雄，讓他的病情可以逐漸好轉。

感謝恩典

葉牧師陪伴我們讀《聖經》八個月之後，葉牧師問貞雄：「侯先生，是否應該受洗了呢？」貞雄沒有正面回應，但他依然很認真地聆聽葉牧師所說的每一則《聖經》故事；又過了兩個月，葉牧師再度問貞雄：「是否應該受洗了？」貞雄答應了。二〇一五年七月二十七日，在病中他受洗了，相信耶穌是我們的救主，成了一名基督徒。

每天早上，我們會一起靈修，讀一段「每日靈修」，並將其做為我禱告的內容。禱告時，我會說出自己必須學習的項目和可能面對的困難，我祈求上帝賜我智慧去面對和悔改，而每每，貞雄安靜聽著我的禱告，我也完全明白他接受了我的禱告。貞雄因為生病，成為和我一樣虔誠的基督徒，這也是神的旨意，在病中他認識了上帝，一位在病中給他最大力量的救主，這是恩典，我充滿感激。

貞雄生病至今四年了，他的病情在緩慢進步中，除了復健之外，現在每個月，我都會安排他返回東和鋼鐵台北總公司，讓同事們輪流向他報告公司的各項業務；我也會安排他到龍潭球場看看，因為成立一座球場一直是他的心願，如今龍潭球場的果嶺比以前更好了，他很開心；我們全家也盡可能每週陪伴他外出吃飯一次，尋找和家裡的食物滋味不同的菜色，以維持他的活力和好心情。

重溫生命印記

二〇一七年年初，我決定為他出版一本專書，以文字記錄他的一生、他和台灣鋼鐵產業發展七十年的歷史，以及東和鋼鐵奮鬥的過程。如今，這本書付梓完成，由初稿、一校、二校，我仔細地閱讀，過程中，我跟隨著文字的行進，彷彿俯瞰貞雄精采的一生，好像我也才更清楚他的生命歷程是多麼充滿波折而顯得精采。

一九七一年，中華民國退出聯合國，外交受到重創；一九七九年，侯貞雄和台灣企業界的幾位朋友，在美國奔波，為台灣在和美國斷交之後的合作明文立法，經過努力才有了《台灣關係法》的出現，保障了台、美之間的互動和關係。這段歷史只有極少數人知道，透過文字我仍能感受到，他們當初在華盛頓進行這件關於台、美關係和台灣未來的大事時的緊張和激動，這個事件應該也是貞雄生命中的一個高點吧。

貞雄一直都是一個有膽識且勇敢的企業家，為了東和鋼鐵的成長和未來，他做了非常多的嘗試和改變，讓東和鋼鐵成為一間更進步也更具視野的民間企業。

一九八〇年，貞雄獲得艾森豪獎金，成為台灣民間獲得該項獎金的第二個人。在台灣建設高鐵之初，他就提出「一日生活圈」的偉大藍圖；在擔任台灣工業總會理事長時，他也建議理事長應一任三年、不得連任，好讓更年輕的人有機會出任該職，更早有機會為產業、為社會和國家貢獻所長。

二〇一七年四月，我接到一通來自嘉義大同國小的電話，那是貞雄小學的母校；電話那頭表示，貞雄獲頒大同國小的傑出校友，想邀請貞雄出席受獎。貞雄就讀國小，應是近七十年前的往事，現在仍被學校記憶著，實屬無上榮耀，我因為感動，親自代貞雄去領獎。

一位不平凡的男子

貞雄這一生，讀過的學校，包括：嘉義大同國小、嘉義省立初中暨高中、台灣大學、美國印第安納大學等，他都得到傑出校友的美譽，甚至在二〇一〇年得到清華大學頒贈榮譽博士，對一直沒時間進修博士學位的他來說，最是實至名歸的鼓勵和證明。

終於，透過這本專書我才認知，自己真的嫁給了一個其實不平凡的男子，我很感動貞雄是這麼一個低調而不願多談論自己英勇事蹟的人，即便我是他的太太，他也沒有在我面前多吹噓自己在外的成就。我很想問他：為什麼他總是說得那麼少？我是透過專書才知道更不一樣的他，知道他為台灣、為台灣的經濟發展、為東和鋼鐵的明天，做了多少努力。

五十年的婚姻，吵吵鬧鬧難免，但我相信，這是上帝給我們的生命課題，希望我們在生活過程中要相互學習，成就聖靈的果子，其中包括：仁愛、和平、喜樂、忍耐、恩慈、良善、信實、溫柔和節制。如今，我常走在貞雄後面，望著坐在輪椅上的他的背影，他的身型一樣壯大，他是我的丈夫，是我一輩子守護的人。我和這個真正的、獨特的大男子已經相守半個世紀，而我仍在學習中。

楔子—翻轉命運的輪盤

一九三五年，在嘉義蒜頭車站，一列「五分仔車[1]」即將啟動，一個年輕人急得滿頭大汗，努力要把貨物搬下車廂，一位十四、五歲的少女見狀，隨手幫了他一把。

這位年輕人名叫侯金堆。一九一一年（日本明治四十四年）八月二十日出生於嘉義縣六腳鄉溪厝村，那是一個窮困的小農村。

當時台灣還在日據時代，侯金堆在蒜頭車站前經營一間名叫「明治屋」的雜貨店；一九四六年，又在嘉義市創辦了東和行，做五金批發買賣；爾後，進入拆船業，成為六〇年代台灣最具影響力的拆船鉅子。

一步一腳印，侯金堆翻轉侯氏家族世代務農的命運。時至今日，東和行更早已搖身一變，成為台灣最大的上市民營鋼鐵公司——東和鋼鐵。

先民勇渡黑水溝

嘉義縣舊稱諸羅，是台灣本島距離中國大陸最近的地方，跨海東渡的移民多在此登岸，安家落戶。

這個地區開發甚早，在三、四百年前的明、清時期，就是先民拓墾發跡之地，侯姓族裔便是在清朝乾隆年間末葉，大約一七九〇年左右，從福建省泉州府南安縣東渡台灣，來到溪墘厝岸腳庄（現今六腳鄉溪厝村）開墾。

侯樸，侯金堆的曾曾祖父，是侯家在台開基之祖，來台至今已超過兩百二十年。

位在嘉義縣西北方的六腳鄉，是嘉南平原上典型的農村聚落，南有牛稠溪（朴子溪舊稱，發源自阿里山山脈，部分上游仍稱牛稠溪）、北有北港溪，土壤肥沃，適宜各種農作物生長，一直是稻米、甘蔗等作物的主要產地，鄉民十之八九以務農為生。

侯金堆的父親侯新加，出生於一八七〇年（清同治九年），隨先人世居嘉義縣六腳鄉，與元配陳饁養育三子二女，侯金堆是家族中最小的孩子。

由於長兄侯知高早逝，侯新加義無反顧地照顧其孀妻和遺孤，十餘口人窩居在茅草蓋頂的泥磚屋裡，秉持先人勤墾精神，日出而作，日入而息，躬耕農事，無奈食指浩繁，家族都過著窮困的生活。

宛若次等公民的台灣人

一八九四年（清光緒二十年、日本明治二十七年），中、日兩國發生「甲午戰爭」，清朝戰敗，把台灣割讓給日本。自一八九五年之後的五十年，台灣進入日據時期，直到一九四五年第二次世界大戰結束為止。

日據時期，台灣經濟就是典型的殖民地經濟模式，台灣的自然資源與人力以供給日本使用為優先考量，例如：一九〇〇年至一九二〇年間，台灣經濟主軸是糖業；一九二〇年到一九三〇年，則是以蓬萊米為主要糧食外銷日本。

日本人統治台灣，將發展糖業做為台灣經濟要務。一九〇二年，台灣總督府發布《糖業獎勵規則》，確立在台灣發展糖業的基本政策，砂糖成為日據時代台灣最重要的產業，還連帶發展出酒精、機械、造紙、肥料等重要周邊產業。

一九〇六年十二月，日本人在台南州總爺（現為台南市麻豆區）設立明治製糖株式會社；一九〇八年，設立蕭壠糖廠（後改為佳里糖廠，在現今台南市佳里區），是明治製糖在台灣設立的第一座新式製糖工廠；一九一〇年，明治製糖興建第二座工廠——蒜頭糖廠，位居東石郡六腳庄行政中心區內的蒜頭六八七番地，就是現今嘉義縣六腳鄉工廠村一號。

這時的台灣，由於還是日本殖民地，在配合「農業台灣、工業日本」的政策基調下，台灣農民辛苦耕種所收穫的蓬萊米，大多供給日本人消費，本地人則以甘藷果腹，吃地瓜籤或地瓜飯。

在貧困中成長

對處在殖民經濟時期的台灣人來說，還有另一項影響生活的情況，就是各日本製糖公司為了開拓植蔗農場，還會強徵民地建廠，甚至曾以高壓手段私自扣留地主，每天只給予一個米粽為食，逼農民出讓土地。

日據時期，台灣人有一句俗諺：「第一憨，種甘蔗互會社磅。2」就是描述蔗農不滿日本公司低價收購甘蔗，卻又無力反抗的心情。

侯金堆出生那年，一九一一年二月八日，嘉義阿里山鐵路通車，這是日據時期開發台灣森林資源的重要標記。中國歷史也在那一年翻了新頁，十月十日爆發武昌起義，掀起「辛亥革命」浪潮；隔年，清朝被推翻，中華民國正式成立。

從小，侯金堆就生活在貧困的環境中，家中生計僅能餬口，想要吃一碗白米飯，可說是難如登天，如能在米飯上澆點滷肉汁，就是奢侈的享受。生活清苦的他，即使冬日嚴寒，也沒有多餘的禦寒衣物，只能穿一件內衣。

自食其力求上進

隨著新式製糖技術從日本引進台灣，在鄉間到處可見大片蔗田，台灣蔗糖成為出口至日本的重要經濟作物。因政策扶植，明治蒜頭糖廠因生產的砂糖品質特佳，當年曾是台灣產糖量第三大，素有「明治寶庫」之稱。

蒜頭糖廠的設立，提升了嘉義地區的經濟力量，尤其是六腳、朴子、太保等周邊地區，除了農地廣植甘蔗，舉凡採收甘蔗時的人力需求，或是製糖所需的工作人手，都直接帶動了當地就業機會。

如此一來，台灣人除了務農之外，又多了幾種可以增加收入的職業選擇，挹注家庭經濟。像是侯金堆的二哥侯語和二堂哥侯金龍，都曾在糖廠當技師，也曾合夥在糖廠的市集擺攤賣羊肉。

由於家境貧苦，侯金堆很晚才上小學，就讀蒜頭公學校[3]時，年紀比同年級的學生大出許多。不愛讀書的他，經常遭父親責打。改變的契機，是在他小學五年級時，遇到一位富有教育熱忱的老師，也是六腳鄉知名的抗日英雄、農運先鋒——劉啟光[4]。

因為有了劉啟光的教導，侯金堆開始發奮讀書，成績也變得名列前茅，原本畢業後還可再考高等科，可惜由於家境窮困，能完成國校教育已屬不易，甚至連畢業旅行的費用都繳不出來，只能放棄繼續升學的想法。

擺脫務農宿命

蒜頭公學校畢業後，侯金堆不願跟父兄一樣留在家鄉溪厝村務農，打算自食其力，而他發現，只有找機會進入糖廠做事，未來才有發展的機會。

由於堂兄和二哥都在糖廠做事，若是糖廠欠缺人手，侯金堆就去做臨時工，有時還代替二哥去糖廠工作，或幫兄長跑腿送肉給客戶。

憑著認真勤奮的工作態度，侯金堆引起日本人的注意，有意重用這個努力的年輕人，而他也積極把握這個難得的機會，在日本人的協助下，進入糖廠福利社擔任店員，在食堂當「跑堂」。

「第一次在食堂吃飯，添了一碗飯，還沒走到餐桌，碗裡的白米飯就吃得精光，」侯金堆曾對後輩敘述當年生活的困窘。

食堂的跑堂工作待遇雖然不高，但免費提供店員吃飯，還有白米飯，那是早年尋常百姓平時享受不到的珍饈。

做事勤快的侯金堆，除了做好跑堂的本分工作，還發奮要學好日語，結識朋友，建立良好的人際關係。

日本人普遍喜歡喝酒，下班後和三五同事或好友宴飲小酌，是稀鬆平常的事。侯金堆生性熱情好客、喜歡交朋友，酒量又很好，經常和日本人為伍，也用心「交陪」，果真如願結識許多日本好友。

不僅如此，由於侯金堆頭腦靈活，又善於察顏觀色，敬業的精神和勤奮工作的態度，令常來食堂吃飯的日本主管印象深刻。

明治屋開啟商場生涯

努力換來了機會，終於得到日本人的許可，侯金堆在一九三四年於蒜頭糖廠外、蒜頭車站旁開設明治屋，以賣牛奶、食品以及一般家庭生活日用品等雜貨為主，不時要去嘉義市，甚至到台北補貨。

明治屋因開在車站前，占了地利之便，加上當時六腳鄉人口多達兩萬餘人，消費人口多，在侯金堆認真經營下，明治屋生意蒸蒸日上，家中經濟逐漸好轉。

隨著經驗累積，侯金堆做生意愈來愈幹練，培養出一身精打細算的經商本領，珠算和簿記能力也日益精熟。這個階段的工作磨練，成為他踏入商場的扎實起點。

「五分仔車」情緣

蒜頭糖廠在一九一一年開始營運後，由明治製糖興建，載運甘蔗、兼營客運的五分仔車鐵道朴子線，也在同年通車。這條從港墘到嘉義市市區的鐵道，途中經過蒜頭糖廠，是當地居民要去朴子或嘉義市採購、辦事時，最便利的交通工具。

經營明治屋的侯金堆，經常搭車往來朴子或嘉義間採買補貨。有一天，侯金堆採購了一大批貨，在列車即將駛離前，一位妙齡少女適時伸出援手幫忙搬貨。對方的愛心和美貌，讓侯金堆一見傾心。

這位少女就是傅秀英，侯金堆未來的妻子。她是嘉義朴子人，出生於一九二〇年，父親原是五分仔車車長，後來當過蒜頭車站、過溝站（位於蒜頭糖廠和嘉義市之間，為現今太保市過溝里）站長。

傅秀英的爸爸很會做生意，在上班之餘會批購海鮮到嘉義市去賣，賺了很多錢，於是在朴子買了很多間店面。而她位於朴子的家，是一間相當大的日式房舍，有前庭、後院，花木扶疏，種了很多果樹。

因為家境不錯，傅秀英小學畢業後，又念了兩年「高等科[5]」。在台灣早期，又是日據時代，女子就學機會少之又少，但由於她天資聰穎、好學，加上家世良好，才能繼續讀到高等科；甚至，高等科畢業後，她還在日本人經營的講習所，學習裁縫技藝。

為了求見佳人，侯金堆經常在車站苦等傅秀英。當年她才十四、五歲，那時候社會風氣保守，沒有自由戀愛，她也不知道戀愛是什麼，聽說侯金堆喜歡她，傅秀英很不能接受，心裡想：「這個人怎麼這樣胡亂追人！」

侯金堆花了三年時間追求傅秀英，期間，前後提了三次婚事。只是「天下父母心」，她的父母得知侯金堆出身鄉下貧寒之家，擔心她會吃苦，便對侯金堆說：「我不會把女兒嫁給鄉下人！」一口拒絕侯金堆的求娶。

從不輕易退卻的侯金堆不死心，懇求了三次，才徵得她父母同意。

真誠打動伊人芳心

打動芳心的方式很多，侯金堆選擇以誠相待。

傅秀英的父親雙腳都罹患風濕病，經常請侯金堆去嘉義採買時順道幫他拿藥，而侯金堆也明白，若要追到傅秀英，就要先通過她父親那一關！因此，每回拿藥時，都還會專程帶禮物送給他。

「找對象，人品資質最重要！」傅秀英的父親曾多次探問她：「那個人『做親戚』好嗎？」傅秀英總是回說：「我年紀還小！」遲遲不點頭。

「妳要惹我生氣嗎？」傅秀英的父親為了她的婚事，激動地拿手用力捶著患有風濕病的腳說。孝順又心軟的傅秀英不敢惹父親生氣，看著上課通勤的班車就快到了，她只好隨口說：「隨在你！隨在你啦！」就匆匆出門去搭車。

沒想到，下午四點多，下課回到家時，媒人已到家裡提親，還準備要打戒指了！超乎想像的情況，傅秀英一下子不能接受，放聲大哭，還是媒人一直安慰她說：「這個對象人很好，不要擔心。」

「這一切都是命運！」傅秀英當下心想，只好認命同意婚事。

一九三八年，侯金堆二十七歲、傅秀英十八歲，年齡相差九歲的兩人結為連理。不過，當時侯金堆其實說了個「善意的謊言」，他謊稱自己只有二十五歲，事後才坦承，原來他以為，如果照實說了自己的年齡，這場婚事就不可能談成了。

侯金堆凡事鍥而不捨，終於「抱得美人歸」；五分仔車結下的情緣，譜出美麗的詩篇，兩人共同養育一男四女。

攜手打拚

每一個成功男人的背後，都有一個勤奮的女人。這段姻緣，是改變侯金堆未來的重要決定，聰慧的傅秀英，正是他往後人生和事業最重要的支柱。

婚後，傅秀英打理明治屋的一切，專心顧店外，也會應客人要求，把沖泡好的牛奶直送到日本人家裡，侯金堆則負責補貨和對外交際應酬。夫妻守著明治屋，過著安穩的生活。

誰知好景不常，自從一九三七年中日戰爭爆發，日本政府提出「皇民化」、「工業化」、「南進基地化」等口號，原就紊亂的局勢，因日本政府對台灣進行軍事、社會動員以及物資統制[6]（配給制），變得更形惡化。

轉向經營五金事業

一九三九年九月三日，英、法等國向德國宣戰，引爆史上最大規模的第二次世界大戰（一九三九年至一九四五年）。十一月十八日，二戰爆發後兩個多月，侯金堆的長子侯貞雄出世，長女侯容華、次女侯惠育，各相隔兩年，也接連在二戰期間誕生。

戰亂時期，百業蕭條，百姓生活更加艱辛，侯貞雄的母親要照顧三個孩子，又要打理店面，五口之家的日子相當辛苦。

所幸，侯金堆遇到貴人指引方向，一位與侯金堆相熟的糖廠採購部日本技師，建議他改做五金鐵材買賣，還熱心開出一些糖廠要用的資材清單，請侯金堆代為採購。

從雜貨店起家的侯金堆，對五金鐵材買賣完全陌生，但交遊廣闊的他，透過台南朋友的協助，購妥清單上所有物品運回蒜頭糖廠。由於五金鐵材的利潤比賣日用品豐厚，腦筋靈活的他，決定將明治屋的經營重心逐漸轉向五金買賣。

糖廠有很多機械設備，如：農用生產機械、製糖設備、交通與倉儲設備、機電設備，以及保養與更換修繕的零件資材等，都需要有代理商代為採購，以節省糖廠作業時間。此外，戰爭多少造成工廠損壞，維修零件的需求也日益增加，採購規模日漸擴增。

這個生意的轉折，讓侯金堆賺到人生的「第一桶金」，也開啟他往後朝五金買賣及走向拆船和鋼鐵業發展的機緣。

建立人脈，如魚得水

二戰期間，日本為了集中力量延長戰線，採取嚴密的物資動員，以經濟統制手段，對工業原料、農產品，甚至貿易、交通、商業等部門實行管制，做為龐大的軍需補給之用；尤其，諸如鋼鐵原料和相關製品等戰略物資，更列為嚴格管制項目。

當時，日本總督府透過經濟警察[7]，積極取締各種違反經濟統制的行為，結果卻造成黑市買賣風氣大盛，連明治屋也曾因涉及黑市買賣而遭到檢舉，面臨經濟警察取締。

有趣的是，明治屋不僅沒有受罰，侯金堆還和日籍經濟警察結為好友，過年時，那位警察甚至會帶著日本清酒到侯家，把酒暢飲。

因為和經濟警察交情匪淺，之後，只要村民違反經濟統制而被取締時，都會跑去找侯金堆，請求他出面關說，而經他說項的取締案件，多半都能大事化小、小事化無，得到圓滿解決，更讓他在鄉里之間的名聲愈來愈響亮。

從一個「打工仔」，變成雜貨店老闆，侯金堆的成功，得力於他精湛的社交手腕，而他廣結善緣，布建綿密的人脈網絡，又為他創造了許多事業機會。

貴人相勸，創造新生

過去，汽油並不普及，為了供應戰事軍需之用，日本研發出用糖蜜做為原料發酵製成無水酒精，調配一定比例汽油做成酒精汽油，當作燃料用油。四〇年代，台灣四大製糖公司——日糖興業、台灣製糖、明治製糖、鹽水港製糖，在全台灣共擁有十五座酒精工廠。

二戰期間，各地糖廠，尤其是酒精工廠，往往成為歐美盟軍轟炸的首要目標；到了二戰末期，台灣經常遭受空襲，明治屋也一度歇業，侯金堆帶著妻小疏散，回到溪厝村避難，老家的庭院及床下都堆滿了從明治屋搬運回來的資材。

戰後的台灣，民生凋敝，侯金堆看到，產業、家園等待重建，亟需機械零件等五金建材，到處都充滿商機，於是他又回到蒜頭糖廠，繼續做生意。可是，一位蒜頭糖廠的課長力勸他：「不要留在蒜頭，應該去嘉義市才有發展機會！」

一九四六年，三十六歲的侯金堆決定自行創業，開設東和行，舉家從蒜頭糖廠搬遷到嘉義市仁愛路，專門從事五金買賣。

台灣許多創立於日據時代、發跡甚早的集團企業，多承續自家族世代經商所累積的財富和資源，但侯金堆不同，他和在嘉義發跡、從米行打工小弟做起的台塑集團創辦人王永慶一樣，靠著自己胼手胝足，白手起家。

父與子的傳承

做過雜貨店小弟、明治屋老闆，七十年前，侯金堆一手創立東和行，成為五金批發店老闆；隨著時代演變，再轉進拆船業而發跡，搖身一變成為拆船鉅子，他赤手空拳，創造自己的事業王國和豐厚財富。

「人生很像一場夢！」十八歲時認命走入婚姻的侯傅秀英，在數十年後，回顧一生陪著侯金堆經歷過的許多高潮、低潮時，心中無限感慨。

侯金堆自小就不願屈服於命運，一路追逐夢想並一一實現，他翻轉命運的輪盤，是見證台灣早期歷史和經濟發展的代表人物之一。

五、六〇年代，侯金堆在拆船業厚植的實力，為日後的東和鋼鐵奠下扎實的根基；而他的獨子侯貞雄，秉持父親的創業精神，持續在鋼鐵產業發展並發揚光大，成就了台灣第一大民營鋼鐵企業，成為叱吒商場的鋼鐵大王。

一個是拆船鉅子、一個是鋼鐵大王，侯金堆、侯貞雄創造了東和鋼鐵七十年的輝煌歲月，父子倆印證著台灣經濟發展和鋼鐵工業歷史的軌跡，一步一步成長茁壯，寫下台灣鋼鐵業重要的歷史篇章。

1. 五分仔車又稱五分車，是配合台灣糖業需要而興建的專用鐵路。由於軌距為七六二公釐，約為歐美一四三五公釐寬軌車的一半，台灣人稱一半為五分，五分仔因此得名。

2. 出自〈憨歌詩〉，歌詞寫到：「第一憨，種甘蔗互會社磅；第二憨，食薰歕風害健康；第三憨，惦路邊看喝玲瓏……」

3. 日據時期的公學校，相當於現在的國小，專供台灣人就讀，日本人的子弟則進入小學校就讀。小學校的老師清一色是日本人，公學校則日籍、台籍老師都有。

4. 劉啟光，一九〇五年出生於今嘉義縣六腳鄉，一九二三年起，在蒜頭公學校擔任代課教師，後因參與抗日行動，在一九二六年遭解除教職。

5. 日據時期，有些規模較大的小學校或公學校，會另設兩年制的高等科，給六年畢業後不繼續讀中等學校的學生做職業訓練，或給沒考上中等學校的孩子補習。

6. 日本殖民台灣期間，全面控管一般民眾生活日用品的生產、銷售、價格等物資消費，專賣制度即是典型例子之一。

7. 日據時代末期，日本政府為因應統制經濟需要，設有經濟警察，專責執行經濟統制法令。

第一部

奠基：

從五金行到拆船王國

第一章　從雜貨店頭家到五金行老闆

侯金堆的長子侯貞雄，出生在明治屋，由於身處日據時代，受日本「皇民化運動」影響，多數台灣人都必須有日本名字，「Sadao」就是侯貞雄的日本名字。六歲以前，他大多說日本話，也總跟糖廠內日本家庭的小孩玩在一起。

一九四一年之後，太平洋戰爭爆發，硝煙四起，台灣這個日本明治維新以來的第一個殖民地，因位居戰略的關鍵樞紐，被日本列為「南進化的基地」、進攻東南亞的跳板，兵員、艦隊、飛機、彈藥、糧食，都集結在這座「不沉的航空母艦」上。

那時的台灣，上空總是戰雲密布，「喔～喔～喔～」的空襲警報聲，三不五時響起。侯貞雄才兩、三歲大，就經常被大人揹著躲避空襲。

在荒蕪中重生

過去，汽油並不普及，為了供應戰事軍需之用，日本研發出以糖蜜為原料的「酒精汽油」，當作燃料用油。

明治製糖的蒜頭糖廠早在一九一一年，就於總爺、南靖[1]、蒜頭、溪湖、南投地區建設六座以糖蜜為原料的酒精工廠。

到二戰末期，台灣已形成四大日資新式製糖會社：台灣製糖、明治製糖、日糖興業以及鹽水港製糖，但最後全都應日軍的要求併成一社，準備組成「台灣糖業運營會」，統籌各製糖會社的資產設備，以全面生產軍用燃料酒精。

不過，日方的企圖並非僅止於此，還有一個重要目的，就是要提高各個農場、工廠和鐵道運輸能力，阻止美軍登陸台灣。只是，這些負有軍事任務的工廠，很快就被歐美盟軍列為重點轟炸目標，接連遭到空襲。

根據台糖出版的《台糖五十年》記載，在戰後糖廠的損毀調查中，蒜頭糖廠和南靖糖廠均被列為「大破」，因廠區設備損壞嚴重，全面暫停製糖。

自行創業，擴大服務面

破壞之後，意謂著新生的開始。

一九四五年八月，美軍分別在日本廣島市和長崎市投下原子彈，造成數十萬人死傷；八月十五日，日本宣布無條件投降；十月二十五日，在現在的台北市中山堂舉行日本受降儀式，至此，台灣長達五十年的日據時期正式結束。

戰後的台灣，各地滿目瘡痍，不僅是蒜頭糖廠，各處復原與建設需求殷切，而侯金堆在二戰結束前後，因緣際會參與了整建過程，開始介入五金批發買賣。

一九四六年五月一日，台糖公司在上海成立，陸續接管台灣四大製糖會社。

極具商業頭腦的侯金堆，經過深思和評估後，決定另起爐灶，跟朋友在嘉義市仁愛路買了一塊地和房屋，自行創業，並將觸角伸向其他各地糖廠，服務對象不再局限於蒜頭糖廠。

一九四六年十二月二十日，侯金堆舉家從蒜頭糖廠搬到嘉義市，在仁愛路六十四號新蓋好的房子前，掛上「東和行」的招牌，正式跨足五金業。「東」是指太陽升起的地方，「和」則意謂陰陽調和。東和行，就是侯金堆畢生事業的起點。

那一年，侯貞雄從朴子國民學校轉學至嘉義市大同國民學校，他的三妹侯素晴，也在那一年出生。

在東和鋼鐵的歷史檔案中，有一張彌足珍貴的照片，是侯金堆站在東和行門口的招牌前。泛黃的照片中，「東和行」、「電話二一三六號」，幾個大大字樣在他的背後，清楚留下歲月的痕跡。

在明治屋經營後期，侯金堆除了販售日用雜貨，也幫蒜頭糖廠採購原物料，兼營小五金批發買賣業務；東和行創立後，也是先從小五金零件做起，再切入大五金[2]，隨著市場商機，一步一步擴充業務項目。

競爭激烈，獲利滑落

戰後初期，台灣各地物資缺乏，五金零件種類不如現代多元，在資源有限的情況下，要取得五金批發管道、掌握穩定貨源，都並非易事。

然而，受戰事影響的不僅僅是台灣，整個歐亞地區在戰爭摧殘下，百廢待舉，各項工業生產停頓，復建工作如火如荼展開，對五金鐵材、機器零件或建築材料，樣樣需求甚殷。

與此同時，國民政府和共產黨的內戰轉趨激烈，軍需物資消耗極大，盛產糖、米的台灣，成為輸出的重要來源，而為了讓糖廠盡快開工生產，所需資材多委託民間行號代為採購，行號間則各憑本事，四處搜尋戰前遺留下的資材，市場上五金買賣異常熱絡，但機器材料採購還是非常困難，糖廠大都用舊有零件拼拼湊湊再加以修理。由於物資奇缺，糖廠對資材幾乎來者不拒。

「當年出貨給糖廠的油漆，即使被火燒過，只要還堪用，糖廠也能接受；鐵管尺寸更是大小不拘，鐵材即使生鏽，也都照單全收，」當時負責糖廠業務的東和行元老黃基源回憶，當年東和行利潤少則兩、三成，有時高達五成，獲利十分豐厚。

順勢而為化解危機

這種情況，一直維持到一九四八年。進入台糖時代後，糖廠所需資材一律公開招標，過去靠交情做生意的模式已漸漸行不通，一切回歸市場自由競爭，帶動的是各商家競標激烈，利潤卻愈來愈低。

腦筋動得快的侯金堆，除了繼續參與投標採購五金之外，也注意到糖廠有很多廢鐵標售，東和行便開始參與標購廢鐵，跨入廢鐵買賣。

當年，軍方也有許多剩餘物資需要清倉，東和行在嘉義市已是最具規模的行號，於是聯合同業標購軍方的汽車廢料，黃基源說：「有一次，東和行標購到數萬個五加侖裝的鐵桶，最後全部銷售一空。」

侯金堆看準時機，大膽入市，憑藉獨到的眼光與做生意的能耐，為東和鋼鐵日後的發光發熱，打下穩固基礎。

---

1. 南靖糖廠原屬於東洋製糖，設立於一九一一年，位在今嘉義水上鄉，一九二一年東洋製糖破產，南靖與烏樹林糖廠均被轉讓併入明治製糖株式會社。

2. 大五金指馬達、幫浦、金屬工具機、鋼筋、鋼管、鋼板等大部件材料，相對於大五金，小五金則是指螺絲、螺帽等水電、家庭用五金材料。

第二章　東和行的靈魂人物

談到東和行開創的歷史，除了侯金堆之外，還有四位重要的人物不能不提，這五位創始元老是支撐整個東和家族企業的堅實骨幹，因為有他們共同打拚，才為東和鋼鐵奠定五十餘年屹立不搖的地位。

自覺受辱，放棄學國語

隨著國民政府接收台灣，大陸移入台灣人口變多，來自福建等地以外被稱作「外省人」的大陸居民，說著各式地方語言，不利溝通，國民政府因而決定以「北京官話」做為共通語言，極力推行國語運動，台灣人的「國語」也從日本話變成「北京話」。

但在侯貞雄的太太侯王淑昭的印象中，從不曾聽過侯金堆說國語，對外溝通時，他講的都是閩南語和日本話。

其實，當年侯金堆跟大部分的台灣人一樣，也想學國語。

蒜頭糖廠曾聘請通曉北京話的老師，為一般民眾開班授課，由於新政府接管，民眾學習意願很高，很多人都自動到糖廠上課。有一天晚餐後，侯金堆對著七歲的侯貞雄說：「時代不一樣了，我們要去學國語！」興沖沖帶著他一起去學北京話。

沒想到，他才跨進糖廠的禮堂門口，老師正好教到一個段落停下來，指著侯金堆，劈頭便問他問題。從未學過北京話的他，根本聽不懂老師說什麼，自然回答不出來，現場所有民眾都看著他們，父子倆尷尬地愣在門口。

當下，侯金堆深覺受到屈辱與難堪，回頭對兒子說：「我們回家吧！」很愛惜面子的侯金堆發誓：以後再也不學北京話了。

找來幫手做翻譯

然而，隨著國語逐漸普及，不會說國語肯定吃不開，加上台糖公司在上海成立，從大陸派遣來台接收糖廠的技師及相關人員，也都是用國語溝通。

面對這樣的情況，侯金堆很快便想到解決方案：找幫手翻譯，而這位幫手，就是當時在蒜頭國校當老師的侄兒——侯政廷。

一九二四年，侯政廷出生於嘉義六腳鄉溪厝村，是侯金堆二堂兄侯金龍的長子。侯金龍的父親侯知高，是侯金堆爸爸侯新加的大哥，大哥英年早逝，侯新加愛烏及烏，一手帶大兄長的三個兒子。

侯政廷自小成績優異，以蒜頭公學校第一名畢業，一九三九年畢業於嘉義高等科；一九四〇年，十七歲的他考取教師資格，在蒜頭國校擔任教員，希望讓台灣子弟能接受公平的教育。天資聰穎的他，在戰爭末期，從廣播中得知日軍節節敗退，研判日本終將戰敗，於是暗中學習北京話，說得一口流利的國語。

一九四六年，侯貞雄八歲，正要進入小學，比他年長十五歲的侯政廷，在此時住進仁愛路侯家。從小，侯金堆便要求孩子們稱侯政廷為「大哥」，甚至連學校舉行家長會，都由侯政廷代表出席，儼然是自己的分身。

四位新夥伴

當侯金堆找上侯政廷幫忙，經過再三勸說，終於說服侯政廷，放棄在那個年代社會地位很高的教職，轉行經商，加入東和行，與侯金堆共同奮鬥。

第二位加入東和行的工作夥伴，是當年唯一的非家族成員，一九二六年出生於六腳鄉的陳朝壽。二戰期間，恰逢日本東京的芝浦電氣到台灣招考技術員，他一試中的，前往日本接受訓練，在立川附近的北多摩住了三年，幸運躲開被徵調南洋充軍的厄運。

侯金堆與台南五金材料商陳朝欽是好朋友，陳朝欽知道東和行亟需擴展業務，就推薦剛自日本回到台灣不久的弟弟陳朝壽給侯金堆，在一九四六年正式成為東和行的職員。由於雙頰和下巴鬍渣茂盛，像留著落腮鬍般，公司資深員工往往暱稱他為「鬍鬚陳」。

侯金堆在兄弟姊妹間排行老五，他的大姊、排行老三的侯惜，有八個小孩，長子黃基源於一九二九年出生，高中讀的是嘉義商工（後改制為南華高商）夜間部，因十口之家開銷較大，他白天便在東和行打工，減輕家中經濟負擔，一九四九年畢業後加入東和行。

一九三二年出生的侯金成，是侯金堆二哥侯語的兒子，是東和行中年紀最小的「童工」，因家中有十三個孩子，食指浩繁，就讀嘉義高工時便住在東和行，等到一九五〇年畢業，正式成為東和行的一員。

對待他們，侯金堆就像父親一樣，照顧兄姊的孩子，帶著四個後輩一起創立事業，東和行在戰後動盪的市場裡，逐漸嶄露頭角。

東和行的創始，是一家小小的五金商行，侯金堆負責發號司令，這群年輕人則是衝鋒陷陣的生力軍，彼此分工合作，或管帳兼會計、跑業務、開拓客戶，個個勤快地和侯金堆一起打拚事業。

「我們經常從嘉義市搭台鐵到隆田火車站，再轉搭『五分仔車』，到總爺糖廠出差，」現年已近九十歲的黃基源，尋覓著年少時的記憶說，搭「五分仔車」是他們在東和行最深的共同記憶。

如同家人的情誼

東和行是台灣很典型的傳統家族企業，五位創始元老，除了陳朝壽，其他人都有親屬關係，只是由於侯金堆皆視如己出，許多人並不清楚他們之間真正的關係。

譬如，早年外界都曾誤認侯政廷是侯金堆的另一個兒子，而侯金堆不僅把他當成兒子般疼愛，更十分倚重他的處事能力，除了東和行的大小事都讓他分勞，連對外的公開場合也由他代表。最典型的例子之一，就是一九六五年時，侯金堆身為東和行負責人，卻隱身檯面下，由侯政廷出任嘉義縣五金公會理事長，由此可見侯金堆對他的器重。

侯金堆愛才，在侄子輩中，又以侯政廷最好學、才華洋溢。「政廷堂兄的能力好、人緣好，」侯貞雄曾公開說過：「父親最欣賞的，就是他鍥而不捨、好學上進的精神。」

不過，最重要的，還是他能夠「按捺」侯金堆的壞脾氣。「我的父親是位直爽而脾氣很大的人，能承讓他、順從他的，恐怕只有我母親和政廷堂兄了，」侯貞雄說。

這幾位後來成為東和行骨幹的小夥子，年輕時吃、住都在東和行，每天一早，每個人都必須分擔打掃清潔等雜務，生活作息都在一起，培養出情同手足的情感。

那時，侯傅秀英年長他們幾歲，卻已成為幾個年輕人口中的嬸嬸或舅媽，負責照料所有人的生活起居，教導他們灑掃應對進退，幾乎一手包辦他們生活的大小事，直到他們陸續結婚成家，搬出去自立為止。

愛拚敢搏尋商機

如果說，侯金堆是東和行的統帥，侯傅秀英就是東和行的精神支柱、靈魂人物，她不僅是侯金堆的賢內助，也是他成就事業的重要推手，更在幾個不同的關鍵時刻，扭轉乾坤。

日據時代結束之後，台灣社會動盪不安。這樣的時代，一方面，處處充滿機會，若敢放手一搏，就有翻身致富的機會；另一方面，就是各種風險充斥，危機四伏。

台灣光復後，台糖陸續接收日據時期的糖廠，為鼓勵農民簽訂種甘蔗的契約，在一九四六年實施「分糖法[1]」，蔗農將原料甘蔗送工廠壓榨後，可分得定額糖量，讓蔗農不僅是原料生產者，也是砂糖的銷售者。

蔗農分得的砂糖，原則上先暫時存放在糖廠，由台糖核發「蔗農糖寄存棧單」（簡稱棧單）做為憑據，等蔗農需要用糖時，再拿棧單到糖廠領出砂糖，也可以將棧單拿到市面上轉讓、出售，或賣回給糖廠。

因為棧單儲存方便，又可以待價而沽，等行情好時出售或轉讓，因此大受蔗農歡迎。然而，一九四九年大陸淪陷後，台糖的砂糖內銷市場只剩台灣，部分蔗農生產的糖必須由糖廠依外銷價格收購，再轉銷國外市場。

換言之，糖價會受國際糖價起落影響，而國際糖價波動起伏大，不少資金寬裕、算盤又撥得精的糖商，就在糖廠附近專門找蔗農收購棧單。

還好有阿媽的私房錢

這種交易方式類似期貨的概念，因而間接造就台灣最早的期票誕生，而當時社會上稱這種收購、買賣棧單的行為，叫作「摶糖徼」（台語，意指賭糖期票）。

侯金堆經常跟糖廠的人打交道，自然有管道可以掌握糖價及棧單，因為看好糖價行情，他買了兩百包糖的棧單。不幸的是，當時六腳鄉的抗日英雄劉啟光從大陸返回嘉義，率領台灣工作團協助國民政府處理接收工作，宣告不能購買日貨，但當時的砂糖都是由日本糖廠生產，侯金堆於是急著賣出那兩百包糖。

沒想到，接手的買家因為破產自殺，侯金堆拿不到錢，手頭上也沒有錢繳貨款。搏糖徼，讓東和行資金調度陷入泥沼，「是阿嬤的私房錢救了東和行，」東和鋼鐵執行長侯王淑昭說，當年，侯傅秀英拿出自己的私房錢，讓東和行應急，但她對侯金堆說：「這係我『寫會仔』（台語，標會之意）的錢，你每個月要給我錢繳會錢。」

多年來，侯傅秀英靠著標會，攢下一些私房錢，在關鍵時刻解了東和行的燃眉之急。她曾語重心長告誡侯王淑昭：

「做生意很危險，要是失敗了，錢就都沒有了，若是孩子讀書沒錢怎麼辦？所以，女人有私房錢是應該的，是為了這個家庭。」

戰後民生凋敝

四〇至五〇年代，台灣政經局勢極度紊亂。先是二戰後期，戰事倥傯，時局動盪，東和行也受到波及，生意總是起起落落，還經常被倒帳。

「我曾經一個人搭車，抱著三歲的女兒，到雲林虎尾催收呆帳，」侯王淑昭至今還記得，早年侯傅秀英回憶起當初身陷財務困境的情況，感受依舊深刻。

緊接著，國民政府接管台灣，採取全面性的統制經濟，卻貪汙事件頻傳，米、鹽、糖等民生物資價格上漲十倍以上，台糖在戰後接收十五萬公噸白糖，卻全部無償轉交給貿易局，運往上海出售，導致台灣糖價暴漲、物價飆升，通貨膨脹嚴重，幾乎與二戰時期相當。

重回起點再出發

一九四八年，侯金堆在嘉義火車站前、中山路上的嘉義客運對面，買了第二間房子，舉家搬遷，東和行也換址營業。同年，台北市南京西路的天馬茶房前，因查緝私菸導致衝突濺血，引爆「二二八事件」，東和行只得暫時停止營業，侯家也搬回蒜頭村暫避風頭。

到了一九四九年年底，國民政府全面退守台灣，大批中國大陸民眾跟隨政府撤退來台，眾多新移民湧入，再次掀起一波社會紛亂。

有一回，東和行訂購了一批五金建材，從台北載運回嘉義，還特別雇請一位身材勇健、頗有江湖味的壯漢，押車保護貨物的安全，那批貨才順利運回嘉義。

同年，政府實施幣制改革，以四萬元舊台幣換一元新台幣，結果造成物價飛漲，出現惡性通貨膨脹，以致國民政府廢除法幣，改發行金圓券[2]，依舊無法挽回經濟崩潰的局面，許多台灣的公司行號遭受通貨膨脹、利息高漲的多重打擊，紛紛關閉。

東和行也難以倖免，加上搏糖徼投資失敗，最後不得不把中山路的店面賣掉，搬回仁愛路六十四號的「起家厝」，重新開始。

1. 一九四六年台糖公司恢復「分糖法」，蔗農將原料甘蔗送工廠壓榨後，可分得定額糖量。初期，農民和台糖的分糖比例是四八比五二，後來提高為五〇比五〇。

2. 金圓券是中華民國政府在國民政府統治區發行的紙幣，以取代一九三五年起發行流通的法幣，使用約十個月。

第三章　轉業拆船賺得第二桶金

在五金行業裡打滾，侯金堆快速累積資產，也建立豐富的人脈，透過與同業交流的過程，侯金堆接觸了廢五金市場。

靠著五金買賣，侯金堆在仁愛路發跡，事業小有所成後，便積極置產投資。這個時期的東和行，不僅積極在各糖廠拓展業務，還將目光鎖定大陸市場，試圖多角化經營。

打撈沉船開啟新頁

五〇至六〇年代，物資缺乏的台灣，許多廢五金業者將五金材料回收再利用，東和行也參與其中。

台灣早期的廢五金來源，有相當大比例是來自打撈沉船後，拆解下來的材料。二戰後期，在台灣附近海域活動的日本船艦，遭到歐美等國軍機轟炸沉沒，為了防止美國艦艇奇襲，日軍採取封港策略，在基隆、高雄等重要港口，鑿沉幾艘大船，使港口僅能容納小型船隻通行。

二戰結束後，為維護船舶航行安全，打撈沉船疏濬港口成為國民政府軍事接收的要務。然而，各港口沉船實在太多，軍方無法消化龐大的打撈作業，為了盡快回復港口功能，政府在一九四七年制定《打撈沉船辦法》與《打撈沉船辦法實行細則》，鼓勵民間業者加入打撈作業，共同參與清港工作。

隨著打撈沉船合法化，民間紛紛成立打撈公司，打撈業迅速興起，其中又以唐榮公司於一九四八年打撈沉沒在高雄外海的日本軍艦「米利丸號」，成為開創台灣拆船業的先驅。侯金堆也是在此時跨入拆船業，更進而創造第二波財富累積，逐步走向事業巔峰。

黑水溝的商機

自古以來，澎湖海域便有「黑水溝」之稱，台灣與澎湖附近海域，至少曾留下四百件以上的沉船紀錄，其中澎湖及馬公港附近海域的沉船數目就有一百件以上，亦即有四分之一的沉船事件在此發生，是沉船比例最高的海域，「黑水溝」之名其來有自，也為打撈與拆船業創造發展的機會。

交遊廣闊的侯金堆，從同業圈中得知，澎湖有一艘船要拆解，且台灣本島和澎湖之間，距離最近的就是嘉義縣，擁有地緣優勢，勇於嘗試冒險的他決定參加拆船，並派了當年才二十歲出頭的侯金成去澎湖參與打撈作業。

一九四九年初期，可說是東和行進入拆船業的肇始，由侯金堆開啟拆船事業的先河，以個人名義出資，加入「雨傘公司」參與拆船業務。

「雨傘公司」是在拆船業發展初期衍生出的合資拆船模式，因為拆船業者資金有限，大多採用合夥集資方式買下或標下廢船，這樣的股東組合形式，當時稱之為「雨傘公司」——打開傘，合作拆船；船拆完，按出資比例分配拆船利潤後收傘，公司跟著結束。

「雨傘公司」應運而生

拆船業需要有相當雄厚的資本，「六〇年代，以一萬公噸載重量的自由輪[1]為例，一艘待拆的廢船約需金額十五萬美元，以當年新台幣兌美元匯率是一比四十，相當於新台幣六百萬元！」侯貞雄以實際數字舉例，「當時銀行員月薪一千多元，換算成現在的金額，大約是五萬元月薪，六百萬元相當於現在的三億元，是一筆相當大的數目。」

當時的台灣，多數人還是比較窮困，以做小本生意居多，但銀行多是公營，放款對象以公營事業和少數大企業為主，一般小企業不容易取得資金。

台灣因為「雨傘公司」蓬勃崛起，奠定拆船王國的盛況，從開始時僅有兩、三家，到後來最繁盛期約有一百多家，且大都集中在高雄碼頭附近。

侯金堆早年是「雨傘公司」成員之一，隨著資金愈來愈多，介入拆船成為主業，東和行也成為最具影響力的「雨傘公司」主導者，「海伯」和「坤仔」即是其中一員。

老東和行人口中的「海伯」和「坤仔」，是從嘉義東石鄉下到嘉義市打拚的年輕人，曾是東和行的合作夥伴，也曾和侯金堆一起拆船。

海伯，是上市鋼鐵公司海光鋼鐵的創辦人黃滄海；坤仔，則是億昌鋼鐵創辦人林金坤。

雖然兩人後來分別出去創業，仍一起做鋼鐵生意，與侯家維繫數十年友好關係。

拆船鋼材提供國家建設所需

台灣的拆船業和日本類似，都是為了解決二戰期間港灣封港的沉船打撈清運工作。而在戰後初期，清港與恢復經濟運作的同時，也種下了高雄舊船解體工業發展的種子。

根據高雄市文化局出版的《高雄港埠發展史》中敘述，台灣拆船業初期的發展，可以分成幾個時期：

第一個階段，是戰後初期的拆解港口沉船時期（一九四七年至一九四九年），像是澎湖、基隆、高雄打撈上來的沉船。

第二個階段，是拆解隨國民政府來到台灣的撤台江輪時期（一九五〇年至一九五二年）。一九四八年至一九四九年間，跟隨國民政府撤退來台的大陸輪船公司，旗下數千艘兩百公噸級以下短程航行的船隻，在台灣沒有河道可供行駛，最後都被報廢拆解。

第三個階段，則是拆解大型汰舊的國輪時期（一九五二年至一九六一年），例如：招商局的兩艘萬公噸級的貨輪永德號、永清號；海軍也出售不少二戰時期日軍所遺留的破舊不堪使用之登陸艦、砲艇以及小型驅逐艦，供民間解體。

這個時期拆船所得的鋼材，剛好解決了一九五三年起，政府推行第一期四年經濟建設計畫，帶動經濟迅速發展、鋼鐵需求大增的問題。

有了澎湖拆船的初次經驗，侯金堆下定決心轉往拆船業發展，而他真正購船自行拆解，則是一九四九年，在鬮渡、社子一帶，拆解大陸撤退來台的輪船以及海運報廢的登陸艇。

關鍵一九四九

那一年，可說是東和行的拆船元年。

剛從嘉義商工畢業的黃基源，負責這次的拆船業務，他說：「當年那裡大約有數百艘船，因噸數小，大概約一年就拆完了。」

一九五〇年六月，韓戰爆發，東和行在鬮渡的拆船業務才剛結束，海運業一時之間又大為興隆，一些老舊大船重新加入營運。

一九五二年，隨著戰事逐漸平息，這批老舊船隻又開始淘汰出售，海軍也出售即將報廢的軍艦，侯金堆當機立斷，大舉轉進拆船業。

自一九五四年至一九五九年，東和行陸續在高雄、鬮渡以及基隆和平島等地進行拆船。之後，黃基源、侯金成和陳朝壽等人，更離鄉背井、「逐港而居」，固守在各個港口。

當年拆解的，許多都是「自由輪」，台船公司[2]也在當時和美國殷格斯公司合作，於一九五七年二月改組成立「美國殷格斯台灣造船及船塢公司」（簡稱殷台公司），建造兩艘三萬六千公噸的油輪，分別是自由號和信仰號，於一九五九年下水啟用。

此時的東和行，向殷台租用一個碼頭拆解舊船，而殷台則在另一碼頭建造新船，兩個碼頭拆與建、舊與新之間，形成有趣的對比，卻同樣述說著時代演進的故事。

這段期間，侯貞雄升上了嘉義高中（前身為日據時期的台南州立嘉義中學校，以下統稱為嘉義高中），每到寒暑假，侯政廷就帶著他當翻譯，去見外國人，期許他能克紹箕裘。

侯貞雄原本喜歡的是理工科，對做生意沒興趣；侯金堆起初有些失望，但仍不放棄循循善誘的機會，慢慢地，充滿挑戰性的經商過程吸引了侯貞雄，不知不覺也步上經商的「不歸路」。

這段時期，東和行不僅拆船，也解體其他廢五金，一九五八年，東和行還曾在嘉義水上機場拆解一架小飛機。只要有取得廢五金的管道、有賺錢的機會，侯金堆都不放棄。

值得一提的是，「有一次東和行在基隆拆解一艘日本海軍的舊軍艦，當工人切開密閉的船艙時，意外發現，底艙滿滿都是全新尚未使用的巨額金圓券！」黃基源回憶，那次的拆船作業，讓參與的同仁都留下深刻印象。

躍升拆船龍頭

一九六〇年起，台灣拆船業進入新的階段——拆解進口舊船時期。

東和行的拆船紀錄大多停留在高雄港，因基隆港素有「雨港」之稱，在基隆拆船的工人甚至曾穿著雨衣、雨鞋長達半年之久，不利拆船作業。

相對於基隆的多雨，高雄港不僅地理條件具備多項優點，例如：全年潮差平均只有一公尺、晴天多、雨季集中，有利露天拆船作業，加上高雄地區有充沛的勞動力，最後台灣拆船業便全部移至高雄港。

黃基源的兒子、現任東和鋼鐵董事的黃志明還記得，大約是一九六〇年左右，他剛蹣跚學步，每個月媽媽都會帶著他從嘉義搭乘清晨四點半的火車北上，到基隆去看爸爸；而在一九六五年之後，同樣是搭著清晨的火車，列車卻是反向南下高雄。

他說起這段記憶，不僅描繪出一對母子思念丈夫和父親、擁抱親情的艱辛歲月，也記載著東和行拆船歷史的一頁印記。

風險意識化解危機

然而，六〇年代也可說是東和行轉型和存亡的關鍵時刻。這段期間，東和行曾面臨兩次重大危機，幸好都在侯傅秀英的睿智果決下化解。

第一次，是和新興鐵管公司的生意往來。

新興鐵管公司的老闆李水變，畢業於日據時代的台南高等工業學校，是侯金堆的好友。

原本從事機械業的李水變，後來改行設立生產鐵管的工廠，卻因投資太多，舉債過巨，導致資金調度時常發生困難，身為好友的侯金堆數度情義相挺，曾向新興鐵管訂貨，還預先開出支票付款，好讓新興鐵管周轉資金。

但其實當時的東和行資本只有幾十萬元，侯傅秀英得知此事後，認為風險過大，極力反對，並馬上把開出去的支票追回來。

不久，新興鐵管就因為經營不善而倒閉，不少商家蒙受重大損失，而東和行則因為侯傳秀英早有風險意識，在她的把關下才躲過一場財務危機。

當機立斷及時撤資

第二個危機，是對聯義公司的投資計畫。

一九六〇年間，侯金堆得知在新竹香山有一個拆解二戰後廢彈的計畫，那家公司就是聯義火藥廠，原是國防部廢彈處理改造工廠，開放民間投資參與拆解工作。

那時候東和行的資本額是五十萬元，但聯義的投資高達八十萬元，侯金堆於是派遣侯金成去新竹參與投資計畫。

侯金成回憶，當年去新竹待了近半年，參與挖防空壕、蓋工廠等基礎建設工程監督工作，雖然才在建設初期還未開始拆彈，但他生性謹慎，經過評估之後，發覺拆解的利潤大概才一成，並沒有如聯義所說的高利潤，而且廢彈藥危險性太高，拆解時很不安全，投資風險非常高。

「這個生意不能做！」侯金成在聯義股東會中提出疑慮，也數度打電話回東和行與侯金堆協商。

原本，侯金堆仍執意要參與投資計畫，直到有一天，侯金成連夜趕回嘉義，當面向侯金堆說明。那時，侯傅秀英也在場，聽完之後覺得很有道理，加上侯金成做事向來認真謹慎，她非常信任他的判斷力，便當機立斷，堅持要侯金成趕回新竹退股，不再參加砲彈拆解工作，並且承諾：「有任何後果，我負責！」

夫妻同心化險為夷

侯金堆個性急躁，是出了名的壞脾氣，生起氣來很多人都怕他，只有太太能制得住他。對侯傅秀英堅持撤資，他雖然氣得不得了，但也莫可奈何。

第二天，侯金成專程趕至新竹辦理撤資，聯義公司加計利息退回東和行八十餘萬元；未料，不出半年，聯義火藥廠便發生大爆炸。

一九六一年六月二十六日，聯義火藥廠在處理一批燒夷彈及照明彈時，不慎引爆，接連引發四萬多發迫擊砲和各類廢砲彈爆炸，威力強大，造成兩人死亡、七十七人受傷的重大傷亡事故，附近兩百多間校舍與民宅全倒，居民住家玻璃全部被震碎，受災民眾多達五百人。

當時新竹縣市各單位全力搶救，整整花了四天時間，才將現場大火完全撲滅。這場災害造成聯義公司至少損失六百萬元以上，波及地方居民的損失則難以估計，當初所有投資的股東全數破產，公司後來便由行政院國軍退除役官兵輔導委員會接手。

在東和行發展過程中，侯金堆肯拚、敢衝，霸氣十足，在事業的開創與發展上，居功厥偉；而侯傅秀英數度扮演關鍵救援角色，憑著她沉穩、務實、明辨事理的本事，幫助東和行抵擋多起風浪，持盈守成。夫妻兩人攜手同心，一次次化險為夷，為未來的事業發展奠定堅實基礎。

1. 自由輪（liberty ship）是二戰期間在美國大量製造的貨輪，美國艦隊購買大量自由輪來替代遭德國潛艇擊沉的運輸船。

2. 台船是台灣國際造船公司的前身之一，一九四七年台灣造船公司由台灣機械造船公司改組分拆成立，一九七八年台船和中船合併為中船公司，後於二〇〇七年更名為台灣國際造船公司。

第四章　東和鋼鐵的誕生

鋼鐵工業是工業之母，牽動造船、汽車、重機械、營建等行業的發展，而廢五金又是鋼鐵業中相當重要的一環，可以說是台灣鋼鐵工業的前身。

全盛時期的東和行，曾活躍在嘉南地區的二十多家糖廠之間，北至溪湖，南至南靖，除了糖廠，業務甚至拓展到嘉義溶劑廠[1]和阿里山林場。

原本，侯金堆看好替糖廠採購機械材料和零件的五金商機，但到了一九五八年，台糖開始淘汰舊機件，採購外國新式機器，以高效率、大型化、自動化等方式提升生產力，五金業者原本向糖廠投標五金鐵材、機件買賣的業務因此大為縮減。

之後，隨著台灣工商業逐步發展，糖業市場江河日下。

五金、拆船此消彼長

根據經濟部國營事業委員會的統計，原本高居外銷商品第一名的砂糖，一九五三年占外匯比重高達近七成，到了一九六〇年，卻縮減為五五％。

侯金堆意識到市場的變化，加上他仍覺得拆船業是一門不錯的生意，決定全力朝向以拆船為本業發展。一九七〇年，台灣砂糖出口占外匯收入大幅下滑至僅占二．九％，再一次，侯金堆依憑對趨勢判斷之敏銳、調整事業經營方向的靈活彈性，為事業發展奠定成功根基。六〇年代之後，東和行邁入進口舊船拆解時代，全新的拆船霸業雛型漸成氣候。

一九六二年五月三十日，東和行正式改組為東和鋼鐵企業股份有限公司，公司章程明訂為「從事輪船解體、舊船、五金鐵材及機械電料等買賣業務」。拆船，從此成為東和鋼鐵的主體事業，同時也意謂著，從一九四六年到一九六二年持續二十六年的東和行時代，正式結束。

東和鋼鐵設立，初期股東為東和行的五位創始元老：侯金堆、侯政廷、黃基源、侯金成以及陳朝壽，由侯金堆出任第一任董事長，總經理由侯政廷擔任。主要出資者是侯金堆，其他四人只占少部分股權。

東和行一九六〇年投資聯義火藥廠時，資本額不過五十萬元；但在一九六二年改組後，東和鋼鐵資本額躍升到四百五十萬元，足見短短兩年之間，東和行在拆船業獲利不菲。

思索南遷

東和鋼鐵以拆船為主業，但拆船需要在碼頭進行，而過去大部分拆船業都沒有專屬的拆船碼頭，包括東和行。當年，台船在基隆港與高雄港均設有碼頭，透過殷台轉租給民間拆船業者使用，東和鋼鐵即是向殷台承租碼頭。

一九六二年九月，台船收回碼頭自營；一九六三年，台船以擴建船塢為由，收回解體船碼頭，東和鋼鐵拆船碼頭也難逃被收回的命運。

此時，東和鋼鐵的拆船事業已如火如荼開展，沒了碼頭，無處可拆船，等於生產基地被攔腰斬斷，即使另覓碼頭，難保同樣的困境不會再發生。

「公司要永續發展，長遠之計，還是要擁有自己的專屬碼頭，不能再寄人籬下，」侯金堆心中想法一出，便計劃建立一個拆船的大本營，於是興起了將公司南遷高雄的想法。

美援帶動，榮景可期

除了碼頭被收回，促成侯金堆下定決心最主要的關鍵是，他看到未來國家經濟發展的大機會，繁盛的前景在望。

戰後台灣的經濟發展進入美援時代，絕大多數基礎建設都仰賴美援挹注，當時民間有句俗諺形容：「美國出點仔膠，台灣出土腳」（美國出柏油，台灣出土地），即充分說明美援對戰後台灣重建的貢獻。

然而，一九六五年，美國停止對台援助，經濟部成立高雄加工出口區管理處籌備處，將配合國家經濟發展做重大投資建設。同年，為輔導拆船業者，國際貿易局（簡稱國貿局）制定《獎勵舊船進口加工輔導辦法》，開始拆解進口舊船，給舊船解體業者很大的鼓勵。

這時，侯金堆再次看到機會，大刀闊斧進行投資並擴大版圖。

一九六五年五月，侯金堆決定增資到一千萬元，並一口氣買下位在高雄港海埔新生地約一萬三千四百六十八坪的土地，準備興建前鎮軋鋼工廠，開始「抽鐵仔」，從事軋鋼，自行生產鋼筋買賣，經營副業。

過去，鋼板加熱軋延後，是由人工半自動抽拉成一條條長長的鋼筋，因此，鋼筋的生產製作，台語就叫作「抽鐵仔」。

同年十二月，東和鋼鐵事業重心南遷，把總公司從發跡的嘉義市仁愛路搬到高雄前鎮區擴建路三號，並同時修改營業項目，打算把公司事業版圖擴及到鋼鐵、建築、金融及運輸業。

那時東和鋼鐵已設立台北辦事處，由總經理侯政廷負責常駐，掌理買船、採購廢鐵等業務；董事長侯金堆則坐鎮高雄，三個老臣黃基源、侯金成和陳朝壽跟著侯金堆南下高雄，負責拆船和軋廠的生產管理業務。初期，三個人的職銜都是經理，陳朝壽專精於財務管理，黃基源擅長廠務及拆船管理，侯金成著重行政規劃。

舊船物品無奇不有

值得一提的是，「每買進一艘船，第一個上船的，一定是黃基源。」進入公司工作迄今邁入第三十一年、當年在碼頭擔任地磅工的黃若葉說。在舊船進港之後，會先辦理海關報關手續，手續成完後，黃基源就會拿著一支小鐵鎚率先登船，在船上各處輕輕敲。

黃基源會先在船上一一檢視，哪些機器是完好的，「像發電機、馬達、壓縮機等重要成品，等確定買主後就先拆卸下來，之後再拆解船體，」黃若葉說，「經驗老道的他，練就一身好功夫，光聽聲音就可以知道哪個是鋼、哪個是鐵，還是其他金屬。分辨出材質後，就可以推算出買進這艘船能賺多少錢。」

侯家與東和行的員工家裡，早年常有很多從船上拆下來的珍貴舶來品。現任董事長、一九七一年出生的侯傑騰，小時候印象最深刻的是，每隔一陣子，家裡就會有一些羅盤、舵輪等船上的物品出現。

「每艘船上都有好東西，」黃志明說，一艘船經年累月在海上航行，船上的東西都要防潮、防鏽、耐腐蝕，「像是鍋碗瓢盆，甚至連洗臉台和馬桶都有，還有木工精細的家具、桌椅等，應有盡有，舊船貨成為搶手的商品。」

坦白說，船上的好東西還真不少，他說：「有時，一艘船航行途中就被船東賣掉，拖到高雄拆解時，船上仍有相當充足的物資，像當年少見的蘋果、可樂，多到不可勝數。」甚至，在黃志明記憶中，「工廠內，還曾經養過六隻飄洋過海而來的活羊！」

在物資缺乏的年代，這些隨船附帶的牛、羊等船貨，都是難得一見的物資，往往發現後就大方分贈給親朋好友，身為侯家好友之子的林忠典，就記得家中曾經獲贈牛羊加菜。

這些，都是在辛苦的拆船日子中，「老東鋼人」最美好的回憶。

第一間鋼筋工廠誕生

日子一天天過去，高雄逐漸成為東和鋼鐵的拆船中心。一九六五年，政府頒定《獎勵舊船進口加工輔導辦法》，正式開放舊船進口，使得拆船業大為興盛，業者紛紛進口舊船拆解後，裁剪舊船板軋製產品。

同年十二月，東和鋼鐵正式由嘉義遷至高雄前鎮；一九六六年六月，前鎮軋鋼工廠完工，正式生產鋼筋，這是東和鋼鐵進入生產鋼筋時代的第一間工廠，只是當時那還只是一座相當簡易、靠人力軋鋼的傳統單軋工廠。

一般軋鋼廠因資金有限，且受限於技術，規模均不大，而東和鋼鐵前鎮廠有兩套軋鋼機，每月產量雖然僅約一千兩百公噸左右，但相較於同行的年產量約一萬公噸，當時的產量規模已算不小。

1. 嘉義溶劑廠的前身，是日據時代末期設立在嘉義市南郊的嘉義化學工廠，日本政府利用台灣南部的地瓜（甘藷）做為醱酵原料，製造丁醇等產品，供應戰時軍機的燃料所需，可說是台灣生質燃料的先鋒。戰後為中油接收，更名為嘉義溶劑廠，現為中油煉製研究所。

第五章　侯金堆的管理哲學

早在日據時代，侯金堆就憑著好酒量、善交際而拿到明治屋的經營權。當然，做生意絕非只靠交際應酬就能成功，誠如侯貞雄曾形容他的父親，是「一根腸子通到底的人」，雖然個性剛烈、脾氣不好，卻是一位正直而慷慨的人。

談笑風生

成立於一九六八年的日商岩井株式會社，曾是最大的廢船貿易商社，從侯金堆拆船時代採購舊船開始，許多舊船都是透過岩井商社向英國標購得來，雙方生意往來多年，淵源頗深。一九九〇年，侯傑騰高中畢業時，在父親侯貞雄的安排下，到日本岩井商社實習，時間長達七個月。

他記得，當時岩井的老闆對他說：「我年輕時，第一次出差到高雄，早上飛機一抵達，就被帶到瑞士大飯店，中午跟你阿公吃飯、喝酒，一直到兩點。」

「跟阿公談生意，吃頓飯、喝酒，很正常啊！」侯傑騰心想，這沒什麼啊！

「是凌晨兩點！」日本老闆接著說，「從中午到晚上，一堆人來來去去，沒有停過。」

生性好客的侯金堆認為，來者就是客，到公司談生意，一定要吃一頓飯才能離開。因此，他往往早上到公司交代一下事情，就完全放手給小輩處理。表面上看，他好像沒做什麼事，只是從早到晚都在聚會、吃飯、喝酒，但實際上，在杯觥交錯之間，他已經蒐集到許多資訊，也談成許多生意。

霸氣堅持

這是侯金堆時代談生意的方式，而喝酒的故事，也幾乎成為侯金堆的標記。

每年大年初一，侯家一大早就門庭若市，侯傅秀英會準備滿桌的酒菜，像設流水席般，整天招待前來拜年川流不息的訪客。

侯貞雄遺傳到父親的好酒量，但年輕時他很討厭爸爸喝酒；侯美玉小時經常被喝醉的爸爸吵醒，留下不好的回憶，但她覺得，「爸爸因為大男人壓抑的個性，往往在酒後才會吐真言。」

侯金堆就像典型日本人，或者說是台灣人傳統的大男人主義，黃基源的太太蘇語說：「侯金堆在酒店喝完酒，坐著三輪車回家，到了家門口，不論多晚，都要侯傅秀英或侯貞雄來幫他開門，如果他們沒來開門，他就會任性地不下車，原車再坐回酒店。」

然而，侯金堆經常喝得醉醺醺回家，為了他的健康著想，侯傅秀英只好把他看得緊緊的，只是終究因為長年飲酒過量，傷害了他的身體。

有個題外話是，侯金堆晚年因病入住台大醫院，住院前做必要的基本資料確認，當護士詢問血型時，在場的家人斬釘截鐵地說：「阿公是O型的。」但檢驗後卻發現，侯金堆的血型是A型。

一般人刻板印象認為，血型O型的人脾氣很大，個性很火爆、性急，因此一直以來，親人都誤認為霸氣、很兇的侯金堆血型一定是O型！

沒想到，「侯金堆和侯貞雄父子兩人，血型都是A型，霸氣、大器的性格也如出一轍，」侯王淑昭說。

廣結善緣

侯金堆交遊廣闊，而在他的人脈圈中，有一位非常重要的人物，就是劉啟光。

劉啟光於一九一九年自蒜頭公學校畢業，考入嘉義簡易商業學校（華南高級商業學校前身），一九二一年畢業後，進入台南師範學校就讀，一九二三年分發至蒜頭公學校擔任代課教師。

然而，一九二一年至一九三一年間，台灣社會、政治、民族運動風起雲湧，像是日本會社經營的製糖業壓榨蔗農勞力、日籍教師歧視台灣本島學生等諸多不平等待遇，引發劉啟光不滿，起而抗日並參與農民運動，而在一九二六年遭解除教職。

劉啟光雖然只比侯金堆年長六歲，但侯金堆因為家境貧困，較晚就學，一九二三年，當時十二歲的侯金堆正好成為劉啟光在蒜頭公學校的學生。

一九三〇年，劉啟光逃往大陸，投筆從戎，日後更官拜少將；一九四五年，他奉命協助接收台灣，之後又奉派擔任新竹縣縣長；一九四六年，華南商業銀行（以下簡稱華銀）改組，獲選出任董事長；一九五一年，台灣省臨時省議會成立，當選第一屆省議員。

劉啟光擔任華銀董事長長達二十二年，早期東和鋼鐵與華銀關係良好，華銀行員幾乎沒有一個不認識侯金堆，就是因為劉啟光的關係。兩人的師生情誼牽繫四十四年，直到一九六八年劉啟光過世為止。

侯貞雄嘉義高中的同學柯淵育，二十三歲剛退伍時考上華銀嘉義分行，一九六三年至一九六八年間任職於華銀，當初東和行的帳戶就是由他經手辦理。

當時，華銀一家分行的總存款金額不到一億元，但侯金堆經常一次匯款就是一百萬元，柯淵育笑說，「他是華銀嘉義分行的大客戶，我們都尊稱他為『歐伊桑』，如果他本人到銀行，還會全體行員起立迎接他。」

有錢要大家一起賺

侯金堆有一只勞力士錶，「每天回家後，他就會把手錶放在桌上，聽到那聲音，我就知道他回來了，」侯傅秀英曾說，他非常守時，和人約定時間，一定會看著手錶、注意時間，絕不遲到。

侯金堆是個很重視原則的人，做生意，他希望讓雙方都能賺錢。舉例來說，在高雄拆船時，有次與客戶簽約出售銅料，不料市場銅價下跌了三、四成，侯金堆主動打電話給客戶，請對方重新議價，以免損失重大。

東和鋼鐵有很多長期往來的客戶，都很懷念侯金堆。

一位長期客戶陳天送曾轉述侯金堆對他說的話：「阿送兄，你上次拿的那批貨沒賺錢，這次我就算你便宜一點。」

「來跟你做生意的人，也要讓他賺錢，不論是買東西或賣廢鐵給你，一定也要讓他賺錢，如果不賺錢，以後他就不會跟你做買賣，」侯金堆認為，有錢要大家一起賺，做生意才能長長久久。

這種上、下游共生互利的觀念，就是侯金堆做生意的道理。他堅信，唯有這樣，才能在商場和同業之間建立緊密的關係，客戶才會樂意與公司合作。

讓利才能成長

侯王淑昭說，東和鋼鐵事業涉及的行業很多，以運輸為例，要自己買卡車、建立車隊，絕對沒有問題，光運輸交通費用，一年就是好幾億元的生意，但侯金堆堅持：「要讓一些東西給別人做，不要想每一樣都攬著自己做！」

他認為，應該要給別人做的，就要讓利，才能共生共榮，而多年來，東和鋼鐵一直專注在鋼鐵本業，跟客戶維持長久的合作關係，就是堅守這個做生意的原則。

侯傅秀英曾說過侯金堆的過人之處：「他很會做生意，用算盤就能計算出一艘船要花多少錢買、可以獲利多少，每次都計算得很精準。」因此，客人買、賣多少錢，是賺是賠，他都瞭若指掌。

「他和人談事情的時候，經常會在大腿上用手指頭計算、寫字，」侯王淑昭說。侯傅秀英也曾觀察到，即使到了晚年，生病躺在床上，侯金堆還是會用心算計數。

有容乃大

「我公公最讓我佩服的是，他知道什麼時侯要用有什麼能力的人！」侯王淑昭說，當年侯金堆創業時，找來會說國語的侯政廷，以補自己的不足；後來，進入拆船時代，要跟英、美等說英語的國家做生意，他就請了兩位會說英文的員工，協助侯政廷處理買船業務。

「小時候，常在家裡看到兩個會說英文的外省老公公，」侯傑騰記得，當時，侯貞雄夫妻就住在公司位於長安東路的辦事處旁，即現在台北總公司的正對面。

這兩位外省老公公，一位是張源耀，另一位是畢業於上海震旦大學法學院的律師張福康。一九七〇年、十九歲即進入公司工作的廖慧婉說，「我剛上班時，那兩位先生就在公司，負責處理和國外洽商標購舊船等業務。」

走進東和鋼鐵高雄廠，沒有任何隔間的素樸辦公室，在偌大的空間中直走到底，即可見兩張大大的辦公桌，面對大門右手邊那張是侯金成的，左邊的則是黃基源的辦公桌。兩人退休時，職務都是副總經理。

退休至今十餘年，黃基源幾乎仍舊以廠為家，每天都會請司機載他到高雄廠，一待就是幾個小時。

「有時，遇上颱風天，他還要到工廠巡視，以確保廠區安全，」黃志明說著父親將一生奉獻給東和鋼鐵的堅持執拗，也能感受黃基源這位九十歲耄耋老者守護工廠的一片真心。

這樣的習慣，是在東和行開始工作就養成的，因為侯金堆從創立東和行之後，就把財務、管理、生產、業務等工作都放手交給年輕人處理，充分授權、完全信任，也養成這些小輩任事負責的態度。

真心是成功唯一法則

信任員工、充分授權、捨得付出……，這些正是侯金堆之所以事業成功並贏得員工死忠的成功法則。

過去的拆船事業讓東和行營利賺錢，對人寬厚的侯金堆對合作夥伴十分大方，「常常都在分（紅），」侯金成說，只要賺錢，侯金堆就會發放獎金紅利給員工。

當年東和行改組東和鋼鐵時，侯金堆就把股份分給後輩，讓他們認股參與公司經營。

「樹仔若大欉，就愛分枝，」侯金堆認為，樹大就要分枝，對員工另有出路都會支持，就像黃滄海、林金坤等人出去創業，他不僅樂見其成，還主動詢問是否需要資助。

南遷高雄時，侯金堆買了一部雪佛蘭轎車代步，方便往返嘉義、高雄之間，而他的第一位司機楊勝吉，是嘉義朴子人，一九六五年隨著公司遷往高雄，楊勝吉也跟著南下定居。

楊勝吉婚後育有三名子女，侯金堆體恤他養家不易，就把位於前鎮廠區的一棟兩層樓房子，免費提供楊勝吉一家五口棲身，直到他有能力買房子搬出去為止。同時，也聘請他太太在公司負責烹煮員工餐。後來，楊勝吉英年早逝，長子楊量棋完成學業後，也被延攬進入東和鋼鐵任職。

俗語說：「有容乃大。」因為侯金堆的胸襟氣度與雅量，很多人即使離開公司，也沒有負面評語，更沒有出現與老東家競爭或搶客戶的情形。

更加難能可貴的是，老董事長對老員工與事業夥伴下一代的照顧，侯家人在侯金堆過世後依舊持續不輟，而侯金堆對待員工的真心情義，至今仍舊在員工、故舊間流傳。

第二部

茁壯：
從少年時代到生意啟蒙

第一章　英雄出少年

嘉義市仁愛路六十四號，是東和鋼鐵前身——東和行的起源地，侯貞雄從小學一年級到高中畢業，近十二載的少年時代都在這裡度過，留下許多難忘的回憶。

一九五〇年十月十日，就讀嘉義市大同國小四年級的侯貞雄，一早就到學校參加國慶日暨校慶活動，然而他卻無心參與，因為他的母親侯傅秀英臨盆在即。

在長子侯貞雄之後，侯家已連生了三個女兒，家人都期待這一胎是男丁，侯貞雄也和家人一樣，殷殷期盼有個弟弟。儘管最後期待落空，但他對這個小了十一歲的么妹侯美玉，卻相當疼愛。

沒想到，居然有人想帶走侯貞雄的寶貝妹妹！

守護家人不分離

侯金堆一位任職糖廠的好友，結婚多年但膝下猶虛，夫妻倆很喜歡侯美玉，懇求侯金堆夫婦割愛。

以侯家的經濟能力，絕非養不起小女兒，但侯金堆不忍讓好友失望，也希望好友夫婦能有機會享受天倫之樂，幾經掙扎，他最終同意將小女兒出養。

然而，就在對方來帶走侯美玉的那天，車子載著她剛駛離侯家，侯貞雄突然衝了出去，聲嘶力竭地哭喊：「不要帶走妹妹！不要帶走妹妹！」他追著車子跑了好長一段路，直到車子停下來為止。

在場所有人都被他突如其來的舉動嚇壞了，但也因為他堅持不肯送走妹妹，侯美玉最後被留了下來。

母親的寵愛

侯傅秀英受的是日本教育，出身傳統台灣家庭，「以夫為尊、以子為天」，重男輕女的觀念根深柢固。她也很寵愛侯貞雄，從小就教育四個女兒要尊敬大哥，父子兩人在家中向來都是一言九鼎，很有威嚴。

「家人對他們倆是又敬又怕、既愛又懼，」侯美玉說。

上小學時，侯貞雄曾被別班的級任老師吊起來痛打，媽媽心疼不已，去學校問明理由，「他功課第一，打架也第一，」侯貞雄的級任老師說。

侯傅秀英聽了之後沉默不語，只是問他痛不痛。

甚至，以前上初中要考試，侯傅秀英就陪著侯貞雄一家學校考過一家；放榜時，侯貞雄報考的每所學校全部錄取，包含當時最受讚揚的台南一中。可是，侯傅秀英捨不得侯貞雄離鄉背井求學，反對他去念南一中，而是就近選擇就讀嘉義高中初中部，而這六年求學生涯卻成為他最懷念的時光。

在嘉義高中初中部，侯貞雄結識了賴建安，這段情誼與緣分甚至延續到大學。

一九五八年，兩人同時考取台灣大學經濟系；但賴建安念了兩年，發現自己對經濟系不感興趣，下定決心重考上了台北醫學院。八年同窗歲月，培養了兩人情同手足的深厚情誼。

八年同窗，情同手足

賴家在嘉義市中山路開雜貨店，兩家相距不到兩公里，騎腳踏車大概五分鐘車程，除了在學校一起上課，放學後就到對方家裡一起做功課，互相討論，兩家人就像多了個兒子般，也都很熟識。

多年來，兩人唯一一次吵架，是在初中二年級。

那時，賴建安很喜歡運動健身，某一次他看到有人把雙環吊在樹上，像體操選手一樣鍛鍊，覺得很有趣，也想要學。他知道侯貞雄家是做鋼鐵五金的，就跟侯貞雄商量：「跟你家工人講，打個雙環賣給我。」

雙環打好之後，侯貞雄送去給賴建安，賴建安堅持要拿錢給他，但他不肯收，堅持要送賴建安。

「我說要跟你買的！」賴建安堅持。但怎能跟好朋友收錢？侯貞雄也堅持一定要送給他。一個堅持付錢、一個執意要送，彼此堅持各自的原則，兩個人好幾天都不講話、不相往來。雙方父母一個多星期沒看見他們玩在一起，都覺得很納悶。「Ken（賴建安的日本名字），怎麼好久沒看到Sadao？」有一天賴爸爸忍不住問起。得知詳情後，就笑著罵他：「你們兩個真的很奇怪，那麼好的朋友為了這點事吵成這樣？你就接受啊！以後再請他去吃飯、看電影不就好了，怎麼那麼笨！」

「現在回想覺得很好笑，我們那時幾乎每天都在一起，真的是『兩小無猜』，」賴建安笑著說。

豪放親和，廣結知交

除了賴建安，侯貞雄的好人緣，讓他結識了許多知交一甲子的朋友。

嘉義高中初中部，一班大約是五十個學生，來自不同的小學，像侯貞雄讀大同國小，賴建安則是崇文國小畢業，剛進初中時，大家都和同一所小學的同學較熟識，「侯貞雄和我們不同學校，但他的人緣很好，可以很快打進我們那個群體，」賴建安說。

目前旅居美國德州休士頓的中央研究院院士何英剛，也是侯貞雄熟識一甲子的好友。

一九五二年，就讀嘉義初中一年級仁班的何英剛，和忠班的侯貞雄，分別代表班上參加一百公尺和四百公尺接力賽，兩人在運動場上初次相識。

後來，何英剛和侯貞雄雙雙考上嘉義高中，同樣分到孝班，從對手變隊友，更是嘉中孝班四百公尺接力賽的主力。

「許明憲跑第一棒，侯貞雄第二棒，我第三棒，劉正義殿後，我們四個人為孝班跑了三年，」何英剛至今仍清楚記得班上同學接力賽的棒次。

家住嘉義民雄的何英剛，初中、高中上學都通勤，可是那時交通不便，一、兩個小時才有一班火車，放學時若沒趕上五點鐘那班車，就要等到七點多才能回家。

侯家距離嘉義火車站和客運站很近，走路大概三分鐘路程，侯貞雄經常邀請趕不上通勤班車的同學到他家，何英剛就是其中之一。

何英剛記得，侯家的五金行後方有個閣樓，可以看到附近人家有養賽鴿，「我們躺在低矮的閣樓裡，仰望著窗外，看鴿子飛翔，天馬行空地聊天。」兒時無憂無慮、單純美好的回憶，歷歷在目。

愛好閱讀啟發思維能力

喜歡看書的侯貞雄涉獵廣泛，尤其喜歡看武俠小說，像金庸、古龍等名家之作，一本接一本地看，連文藝小說也看；除此之外，他也很喜歡看歷史書，舉凡歷史小說、典故、傳記，都讓他愛不釋手。

在嘉義高中時，有兩位歷史老師讓同學印象深刻，一位是從大陸來台的外省人唐肇謨，另一位則是師大史地系畢業、曾任侯貞雄高中導師的林錦清，他們對教學很有熱忱、教課又很生動，學生都很感興趣，也啟發侯貞雄研讀歷史的喜好。

閱讀是「不用花錢就能研判、學習世事的最好方法，因為世界局勢有一定的演進循環，後人可以從歷史的興衰起伏找到關鍵癥結，決定如何取捨，」侯貞雄強調，歷史觀的訓練，讓他能以更長遠的眼光，推敲出大方向的定位。

除了歷史，數學是侯貞雄最拿手也最感興趣的科目，因為班上有很多數學長才，志同道合的同學平常會拿題目相互討教、解題。

「當時有位同學王吉松真是數學高手，我們常常一同切磋研究，對數學始終維持高昂的鬥志和興趣，結果在大學聯考時，兩人數學都接近滿分，」侯貞雄頗為自得地說，而他也在這段學習過程中，強化對事情的精密觀察與邏輯推理能力，對他日後權衡、分析事理的判斷，有莫大裨益。

國文老師啟發人生

影響侯貞雄一生的人，嘉義高中的老師扮演著不容輕忽的角色。高一時，教授國文的瞿大勳，就是啟發他最深的老師。

「你就是愛鑽牛角尖，當然想不出來！」高中時，每逢作文課總是文思枯竭的侯貞雄記得，他每次都要把作文帶回家苦思許久才能交卷，「瞿老師對我說：『不如先停下來，從別的角度想，讓腦筋靈活了，思考就會更周延透徹。』」

侯貞雄當下豁然開朗！以後，每當他遇到困難時就會先停下來，澄靜心思，讓思考歸零，待重新出發時，往往就能突破束縛，也看清事實的全貌，不再鑽牛角尖。

侯家做五金行生意，住家就是店面，加上侯金堆生意往來朋友眾多，店裡經常高朋滿座，正值青春期叛逆階段的侯貞雄嫌家裡吵，為了可以專心念書、準備大學聯考，便向家人要求，搬到嘉義高中旁的天龍寺，住在廟裡讀書。

起初，侯金堆反對侯貞雄搬離家裡，還好有侯傅秀英支持，他才能如願上山念書。

「他的個性應該要念哲學的，」何英剛說，侯貞雄對佛經也非常有研究，常用佛經來跟同學講「我們應該如何、要怎麼樣……」。

侯貞雄常會探究人生的哲理，大一時的某個晚上，臨睡前，他問室友王泰澤說：「假如你現在去世，你對世上最懷念的是什麼？」

王泰澤一時無言以對，也忘了當時自己有沒有回答侯貞雄，但在近六十年後，他回想，侯貞雄當年就常有敘述人生道理的習慣，只是，比侯貞雄大一歲的王泰澤，當時不太懂侯貞雄說話的意涵。

第二章　在經濟學中體悟人生

高中畢業後，侯貞雄考進台大經濟系，但當年卻是一場陰錯陽差。「我原本想當工程師，最後竟走上一條搞『銅臭』的路，」侯貞雄曾經這樣自嘲。

史上唯一大學聯考不分組

台灣的大學聯考，向來採取文、理分組，但在一九五四年，當時的教育部部長張其昀推動大學聯合招生，一九五八年更突發奇想，主張實施通才教育，決定那一年的聯考不分組，所有考生可填報同一所大學的任何類組。

那是中華民國教育史上唯一的一次試驗，隔年聯招又回復分組考試制度，但侯貞雄的人生已因此改變。

那一年，數學、物理與化學考得較簡單，讓原本要讀理工組的人，無法發揮真正的實力；甚至，還有些人因為歷史、地理以及三民主義等文組學生較擅長的科目，在這場考試中栽了跟頭。

就這樣，一九五八年，侯貞雄陰錯陽差地考上台大經濟系，許多同學都跟他面臨相同的處境，像是與他初中、高中同班六年的同學賴建安，也被分發到經濟系。

原本侯貞雄對經商沒有興趣，侯金堆更因為獨子從小就表明不想參與家族生意而大感失望，因此，當侯貞雄考上台大經濟系，做爸爸的侯金堆顯得格外開心。

同學個個不簡單

值得一提的是，侯貞雄這一屆的台大經濟系學生，可說是人才輩出，個個來頭不小。

二〇一二年，適逢台大第六十二屆經濟系同學畢業五十週年，十月出刊的《金融保險論壇》雜誌封面上，印著侯貞雄、胡勝正、吳榮義和陳由豪四個人的照片，大大的標題寫著「人才輩出　成就非凡　台大經濟系縱橫政金界」。

身高一八六公分，被稱為「最高的經濟學家」的吳榮義，曾當過行政院副院長、證券交易所董事長以及新台灣和平基金會副董事長；原本要當工程師卻成為經濟學家的胡勝正，是美國羅徹斯特大學經濟學博士，曾任行政院經濟建設委員會（以下簡稱經建會）主委、金融監督管理委員會主委、中央研究院院士，是全班最會讀書的人。

在金融界也有不少人才，例如：曾擔任上海商銀總經理、現仍是常董的陳逸平，從華南產物保險總經理職位退休的黃依仁，還有曾任美國國際貨幣基金會（ＩＭＦ）高級顧問的翁崇惠等；旅美經濟學家、美國羅格斯大學教授李正福，是紐約州州立大學水牛城分校財經博士，目前是財團法人亞太金融研究發展基金會董事長，並曾任伊利諾大學博士班班主任，也與侯貞雄交情匪淺。

此外，如：旅居國外的郭俊彥是加拿大皇后大學教授；自美國聯邦政府退休後，二〇〇二年返台，到台灣經濟研究院擔任能源研究員的方明山等，都是侯貞雄台大經濟系的同學。

凡事專注自有所成

同學表現優秀，侯貞雄也不差，他在大學期間，就展現了自己的企圖心與領導組織的才能；極具語言天分的他，因為從小和日本人一起生活，日語聽說流利，而在嘉中英文老師的啟發下，又練就扎實的英語功力。

除了課業，侯貞雄的興趣也相當廣泛。

大學時期，一群人常一起打麻將，陳逸平、黃依仁都是固定牌友；大三時，同學開始熱中辦舞會，侯貞雄還幫不會跳舞的方明山惡補，讓他學會跳舞。

此外，打撞球也是當年盛行的娛樂之一。

大學時，侯貞雄、黃依仁等幾個家境較好的同學，下了課常相約去打撞球，他們玩的是花式撞球，又稱美式桌球，黃依仁是箇中高手，球技比侯貞雄與陳逸平都好。

「侯貞雄做什麼事情都非常『concentrate』，他很喜歡用這個字形容自己，」黃依仁說，包括打麻將也是如此。

一九六二年，侯貞雄自台大畢業，在基隆碼頭服役，當兵期間申請到美國印第安納大學經濟學研究所。一年多的預官生涯退伍後，就啟程前往美國留學。

一九六三年耶誕節過後，侯貞雄飛往美國。

當時，出國是一件非常了不起的大事，出國念書更是不簡單。「當年表叔要北上松山機場，侯家眾親友都到嘉義火車站送行，他胸前掛滿了送別的花圈，」那年才六歲的東和鋼鐵董事黃志明，至今還記得當時的情景。

賺進人生第一筆千元美金

六〇年代，台灣整體經濟環境不如現在富足，想要出國留學，除非申請到獎學金，否則都必須靠暑期打工才能支應留學費用，因此早期的留學生，尤其是中國大陸的留學生，大部分都到中餐廳打工，一時蔚為風氣。

留美第一年暑假，侯貞雄就在學校附近餐館打工，但剛開始打工的新手，只能找到像是跑堂這種打雜的工作，月薪大約僅五、六百美元，除非是老資格的侍者，才有大概一千美元的月薪。

不過，當年美元兌新台幣匯率是一比四十，這樣的收入水準，已經可以讓留學生賺到一學期的生活費，辛苦努力三個月，就可確保往後一年的生活開銷無虞。

當然，跑堂的工作並不簡單，從早上九點上班，忙到半夜一點鐘才能下班，工作內容繁重，還要忍辱受氣，辛苦不在話下。侯貞雄在餐廳當跑堂小弟，工作一整天，深夜回到寢室，總是會在臨睡前把身上的零錢掏出來，算一算那天賺了多少，再安穩地上床睡一大覺，就覺得無比幸福。

持續工作了一個多月，月薪加上豐厚的小費，侯貞雄賺到了人生中的第一筆千元美金。然而他也發現，自己好像是個機器人，每天辛勤工作，腦袋卻一片空白，遑論去思考什麼理想或抱負。

幾經衡量，侯貞雄領悟到：金錢固然重要，但是時間更為珍貴。

投資學業比賺錢更重要

「如果順序顛倒過來，及早修完學位出社會工作，能賺到的錢，恐怕會比辛勤打工三個月還來得更多！」更重要的是，完成學業更上層樓，對人生更具有意義。

不過，若要專心念書不打工，眼前的生活費、未來的學雜費，又該怎麼辦？

五十幾年前，沒有助學貸款，借貸也不容易，但為了早日拿到學位，侯貞雄還是下定決心不打工！他寫了一封家書，告訴家人：無論如何都要幫助他早日念完學位，沒錢，也要借到錢。

「借錢，一定要用在確定可以賺回來的地方，」侯貞雄有信心，完成學業後，一定可以賺到錢來還債。

得到家裡的支持和資助，侯貞雄回到學校選修暑期課程，專心攻讀碩士，提早以一年半的時間完成學業，在一九六五年取得印第安納大學經濟研究所碩士學位。

回台灣工作幾年後，有一次前往美國時，偶有機會，侯貞雄特地回去當年打工的餐廳，重遊舊地之際卻驚訝地發現，當年那些領著高所得的大陸留學生，竟然還在當侍者！他們忘了，當初千里迢迢到美國，其實是要追尋更高學位的目的。

「金錢的誘惑，可以改變許多人的價值觀，」侯貞雄體悟到這個道理，也更加確信，如果當初他繼續打工，放棄更上一層樓的機會，哪裡能有如今的成就？

觀念的突破，讓侯貞雄更加明白生存的使命，日後也因此時時警惕自己遠離誘惑。

累積社會經驗再進修

若想真正了解自己、辨明自己的人生方向，就必須同時擁有理論的知識和靈活的實務經驗。因此，即將從印第安納大學畢業之前，侯貞雄一度掙扎，是否要繼續攻讀博士學位？還是先開始工作？最後他決定，先工作，累積一些社會歷練，再去攻讀博士學位。

「除了理工學院的學生適合直接進入研究所，絕大多數科系的畢業生都應該先工作，再回到學校進修，」侯貞雄認為，不進社會歷練就無法了解社會，因為學校教育通常著重邏輯理論的基礎，學生在實際應用上的訓練顯得不足，對自我的探索也相對不夠。

於是，取得印第安納大學碩士學位後，侯貞雄申請到史丹佛研究中心工作，擔任電腦程式設計研究員。

侯貞雄在「嘉中一九五八年畢業五十週年紀念冊」中，以「別有洞天」為題寫下他的感言，其中有一部分是：

一是「昨夜西風凋碧樹，獨上西樓，望盡天涯路。」

二是「衣帶漸寬終不悔，為伊消得人憔悴。」

三是「眾裡尋他千百度，驀然回首，那人卻在，燈火闌珊處。」

這是中國近代學者王國維的《人間詞話》，提到治學的三種境界，侯貞雄以這樣的境界演繹他的人生寫照。

美國詩人佛洛斯特（Robert Frost）的詩作〈未擇之路〉（The Road Not Taken），描述他站在兩條路的岔口，被迫擇一而行，最後他選擇較為人跡罕至的路，人生從此截然不同。

侯貞雄也藉此抒發他的人生感悟——大學聯考一試定終生，許多人都走上同樣一條路，很少有人選擇「未擇之路」。

不過，侯貞雄走的卻是一條「未擇之路」，但即使不然，和大部分同學相較，他的人生還是十分與眾不同。

原本夢想要當工程師的他，卻進入經濟系，並且念出興趣。在他心中，經濟系所提供的訓練影響他甚深，因為經濟學所關注的焦點，是人們如何在資源有限的狀態下做出最適當的決策，而他也從此體悟到，經濟學不只是一門學問，更是一門哲學——教人如何做學問、規劃人生的哲學。

第三章　一世情緣

一九六〇年，台大二年級下學期時，侯貞雄邂逅他生命中重要的人生伴侶——王淑昭，也是他大學室友王泰澤的妹妹。

侯貞雄就讀台大時，寄居在台北市武昌街的林宅，同時一起寄宿的，還有高他一屆、就讀台大化學系的王泰澤。

王泰澤來自屏東縣萬丹鄉，一九三九年出生，母親王蘇瑞華在日據時代就讀台北第三高女（即現今的中山女高），和林家女主人林高淑英是同期同學。兩位昔日同窗好友畢業後，各自成家，直到小孩長大後，兩人才重新聯絡上。

緣自上一輩的交情

一九五七年，王泰澤以第一名成績從屏東中學畢業，保送台大化學系時，基於兩家人熟識的機緣，雙方家長決定，讓王泰澤寄宿在林家。

林高淑英的先生林慶亭，原籍景美，是台北仕紳林永生的長子。

林慶亭家族透過關係，投資設在嘉義市博愛街的嘉興製管公司，生產銷售自來水輸送水管類的大型鐵管，與當時在嘉義經營五金生意的侯金堆熟識，結成莫逆之交。

一九五八年，侯貞雄考上台大經濟系，北上求學，侯金堆即商請好友就近照顧，侯貞雄因而入住武昌街林宅，兩個同年齡的年輕人相識成為室友。

林高淑英的娘家是萬華望族，林家房屋即座落在武昌街二段一一八之二號，是四、五家併連的樓房。當時，林家對面是圍著低牆的省營農林公司，右邊隔一間就是台北戲院，那一帶也就是現在著名的西門町電影街。

王泰澤記得，他和侯貞雄住在四樓，「每到傍晚，街上車水馬龍，從大廈四樓鳥瞰人群，很多三輪車穿梭在人群中，熱鬧非常。」

比鄰而居初邂逅

「侯貞雄只在林家寄住半年，侯家就在中正路一四〇〇巷六弄十五號買了一棟房子，」王泰澤說，他在林家多住了半年，王家便買下十一號的房子，與侯家比鄰而居。

他記得，中正路的房子是並排的兩層樓小樓房，隔著一條水溝，旁邊就是當時的台北工業專科學校（台北工專，現改制為台北科技大學）。

侯貞雄的高中同學綽號「野馬」的何英剛，也在一九五八年考上台大化學系，成為王泰澤的學弟。「侯貞雄人緣好、又好客，同學們就常往他家跑，一起包水餃、煮火鍋，」何英剛回想，當年民風純樸，窮學生沒有什麼娛樂消遣，也沒有什麼課外活動的地方，他自己就是侯家常客。

至於王泰澤的妹妹、王家老四王淑昭，為準備報考師大美術系，因應術科考試，在高三寒假時遠赴台北，拜台灣師範大學美術系畢業、取得日本早稻田大學文學院西洋美術史科碩士的繪畫大師沈國仁學畫，而在一九六〇年年初，與大哥王泰澤短暫居住在中正路的家。也就是在那時，她第一次見到侯貞雄。

截然不同的家庭背景

王淑昭的父親王仁惠，一九一二年出生，畢業於日本慶應大學經濟系，是地方上頗富名望的仕紳，曾經擔任過萬丹區副區長；妻子王蘇瑞華，出身屏東望族，祖父蘇雲英還是前清秀才，曾在日據時代擔任阿猴廳（今屏東縣）參事、高雄州協議會會員，是台灣商工銀行（第一商業銀行前身）創始人之一，因政商關係良好，在日據時代還曾取得鹽業和鴉片的專賣權。

王仁惠與蘇瑞華育有六名子女，排行老四的王淑昭上有兩個姊姊、一位兄長王泰澤，下有一個弟弟和一個妹妹，從小都是拿「縣長獎」，以全校第一名成績畢業。

相較之下，侯金堆只是農夫之子，從小家境艱困，即使在冬天，也只有一件汗衫，肚子餓了就以番薯籤或地瓜飯裹腹，能在米飯上澆一點滷肉汁，對他來說就是最奢侈的享受。

「第一次聽見公公講述當年貧困度日的過往，當場眼淚就流下來，」王淑昭回憶，從小家境優渥的她，無法想像貧窮人家的生活竟是如此艱辛。

不過，也正因如此，侯金堆白手起家成為商業巨擘，「公公真是了不起，他雖是一介貧民，但能掌握機會一路勤奮刻苦往上爬，為了生存奮鬥，憑本事闖出自己的一片天地，」王淑昭心中感佩不已。

同樣難得可貴的是，王淑昭與侯貞雄的出身背景截然不同，卻並未因此阻斷兩人相知相守的緣分與情誼。

《紅菱豔》啟蒙藝術心

回憶童年，王淑昭印象很深刻，家裡客廳的牆上，掛著一大疊用夾子夾的「本事[2]」。原來，看電影是王仁惠最大的嗜好，舉凡新片上映，幾乎從未錯過，甚至會特地到屏東市看電影，王家子女從小就耳濡目染。

小學四年級時，王蘇瑞華帶著王淑昭去屏東大戲院看了一部電影《紅菱豔》（The red shoes）。這部一九四八年出品的英國經典影片，講述一位芭蕾舞女演員的愛情故事，劇中女主角穿著紅色舞鞋，連續舞動十六分鐘芭蕾舞蹈的經典畫面，吸引王淑昭的目光。

看完電影後，王淑昭跟媽媽說：「我想去學芭蕾舞！」之後，王淑昭真的就拜李彩娥[3]為師學舞，與藝術結下不解之緣。

王淑昭的家位在屏東縣萬丹鄉，李彩娥的舞蹈教室則在屏東市市區，每星期上課一天，王淑昭就從萬丹坐半個鐘頭的巴士去上課，從小四一直學到初二。這段師生情，大約從一九五三年開始，直到現在情繫逾一甲子，王淑昭說：「老師到現在都還常常打電話給我，九十幾歲了耶，高雄舉行世界運動會時，她八十九歲還出來跳舞！」

然而，學芭蕾舞一定要買雙舞鞋，但芭蕾舞鞋很貴，一雙練習用的帆布製舞鞋就要價一百五十元。王淑昭還記得，初一時，李彩娥在高雄勝利戲院為學生舉辦一場舞蹈發表會，為了上台表演，媽媽幫她買了一雙粉紅色緞面的舞鞋，「一雙三百五十元！」她拉高聲調說，「以當時的物價來看，真是天價！」

當時，王淑昭每週搭巴士到屏東市市區學舞，單程票只有三角或五角，「我媽媽還真捨得，」王淑昭忍不住咋舌。

情定中正路

王淑昭小時候個子瘦瘦小小，講話速度又快，男同學戲稱她為「雀鳥仔」（台語，麻雀之意）；由於她小學時品學兼優，是學校的模範生，小學一到六年級都擔任班長，至今同學仍稱呼她為「班長」。

沒想到，大學聯考失利，「我歷史只考二十分，數學二十四分，成績真的很差！」王淑昭說，她至今仍記得，原本想報考美術系，還北上學畫，但學科成績不佳，師大美術系也落榜，最後才考上第一屆的銘傳商專（現改制為銘傳大學）商業文書科。

一九六〇年年初，王淑昭與侯貞雄曾有過一面之緣；暑假過後，王淑昭北上求學，住進中正路的家，一見鍾情的情愫因近水樓台而悄悄升溫，不久就開始交往。不過，這一切，王泰澤完全不知情。

原來，那時王泰澤剛升上大四，一整天都在化學實驗室裡做實驗，回想半世紀前的往事，他笑著說，「妹妹和侯貞雄是怎麼開始交往的，至今還是一無所悉。」

伴侶要像菊花

「我談戀愛了！」大三開始談戀愛的侯貞雄，開心地與母親侯傅秀英分享。

經過一段時間觀察，有一天，侯傅秀英對侯貞雄說：「找伴侶要找一朵菊花，不要找玫瑰花，我很高興你找到了一朵菊花。」

玫瑰，美則美矣，但易凋零又帶刺，在愛情裡容易讓人受傷；菊花，是日本的國花，高雅而尊貴，象徵品德高貴。

「他能看出別人的好，」侯王淑昭說，當年侯貞雄是國立大學又是第一學府的高材生，而她是一個私立商專的學生，但侯貞雄不以世俗的標準判斷，發現並珍視王淑昭不為人知的優點。

隨著侯家從五金行轉型至拆船業，營收增加，家境也隨之改善，侯金堆就買了一部流行拉風的DIANA速克達機車給侯貞雄代步。約會時，侯貞雄載著王淑昭四處遊玩，到當時知名的波麗路餐廳吃西餐、參加舞會，而王淑昭往往側坐機車後座，綁著頭巾，穿著時髦的服裝，活脫就是電影裡男、女主角的裝扮，郎才女貌，在當年是人人稱羨的一對。

然而，時髦歸時髦，卻也鬧出不少趣事。

王淑昭印象很深刻，有一次他倆要去參加舞會，她穿了一件很漂亮的澎澎裙，由侯貞雄騎車載著她，從新生北路的一個巷子出來轉向光華橋，「因為上橋時地面有斜度，而尼龍質料的裙子滑滑的，一不小心，我就從機車後座跌落，弄得狼狽不堪，」王淑昭哈哈大笑地說著自己當年的糗事。

回憶著過往，王淑昭不禁感慨：「一晃眼五十多年過去了。」但一切仍歷歷在目，恍如昨日。

---

1. 當時的中正路，從現今中山南、北路口，向西一路橫穿台北市，直至松山火車站附近的縣市交界（當時南港仍屬台北縣）。一九七〇年，在當時的總統蔣中正指示下，改為忠孝路，並以中山南、北路口劃分為忠孝東、西路，而在臨沂街以東的中正路則改名為八德路。
2. 早年台灣的電影院會印發一張紙本文宣廣告分送給觀眾，一來預告未來上演的電影，二來做為上映中的電影故事情節說明，稱之為電影本事單，簡稱本事。
3. 一九二六年出生於台灣屏東，是台灣第一位赴日本接受正規舞蹈教育的知名舞蹈家，也是孜孜於教育的舞蹈推廣者。

第四章　初生之犢展現生意天分

「生意子難生！」這句台灣俗諺，一語道出經商者要有個具備生意頭腦的兒子繼承衣缽，是多麼不容易的事。

生平第一次採購廢鐵

「我做生意的老師，就是我的父親，」侯貞雄談到，父親侯金堆是他踏入商業社會的啟蒙師父。

一九六二年，東和行改組為公司，侯金堆正準備在拆船業務上大顯身手，偏偏在一九六三年至一九六四年間，政府政策改弦易轍，禁止購買外國舊船拆解，整個業界都沒有舊船可拆。為了解決問題，侯金堆透過貿易商，從美國買廢鐵進口，派出當時的總經理侯政廷，遠赴美國洽購一萬公噸廢鐵。

一九六五年五月，東和鋼鐵增資為新台幣一千萬元，在前鎮區買了一萬三千多坪土地，首次購自美國的萬噸廢鐵運抵回台後，就堆放在前鎮廠地上。

那一萬公噸名為「廢鐵」的鋼品，有半數以上是可以直接加工使用的成品，吸引不少下游業者前來搶購，光是賣廢鐵就獲利頗豐。

於是，向來頗具生意頭腦的侯金堆，又租了一艘一萬公噸的船，要到洛杉磯裝貨，但當時只買到三千公噸的廢鐵，還短缺七千公噸。

「那時，我剛辭去美國史丹佛研究中心的工作，有一天突然接到父親的電話，」侯貞雄回憶，當時，侯金堆要還在美國的他，去收購不足的鐵料運回台灣。

侯金堆以為，侯貞雄自小耳濡目染，應該懂得自家公司要的東西，又是在遍地廢鐵的美國，應該不難買到。不料，侯貞雄接到電話後，心裡就涼了半截，因為他完全沒有實務經驗，何況還要做「離岸價」（free on board, FOB）[1]的買賣。

當年才二十五歲的侯貞雄，生平第一次負責採購就遇到這樣的案子——買貨還要安排貨運到碼頭配合裝船期，要如何裝貨？又要如何接洽銀行？要如何交付貨款給賣方？千頭萬緒，對一個剛出社會的年輕小夥子來說，這絕不是簡單就能完成的任務。

善用資源度過難關

當時他心想：先搞定已接洽好要買的三千公噸廢鐵料吧！於是，他去找貿易商，要求看貨、驗貨。沒想到，對方竟表示，「交貨工廠不給人看貨。」

「哪有買貨不給看貨的道理？」侯貞雄據理力爭，卻始終都得不到回應，一氣之下，便直接闖進堆放廢鐵料的收集場，結果被攔了下來，無法進入。他開始懷疑：「是不是貨不好？還是貨有問題？」愈是不讓他看貨，他愈是非要看到不可。

正苦惱不已時，侯貞雄突然靈光乍現，想到有位住同一棟公寓的香港學生喜歡開飛機，曾邀他去體驗，那麼，「何不請他帶我租一架小飛機，從空中俯瞰查看貨物？」

結果，侯貞雄只花了一小時十一美元的費用，就看到要買的廢鐵材料。

第二天，到了廢鐵場，貿易商問他：「不看貨敢不敢簽約？」侯貞雄當場立刻簽字，大大出乎對方的意料。後來他才得知，原來另有買家出更高價，貿易商想用禁止看貨的方法讓他知難而退。

熟能生巧漸上手

解決了第一道難關，還有七千公噸的貨物要買。

經過縝密思考後，侯貞雄事先安排好每天的行程，尋遍洛杉磯附近的廢鐵廠，跑銀行、睡碼頭，跟碼頭工人喝啤酒……，一路排解種種困難，總算讓他買到差不多七千公噸的廢鐵，完成裝船運回台灣。

有了第一次做生意的經驗，陸陸續續，侯貞雄一方面接下家族事業國外廢鐵採購的任務，另一方面到位於加州舊金山灣區聖荷西市的Levin廢鐵廠打工見習。

東和鋼鐵是Levin的客戶，侯貞雄在那裡短暫工作一段時間，學到廢鐵物料的管理經驗。每天晚上，吃完飯回家，侯貞雄就拿出紙筆來計算，算算船有多少體積、船艙有多少空間、可以裝多少東西……。

舉例來說，什麼東西比重大、占的空間小？像是一公斤的棉花和一公斤的鐵，占的空間就差異很大；又如一公升的水和一公升的酒，比重也不同，諸如此類。

當年台灣物資缺乏，做生意的人更是精打細算，希望可以物盡其用——租來的船，除了採購廢鐵，或許還有空間可以採買台灣比較需要的原料或貨品，一併運回台灣販售。

學成歸國承擔家族使命

侯貞雄其實是天生的商業好手，他會評估可以買什麼原料或貨物載回台灣比較合算。而當年父親給的壓力，又讓他一次學會貿易上的各種實務工作，並且了解其中各種門道。等到他從美國返回台灣，負責廢船買賣業務時，已經駕輕就熟，讓其他股東都極為驚訝。

「父親常說：『做事起頭難！』」侯貞雄認為，那次的採購經驗，無疑是父親教他的第一堂課，也為侯貞雄日後的從商之路，奠定重要基礎。

儘管原本念經濟系不是侯貞雄的人生目標，但在大學期間，啟發他對經濟學的興趣之後，便常和何英剛說：「我們以後假如要當大學教授……」那時，他們心中的想法，以及對未來期待的目標，就是攻讀博士學位。

然而，本想繼續深造的侯貞雄，最後只能悠悠地對何英剛說：「你比較幸福，你可以念你想念的科系。」

何英剛記得，侯貞雄最後一次從洛杉磯北上到舊金山找他時，非常欣羨他可以讀自己想讀的科系和繼續攻讀博士，做自己想做的事；而侯貞雄本想往學術領域發展、當教授教書，卻因為身為長子且是獨子，「我是家裡的責任，要擔起家族事業的擔子，我一定要回去，」他對何英剛說。

一九六三年，王淑昭自銘傳商業文書科畢業後，因成績優異，獲得校長包德明博士推薦，到一家美商公司工作。同年年底，侯貞雄赴美攻讀碩士，王淑昭在工作一年之後，也於一九六五年一月赴美，前往美國猶他州州立大學進修，選讀商業文書教育學系。

難忘的結婚紀念日

在家人的期待下，侯貞雄於一九六七年束裝回國，擔任東和鋼鐵副總經理，那時王淑昭還在美國進修，但因兩人已經訂婚，侯金堆就對她說：「書不要讀了，回來結婚吧！」於是，王淑昭尚未完成學業，就匆匆回台灣籌備婚禮。

一九六七年十月一日，侯貞雄和王淑昭完成人生大事；當天上午舉行迎娶和入門儀式，典禮結束後就在鹽埕區公所的禮堂宴請賓客。

「為什麼今天娶媳婦？」當天下午四、五點，警察出現在位於新樂街的侯家，劈頭就質問侯傅秀英。

「今天是星期天，放假日大家都方便參加，看日子又是好日子啊！」侯傅秀英照實跟警察說。

「妳知不知道今天是什麼日子？」警察對她說。

原來，那天是中國大陸的國慶日。

「我原本都不知道十月一日是中國大陸國慶，從此以後就知道了，」侯王淑昭事後才得知此事。那是台灣所謂的「白色恐怖」時期。

婚後，沒有蜜月，侯貞雄就到東和鋼鐵台北辦事處上班，但是，不愛旅行、不喜歡遊山玩水的侯貞雄，卻帶著侯王淑昭在各大飯店住，「我們的蜜月旅行就在台北市各知名旅館中移動，」她記得，他們在國賓飯店、亞都飯店和中國飯店等住了一個多月，兩人有很長一段時間過著「居無定所」的日子。

侯王淑昭回想當年，或許是因為他們心中都有未完成的美國夢，雖然回台結婚，但剛開始並沒有要在台灣長久發展、居住的打算。之後，他們曾在「九條通」附近租了一間房子，後來遭小偷光顧，才搬進東和鋼鐵在長安東路的台北辦事處隔壁，但仍租賃而居。

中東參訪開拓視野

為了事業，侯貞雄四處東奔西跑。侯王淑昭說：「我們才剛結婚，他就和很多台灣中小企業主到中東考察。王金平就是其中之一。」

前立法院院長王金平還記得，一九六七年十二月，他和侯貞雄因為報名參加經濟部組成的「中東貿易訪問團」，在行前說明會上相識。

那一團共有十四位企業主參加，「除了侯貞雄和我之外，還包括擔任團長的復興木業總經理陳寶連、副團長賈靜安、白鹿汽水董事長簡長壽，以及生產印刷機具的鴻華機器廠老闆朱伯舜等中小企業負責人，」王金平至今仍清楚記得當時的團員。

一九六八年二月十二日，中東貿易訪問團啟程，當晚住在香港彌敦道的彌敦酒店，隔天搭乘半夜飛往伊朗的班機，過境印度新德里轉機。

「抵達伊朗首都德黑蘭後，我們就馬不停蹄拜訪當地政府相關官員，還獲伊朗末代國王巴勒維親自接見，遊歷裏海、參觀海水淡化設施，到伊朗中部文化古都伊斯法罕，見識了波斯帝國金碧輝煌的皇冠、珠寶與鑽石，讓我們大開眼界，」王金平細數當年見聞。

第二站接著飛往科威特，之後再到沙烏地阿拉伯、約旦，第五站則是有「中東小巴黎」之稱的黎巴嫩首都貝魯特，歷經二十八天的參訪行程，豐富多采、緊湊充實，所到各國都獲當地國王熱情接見。

半世紀的兄弟情

當時台灣經濟才剛起步，放眼這塊貿易處女地，台商都想尋找機會。儘管那趟行程並沒有實際促成商業貿易機會，卻讓侯貞雄和王金平因此開拓視野，也成為莫逆之交。

這次中東貿易訪問團的成員，以王金平年紀最輕，一九四一年出生的他，比侯貞雄還小兩歲，從師大數學系畢業後，當過數學老師，後來回到家族企業幫忙。當時分別才二十七歲、二十九歲的兩個年輕人，除了睡覺之外，吃飯、搭車幾乎都坐在一起，一路相伴。

訪問團行程結束後，侯貞雄在倫敦機場與其他人分道揚鑣，他獨自取道紐約轉機，飛往日本，到日本各大鋼鐵廠參觀、見習數日之後，才踏上歸途，回到台灣。

「當時侯貞雄住在長安東路一段四號，我住在中山北路一段五十三巷，就是隔壁巷子，住家近在咫尺，我們兩家就開始密切往來，」王金平說，那次中東、歐洲行程結束回台灣後，兩人的友誼並未隨之結束，還經常一起吃飯、聚會、打球。

當時，東和鋼鐵台北辦事處有座桌球檯，王金平和侯貞雄常一起打乒乓球；曾經差點報考體育系的王金平，是台灣師範大學軟式網球隊隊員，也常和侯貞雄到實踐家專打網球；兩人也打高爾夫球，但王金平是運動健將，擅長各項球類運動，侯貞雄都不是他的對手。

兩個當年未滿三十歲的年輕人，各自在家族企業努力奮鬥，直到七〇年代，才開始往不同的人生道路發展。

累積變革的實力

一九七五年，王金平在高雄參與立法委員選舉，侯家當時在高雄經營的瑞士大飯店，即是他競選活動的據點之一，侯貞雄還動員自己的資源力挺兄弟。果然，那年王金平以十九萬票高票當選，自此邁上從政之路，一路平步青雲，登上立法院院長寶座。

直到今天，王金平仍尊稱侯貞雄為「大哥」，五十年情同手足、互稱兄弟的兩人，在政治和企業領域，各自精采。

七〇年代，改變的除了王金平與侯貞雄，還有東和鋼鐵。原本，前鎮廠不過是一間靠人力軋鋼的傳統型工廠，但在侯貞雄前往中東、歐洲、日本考察回國之後，就決心推動煉鋼工業，並運用他的經濟專長，省下巨額的購船成本，改變公司體質。

點點滴滴的累積，成為改造東和鋼鐵的關鍵，自此脫胎換骨，從拆船業逐漸轉型，完成了電爐[2]煉鋼、軋鋼，一貫作業生產大廠的目標。

中東貿易訪問團的那次出訪，歷時近兩個月，侯貞雄繞了地球一圈，而他在日本的學習之旅，就成為另一段改變侯貞雄、東和鋼鐵以及台灣電爐煉鋼業的源起，對整個台灣鋼鐵業的影響，無遠弗屆。

---

1. FOB是國際貿易中常用的貿易術語之一，是指船上交貨，或是裝運港船上交貨，由買方負責派船接運貨物，賣方應在合約規定的裝運港和規定期限內，將貨物裝上買方指定的船隻，並及時通知買方，且貨物裝上船後，風險就由賣方轉移到買方。
2. 電爐是工業大規模製鋼，以廢鋼為原料，用來熔解廢鋼、冶煉鋼鐵的設備。「電爐」是一般口語化的稱呼，其全名為「電弧爐」。所謂的電弧爐煉鋼是利用高壓供電系統，將電流通過人造石墨電極與廢鋼原料，使其間產生高溫電弧（此為直流單電極法，若為交流三電極法則在三石墨電極間產生），利用此高溫電弧將廢鋼熔解，以達成冶煉鋼鐵之目的。

第三部

轉　型：

與台灣經濟共同成長

第一章　第一次大轉型

侯貞雄的一生，成長階段幾乎和台灣拆船業、鋼鐵工業發展同步，而能有今天這樣傲視群倫的成績，最重要的還是因為過去五十年來，他總能在關鍵時刻面對自己，向新的投資做出挑戰。

「台灣鋼鐵業是從拆船業開始，東和鋼鐵也是始於我父親的拆船業，」侯貞雄說：「早期主要是打撈二戰期間的沉船，變成鋼鐵的原料，之後則是拆解大陸撤退來台的船隻。那時候，台灣沒有外匯，也沒有什麼鋼鐵工業。」

五〇年代之後，國民政府陸續推動各項經濟建設計畫，造就後續數十年台灣經濟繁盛的年代。

順勢成長

鋼鐵產業是基礎工業，是公共工程與民間投資的重要產業，也是金屬製品、機械、汽機車、家電、造船以及資訊電子等產業的主要上游原料，和其他產業，例如：機械業、建築業、汽車業、造船業、國防工業等的發展密不可分，堪稱「工業之母」。

不過，資本密集的鋼鐵產業，雖然從六〇年代之後開始蓬勃發展，但在資本、人才、技術的限制下，仍是以小型電爐煉鋼，原料也以拆船得來的船板軋製鋼品為主流。

除此之外，帶動台灣鋼鐵業成形的契機，是一九五五年之後，發生備受世界矚目的「越南戰爭」。依照美援的規定，越戰所需鋼鐵產品限由開發中國家供應，但當時韓國鋼鐵工業尚未發展，曾統治越南的日本產品則被排斥，限制輸入越南，為六〇年代的台灣鋼鐵工業發展推波助瀾。

景氣繁榮帶動需求

「一九六五年到一九八五年，這二十年間，可以說是由拆船業奠定台灣鋼鐵工業的基礎，」侯貞雄分析，台灣早期拆船發達的原因，是因為經濟成長需要大量的鋼鐵，而在一九六五年之後，台灣經濟開始復甦，帶動百業興盛，素有「經濟火車頭」之稱的建築業，更是蓬勃發展。

建築需要使用許多鋼筋，早年台灣大部分建築用鋼筋，都是利用舊船拆解下來的船板，剪成一條一條的然後加熱、軋延製成鋼筋。

這是當年鋼鐵產品的主流。興建至今超過四、五十年的建築物，使用的鋼筋大都是當年台灣拆船時代的產物，拆船業也因可提供船板當作軋鋼筋的原料而持續興旺，鋼筋市場因經濟繁盛也維持一定的榮景。

在拆船時代，台灣鋼鐵工業主要分成單軋鋼廠與電爐煉鋼廠兩種，鋼筋多半就是來自單軋鋼廠。

單軋鋼廠沒有煉鋼設備，是透過國內採購或自國外進口廢船板、廢鐵或是半成品鋼錠等鋼料，利用軋延機加工成鋼筋等產品。由於規模小、進入障礙低，加上舊船原料取得較容易，資金、人才和技術問題等都較易克服，據工業局統計資料，在六〇年代，台灣單軋鋼廠林立，大大小小約有一百家左右。

至於電爐煉鋼廠，則是以廢鋼為主要原料，因投資成本相對較高，家數較少，約二十五家左右。

那時，台灣規模最大的鋼鐵公司，當屬唐榮鐵工廠1，和位於南部的大榮製鋼，分別是南、北兩大較具規模且著名的電爐煉鋼廠。

開啟鋼鐵工業時代

一九六二年，侯貞雄自台大畢業，東和行改組，成立東和鋼鐵，侯金堆正式投身拆船業。也是在這段時期，台灣經濟發展策略轉為出口導向。

一九六五年，政府公布《加工出口區設置管理條例》，並於一九六六年在高雄成立加工出口區，將自由貿易和工業區合而為一，藉以有效吸引外資，在台灣經濟發展過程中扮演重要的角色。

一九六六年六月，東和鋼鐵在高雄港海埔新生地興建前鎮軋鋼廠，正式生產鋼筋，從拆船業跨足軋鋼業，晉身加工生產製造業。

這段時期，拆船和軋鋼是東和鋼鐵的兩大經營重心。一九七〇年代前期，可以說是台灣鋼鐵工業的萌芽時期，也是東和鋼鐵轉型蛻變期。

由於台灣當時電力供應不足，經濟部曾在一九七〇年暫緩電爐煉鋼增設申請。沒想到，一九七三年，因中東戰爭引發石油禁運，導致全球石油危機，石油價格在石油輸出國家組織的操控下，從一九七〇年之前的每桶兩美元以下，暴漲至一九七四年的十一美元，這就是第一次石油危機。

石油危機造成搶購

在石油危機的衝擊下，全球市場出現搶購廢鐵原料的風潮，美國因此限制廢鐵出口，實施配額制度，國際鋼鐵價格暴漲，連帶使得原料已相當短缺的台灣，被迫面臨廢鋼與鋼筋等各類鋼鐵價格紛紛上揚的情況。

「我剛上班時，鋼筋價格大概是一公噸三千多元，後來漲到六、七千元，」東和鋼鐵前業務副總經理林朝賀回憶，「第一次石油危機時更漲到兩萬多元！」

不僅如此，第二次石油危機[2]發生時，鋼筋價格甚至暴漲到將近每公噸三萬元。

「當時出現搶料囤積潮，不少廠商才剛軋好的鋼筋，熱騰騰的還冒著煙，就有客戶搶著載走，」老一輩的東和鋼鐵員工說起當年搶購鋼筋的盛況，依然記憶猶新。

鋼筋價格飆漲，加上鋼鐵量供應不足，經濟部迫不得已，才又在一九七三年開始接受民間業者申請擴廠或設廠的投資計畫案。

不過，就在各廠家盲目囤積廢鐵及鋼筋時，市場已呈下滑跡象，接受經濟學專業訓練的侯貞雄研判出市場供需產生變化，馬上拋售工廠內的所有存貨。

十大建設引爆成長契機

果不其然，一九七四年四月，因市場供過於求，鋼鐵價格大幅下挫，雖然政府開放外銷，但大多數業者已嚴重受創。當時，東和鋼鐵已有三百多位員工，產品以鋼筋、角鋼和扁鋼為主，年產量約兩萬多公噸。

那時的台灣，除了在高雄港有拆船業，在基隆港也有一個解體船碼頭，但僅有小量拆船。然而，闖蕩拆船業近二十年的侯金堆，此時對台灣拆船業的未來已經不抱樂觀。「數千公噸級的小船會在三、五年內被拆解，接下來都是幾萬公噸、幾十萬公噸的大船，」侯金堆在一九七四年就曾這麼說：「港口水深有限，大船沒有辦法靠岸停泊，就根本無法拆解。」

再加上，當時韓國、西班牙和台灣之間的競爭愈來愈激烈，台灣原本具有的廉價勞工優勢不再，侯金堆認為，拆船業很可能會走下坡。所幸，東和鋼鐵因為先前在市場大好時，及早出清存貨，避開市場低迷時期而能持盈保泰，也因此奠定公司後續能有餘力，進行多角化經營的布局計畫。

在全球經濟疲弱的情況下，為刺激景氣、帶動經濟發展，一九七四年十一月，當時擔任行政院院長的蔣經國提出投資總額達兩千零九十四億元、推行十項大型基礎建設（簡稱十大建設）的計畫，以發展重工業、化工業等領域，建立自主經濟體系，進行大規模公共投資，範圍涵蓋交通、電力等基礎工程，以及鋼鐵、石化、造船工業、能源建設等，預計自一九七四年起至一九七九年年底完成。

眼光長遠的侯貞雄，已經看到台灣經濟發展的契機。

一九七〇年，經濟部工業局成立；一九七二年，工業就業人口超過農業就業人口，台灣從農業社會進入工業社會。這時的台灣，各項建設加速成長，需要大量鋼鐵，未來市場即將大有可為。

開展多角化經營

歷經第一次石油危機後，侯貞雄體認到，「做單軋鋼廠的附加價值太低，為了企業長久永續的發展，經營必須多角化。」

他決心往電爐煉鋼業發展，打算投資興建電爐煉鋼廠。

儘管看淡拆船業後市，但侯金堆原本並不贊同興建電爐煉鋼廠，最主要就是當年唐榮鐵工廠因多角化經營導致擴張過快、資金周轉不靈的負面案例，讓他心生警惕。

侯金堆認為，「增設新廠要投資巨額資金，在經濟不景氣的情況下，會為經營帶來風險。」因此，對於投資電爐煉鋼業的計畫，他始終相當審慎，考慮再三。

父親的疑慮，敵不過侯貞雄對發展鋼鐵工業的信心，終於說服父親和其他老臣，成功跨出轉型的第一步。

布局市場，擴大投資

一九七三年九月，東和鋼鐵決定增資四千萬元，將股本擴增到五千萬元，在高雄市臨海工業區[3]購置兩萬七千多坪土地，打算興建辦公大樓及煉鋼工廠。

「臨海工業區當時是一大片甘蔗田，我還曾在蔗田裡跑進跑出，幫忙砍甘蔗，」現任董事黃志明回憶十七歲那年的故事，他記得，剛買下臨海工業區時，他和父親黃基源經常到現場參與抽砂造地。

草創階段蓽路藍縷，一步一腳印都是艱辛的回憶。

在決心要轉型發展的年代，侯貞雄不辭辛勞南北奔波，戮力以赴，擔負起新廠規劃和興建的大任。然而，就在如火如荼擴建小港新廠之際，侯金堆因積勞成疾，罹患大腸癌，治療一年多，藥石罔效，在一九七五年元月三十一日逝世，享年六十四歲。

從日據時代末期草創東和行開始，他一路胼手胝足，一手創建、領導東和鋼鐵，卻在公司日益茁壯之際，突然撒手人寰，無緣親眼目睹東和鋼鐵邁向電爐煉鋼的全新紀元。

回顧侯金堆一生，從五金業跨足拆船業，直到戰後轉型為東和鋼鐵，再進入軋鋼業，近三十年扎扎實實打穩基礎，厚植實力，奠定百年基業的良好根基。

奠定傳承典範

侯金堆是東和鋼鐵的創辦人，握有公司絕大部分股權，在他過世之後，若由獨子侯貞雄繼承接班，原是天經地義之事，然而，侯傅秀英、侯貞雄和侯王淑昭三人，卻共同商議出另一位繼任領導人選。宅心仁厚的侯傅秀英感念侯政廷跟著叔叔一輩子，侯金堆也待他像自己的兒子，她覺得，「應該要讓侯政廷接任董事長。」

「媽媽這個決定很好！」侯王淑昭當場也附議。

一九七五年，侯政廷、侯貞雄兩人繼續領導東和鋼鐵跨入新紀元。當年，侯貞雄三十五歲，擔任總經理一職，不僅承續父親一手建立起來的事業基礎，並且跳脫思維，在勞力密集的拆船和軋鋼業之外，一步步引導公司朝著擴建一貫作業煉軋鋼廠的目標邁進，最終成為民間第一大廠，創造全新的鋼鐵世代，讓東和鋼鐵在鋼鐵業成為締造新猷的企業。

1. 唐榮鐵工廠由唐榮創立，在一九四八年全盛時期，日產鋼兩百公噸，旗下有四千多位員工，在台灣鋼鐵界執牛耳，但後

來因事業版圖擴張過快，資金周轉不靈，最終借貸無門，遭政府接管，成立新唐榮為省營單位。

2. 一九七九年，石油價格從每桶約十五美元暴漲至每桶二十四美元，到一九八〇年更一路攀升，至一九八一年最高飆漲到每桶三十九美元，釀成第二次石油危機。

3. 為加速經濟發展，並配合及因應中油第四裂解廠及下游衛星附屬工業設廠需要，經濟部於一九七二年在高雄小港區規劃設置臨海工業區，並於一九七三年四月正式成立。

第二章　掌握關鍵技術

侯貞雄曾說：「誰率先找出最經濟的煉鋼方法，誰就是明天的鋼鐵大王！」他也說：「在我四十餘年的鋼鐵人生涯中，我一直對掌握關鍵技術特別重視。」

天生具備敏銳的觀察力和追根究柢的精神，讓侯貞雄在鋼鐵業不斷創新思維、領先同業，努力增進技術，提升競爭力，成功帶領東和鋼鐵成為台灣鋼鐵業霸主。

謝絕參觀的祕密

在鋼鐵業界，侯貞雄素有「鋼鐵才子」之稱，但他在台大經濟系校友早餐會演講時曾坦言：「我在鋼鐵業的成就是努力學習而來，學習方式包括看書獲取各種知識，以及到世界各大鋼鐵工廠參觀學習。」

侯貞雄自美返台後，即開始走訪世界各地，一九六八年，他在結束中東貿易訪問團行程後，回程順道到日本的鋼鐵廠見習。

到了日本，當地商社安排他參觀幾間鋼鐵廠，最後一站是位在北九州的新日本製鐵株式會社（Nippon Steel，簡稱新日鐵）的八幡製鐵所。然而，參觀途中到某個廠房前，卻對人員採取出入管制。

「為什麼不能進去？」侯貞雄問。

「這裡有最先進的機器設備！」對方回答。

「什麼東西這麼神祕？」好奇的侯貞雄決定追根究柢。一問之下才知道，原來新日鐵八幡製鐵所新安裝好一部連續鑄鋼機，因為是新技術，事關機密，不方便讓外賓參觀。

儘管如此，連續鑄鋼機已經深深烙印在侯貞雄心中。

鑄造技術更迭

連續鑄鋼機是二十世紀、五〇年代鋼鐵業的重要發明。在煉鋼技術演進過程中，有兩種鑄造方法：一是傳統的鋼錠鑄造法，侯貞雄形容它「像抽『枝仔冰』」，另一種則是現代新式的連續鑄造法。

侯貞雄解釋，鋼錠鑄造法把熔化的鋼水（指鋼鐵經高溫熔化成液態，又稱鋼液）傾注在固定於地面上的中空鋼錠模具內，用自然冷卻或沖水冷卻等方式，讓鋼液冷卻形成鋼錠，再像拔冰棒般拔出來。

「以前的設備投料（指廢鐵原料）全都要靠人工一公斤一公斤、一點一點投進電爐爐口，非常辛苦，」經歷電爐生產鋼錠時代的東和鋼鐵前副總經理吳惠明說，「以前用人工製造鋼錠，將鋼液澆鑄注入模具後，一根一根的鋼錠就從底下一直上升，等冷卻後再利用天車（橋式起重機或高架起重機的俗稱）把模子拉上來，就製造出鋼錠。」

早期幾乎所有鋼廠都採用鋼錠鑄鋼法，但由於熱脹冷縮的緣故，每個鋼錠都會有縮孔，「後面那一段都是無效的，一般鋼錠的成功回收率大概八〇％，能達到八七％就算是非常好的，」吳惠明解釋，鋼錠成型的模具是四方錐形，上部較窄小，底部較寬大，這樣的設計可增進鋼液凝固後的穩定性，最重要的是，有利於拔出鋼錠時的脫模作業流程。

不過，鋼錠鑄造法有許多缺點，例如：需要較大的廠房面積、鋼錠澆鑄作業時間過長、鋼液所需溫度較高，以及鋼錠收縮造成產能折損過大。

生產效益大幅提升

二戰結束之後，大型煉鋼爐問世，加上鋼鐵產能需求不斷攀升，五〇年代發展出百分之百連續鑄造法後，傳統的鋼錠鑄造法就逐漸走入歷史。

現代化的連續鑄造法，是以盛鋼桶將鋼液盛載到連續鑄造機上方，透過鋼液分配器分流，使鋼液經由不斷振動和水冷過程注入各鑄造模具中，讓鋼液不斷冷卻，成為直條形的鋼胚，再經由火焰切割器將鋼胚分割成不同尺寸。至於鋼胚的寬度與厚度，則可透過更換模具或直接在生產線上調整，生產所謂的大鋼胚或扁鋼胚、型鋼胚。

連續鑄造法之所以能夠全面取代鋼錠鑄造法，除了沒有前述缺點外，連續鑄造法機動性強，可以快速變更尺寸，能迎合市場對不同鋼材的需求。更重要的是，經由連續鑄鋼機產製出來的鋼胚，成功率均可逾九成以上，生產效益大幅提升，在節約能源、成本、人力以及提高產能效率上，都大大勝出。

眼光精準的侯貞雄在日本鋼鐵業見習參觀後，就嗅出連續鑄造技術的市場潛力。一九七四年，他著手規劃建造第一座電爐工廠時，就決心要引進連續鑄鋼機的技術與設備。連續鑄造法雖然具有效率高、損耗低以及高品質等各項優點，但當時台灣還沒有鋼廠採用這種技術，一方面是因為業界對相關技術不甚了解，另一方面則是因設備費用較貴，投資成本太高是它的缺點。

但侯貞雄已看到未來工業將朝自動化發展的趨勢，唯有掌握技術，才能決勝千里。決定孤注一擲的他，在一九七五年親自飛到義大利，直接向機器製造商丹尼爾（Danieli）公司訂購設備。

侯貞雄費盡唇舌說服丹尼爾的老闆，希望他能用較便宜的價格出售，且很有生意頭腦的侯貞雄還提議：「雙方可以合作，把機器出口銷售到台灣，開拓市場。」

小故事促成大合作

起初，對方並不看好台灣市場，對這筆親自送上門的生意興致索然。

但是，侯貞雄從不輕易放棄，急中生智，跟對方說了一個小故事。

「有一個美國製鞋廠派兩位銷售員到非洲賣鞋，一個銷售員抵達非洲後不久，就發了一封電報回美國說：『非洲無人穿鞋，明日即啟程回國。』但另一個銷售員則傳回電報說：

『非洲市場極大，無人穿鞋，且已賣出一雙。』」

那位義大利老闆聽完侯貞雄的暗喻，哈哈大笑，不僅疑慮盡除，也了解到台灣市場處女地的潛力。

「後來這家義大利廠商不但出貨給東和鋼鐵，更在台灣售出二十七部連續鑄鋼機，獨占台灣連鑄機的市場！」對於當年急智應對創下的成果，侯貞雄一直津津樂道。

透過這場生意合作，丹尼爾的老闆不僅對侯貞雄印象深刻，兩人甚至成為好友，四十年過去，依舊持續往來。

大手筆投資未來

一九七七年九月，東和鋼鐵大手筆增資一億元，股本一下擴增到一億五千萬元，目的就是要裝設一座二十公噸電爐和連續鑄鋼機，成為台灣鋼鐵業首家引進連續鑄鋼技術和設備的廠商。

對於侯貞雄的創舉，最初鋼鐵業界人士多認為，這種鋼液直接倒入模子製成鋼胚的方法極有風險，美國鋼鐵業的使用率也不到二〇%。在連續鑄造技術尚未普及的年代，侯貞雄卻率先引進如此先進的煉鋼技術，建置全台民間第一座連鑄機。

侯貞雄形容，這項技術如同「點石成金」般，很快地，連續鑄鋼機全面取代傳統鋼錠的製造方法，成為全球鋼廠的主流，引導台灣鋼鐵工業邁向新紀元。他的遠見不僅讓東和鋼鐵快速轉型，也奠定民營第一鋼鐵公司的地位。

經過四十餘年發展，連鑄技術日新又新，更進一步突破，例如：最新的「帶胚連鑄機」，已可將鋼液直接灌製成為產品。

正式晉身煉鋼廠行列

一九七八年三月，東和鋼鐵位於臨海工業區的辦公室、廠房陸續完工，總公司正式自前鎮遷移至小港的新廠。

由於當年物力維艱，高雄小港廠廠房使用的鋼板、鋼材，許多都是自家拆船下來的船板等原材料，像是第一座電爐所在的工廠廠房入口的大柱子，就是當年用船上桅杆和船板焊接而成，從建廠至今，走過近四十年風霜，依然堅挺屹立。

同樣是在一九七八年，三月一日，在唐榮服務二十餘年的劉永彬到東和鋼鐵報到，擔任高雄廠第一任廠長，上任後就立即籌備電爐煉鋼廠的開工，包括：招募員工、作業標準以及各項操作表制定，一切從零開始。

一九七八年三月二十七日，第一座電爐開工試俥，劃時代的時刻來臨，那是東和鋼鐵進入電爐煉鋼的煉鋼元年。那一天，侯貞雄夫妻帶著兩個兒子到高雄廠參加電爐開工點火儀式，一起見證這歷史性的一刻。

一九七八年四月二十二日，東和鋼鐵生產的鋼水倒入鋼錠模，澆鑄的第一支鋼錠出爐，正式晉身煉鋼廠行列，當年台灣煉鐵還曾向東和鋼鐵訂製大扁鋼錠去軋製鋼板。

一九七八年七月就到高雄廠報到、擔任連續鑄造技術員的黃灯城，至今印象仍深，當時電爐大約可以熔煉二十八公噸鋼水，可算是當時電爐同業中最具規模的。

至於當初侯貞雄親自向義大利丹尼爾公司採購的一套三道式連續鑄造機，也在同年九月試俥完成。劉永彬回憶，這套設備可以鑄造生產八十公釐、一百公釐、一百二十公釐三種尺寸，不僅是東和鋼鐵的第一套連鑄機，也是民間第一套（已納為省營單位的唐榮連鑄機也只比東和鋼鐵早完成兩、三個月），更是丹尼爾公司引進台灣的第一部連鑄機，服役二十幾年才功成身退。

產能大增十一倍

一九七八年九月六日，東和鋼鐵正式開始生產鋼胚，跨入全自動化鑄鋼領域。

當年孤注一擲採用連鑄技術，讓侯貞雄體會到：「技術或許可以用錢買到，但如何移轉技術，買方的『學習曲線』如何設立、需要多久時間，都必須事先規劃。」

那段時期，台灣鋼鐵業的景氣正在復甦，生產的鋼胚供不應求，才鑄造出來的鋼胚還熱著，馬上就被運走，除了內銷，更外銷至日本、菲律賓、香港等地。

之後，連鑄機的生產和品質臻於穩定，為了達到一貫化作業並增加產能，侯貞雄決定再增添軋鋼設備，便向日本田中機械會社採購一座中古軋鋼機，以拆船板為原料軋製鋼筋。

為了配合自產鋼胚原料，東和鋼鐵又增設了六台粗軋機群，連同那套中古的中軋機和精軋機群各六台，總共十八台排成直列式半自動軋鋼機，場面非常壯觀。經過重新整理，裝設完成試俥，正式開工生產。

同時，前鎮單軋鋼廠於一九八一年年底，全面結束人工軋鋼生產作業，東和鋼鐵正式進入半自動軋鋼時代，年產量大幅躍升十一倍。

第三章　進軍電爐鍊鋼

早年的東和鋼鐵高雄廠，以生產普通鋼筋和中碳鋼筋為主，後來積極研發高拉力鋼筋，產品上市後，利潤可觀，強化營運體質，是當時第一家生產高拉力鋼筋的民營鋼鐵業者。

之後，為了因應市場環境變化，東和鋼鐵將高雄廠重心轉為研發，如：機械構造用的棒鋼、鉻鉬鋼、鉻釩鋼等低合金鋼，以供應中部地區生產磨光棒、手工具、機械零件製造業者的原材料。而除了開發新鋼種和新產品，電爐原料也有新的突破。因廢鋼供應來源逐漸減少，東和鋼鐵便改為自海外進口海綿鐵（又稱直接還原鐵），代替廢鋼配用試煉。

這次的經驗，讓東和鋼鐵成為台灣首家嘗試採用海綿鐵煉鋼的業者，而東和鋼鐵的營業項目也從八〇年代之後區分為三大塊：煉鋼、軋鋼和舊船拆解，長期投資生產技術與設備，此時已開始逐漸顯現成果。

在煉鋼部分，擁有一座二十公噸的電爐、一座三道式連續鑄造機，生產粗鋼；軋鋼部分，擁有一座直列式半自動軋鋼工廠，生產鋼筋、型鋼、機械構造用棒鋼；拆船部分，擁有三座解體碼頭和一座船板剪床，以取得船板、廢鋼與軋料。

正是這些經營成果，讓東和鋼鐵自此脫胎換骨，成為一貫化作業鋼鐵大廠，在台灣鋼鐵業界的影響力更是舉足輕重。侯貞雄銳意打造的鋼鐵王國已日漸成形，讓他一步一步走向鋼鐵大王之路。

高爐、電爐分庭抗禮

在台灣鋼鐵業，中鋼公司是業界的龍頭，東和鋼鐵則是民間第一大廠。前者是高爐煉鋼廠，後者為電爐煉鋼廠，在鋼鐵業界分庭抗禮。

「煉鋼的原理很簡單，就是把氧化鐵還原成鐵，」侯貞雄用最淺顯的方式解說煉鋼原理：「就是用火燃燒氧化鐵，讓碳跟氧結合，變成二氧化碳排放，鐵就出來了。」

人類從有史以來，就會燒火打鐵，簡單地說，用火燃燒鐵就是最傳統的煉鋼技術。只不過，鐵是鋼鐵的主要成分，但若只有單純的鐵，很容易氧化、生鏽，所以在煉製過程中必須把氧拿掉，去氧還原成鐵，之後再依據不同的需求，做成各種類型的鋼。

在一般鋼鐵廠，若依照製程及生產方式，可分為高爐廠（一貫作業煉鋼廠）與電爐煉鋼廠；若以營運方式區分，則可歸為三大類：一貫作業煉鋼廠（煉鐵、煉鋼及軋鋼）、電爐煉鋼廠（煉鋼及軋鋼）以及單軋廠（軋鋼）。

過去，台灣向來都只有電爐煉鋼業，直到一九七七年，中鋼開始煉鋼，台灣才有高爐生產的鋼鐵，目前國內高爐業者就只有中鋼和子公司中龍鋼鐵。

高爐廠煉製生鐵的主要原料是鐵礦石、焦碳以及石灰石。過程中，以煤炭與鐵礦砂做為原料，用碳做為還原劑，將氧化鐵還原成鐵，再以轉爐大量吹氧，將鐵水脫碳成為鋼液，最後再以煤炭產生一氧化碳，將氧去掉。

電爐煉鋼廠，像東和鋼鐵、豐興、唐榮等，分布在全台各地，主要多集中在南部地區。發展電爐煉鋼必須有兩大條件：足夠的廢鋼量和充足的電力供應。一旦這兩個基本條件無法滿足，電爐製程的成本將會過高，無法與高爐製程競爭。

早年台灣拆船業蓬勃發展，拆船業者努力拆卸下來的舊船板和廢材，就成為早期鋼鐵業發展的原料，因為舊船板可以做為軋鋼的原料、廢鋼也成為電爐煉鋼的原料。

東和鋼鐵之所以能發展電爐煉鋼業，就是利用拆船廢鐵，有充足的原料供應，再熔解處理做成粗鋼胚，這也正是侯貞雄能大膽進軍電爐煉鋼業的原因。

時勢造中鋼

台灣唯一的高爐業者——中鋼，是經濟發展的產物。

一九六三年，行政院國際經濟合作發展委員會成立，李國鼎任委員兼祕書長，積極推動工業建設計畫，大煉鋼計畫就是其中之一。當時，台灣輕工業建設已初具規模，鋼鐵工業是工業地基，但既有鋼鐵廠仍停留在單軋作業與小型電爐煉鋼，無法因應工業發展所需。

一九六八年，經濟部成立鋼鐵廠籌備處，開始研究設立一貫作業鋼鐵廠的可行性，由部長李國鼎兼任籌備處主任，之後又由趙耀東繼任接掌該職。

對一貫作業鋼廠來說，所需資金龐大、技術高又密集，但當時台灣市場不佳、政府財政困難，便轉向國外尋求合作機會。幾番轉折，最後，由美國鋼鐵公司（USS，以下簡稱美鋼）同意，提供貸款與技術支援，順利催生中鋼。

一九七一年，中鋼正式成立；一九七七年，中鋼第一階段建廠工程竣工，採用兩個一百五十公噸的轉爐，加上三座連續鑄造機，年產粗鋼一百五十萬公噸，並將產品運往日本，展開第一次的外銷，台灣鋼鐵業邁入成長期。令外界意外的是，原本因預期市場規模小，並不看好中鋼的建廠計畫，居然在短短三年間，就開始營運獲利。

中鋼從籌設階段便歷經波折，因政府財政困難，外界並不看好，要從民間募資以籌措資金更加不易，之後又有技術取得問題，建廠期間籌措不足的民股與外資都由政府代墊，直到一九七七年上半年，政府持股高達九三%，遠超過半數，於是改制為國營。

中鋼之所以能夠成功，重要條件之一，就是資金充足，從一開始經營就沒有負債——當年，除了官股挹注，拆船業也為中鋼的股本籌措部分資金，讓中鋼不需要靠借貸投資建廠；侯貞雄也曾建議，政府不要課貨物稅，而是在拆船業進口船舶時，把原本要付的一部分稅金（指進口配額），拿來買中鋼的特別股。

改寫電爐業命運

中鋼承接美鋼的經驗，是值得參考的範例，也成就電爐業和軋鋼業在台灣能夠占有一席之地。

在政策轉變過程中，當年有兩位關鍵人物，影響了中鋼的計畫，就是侯貞雄與黃清連。一九三四年出生的黃清連，一九七二年年初，由趙耀東任命為中鋼第一任煉鋼鐵廠廠長。

當時，黃清連就向趙耀東提出書面建議，指出中鋼應該要生產盤元線材類和鋼板類產品；後來趙耀東派黃清連等幾位高階主管到美鋼洽談，美鋼所同意的產品組合，就是依照黃清連跟趙耀東提案的基本方向。

另外，侯貞雄的一番話也發揮了關鍵影響力。

當時民間電爐業、軋鋼業的規模都很小，台灣市場規模也不大，中鋼首任總經理趙耀東認為，以當時第一期第一階段的中鋼建廠計畫來看，足可滿足全台鋼鐵市場所需。因此，他對民間業者說：「你們這些小鋼鐵廠通通不要做了，由我中鋼來做就好！」

對於趙耀東的說法，侯貞雄有不同的想法，他認為，應有更寬廣的視野。

當時，他對趙耀東說：「尺有所短，寸有所長。」

侯貞雄認為，產業應該分工，中鋼的規模大，就應該去做大廠的產品，小規模產品就由小規模的電爐廠生產。中鋼設備雖大，仍有它的缺點和局限，而民間電爐廠設備規模不大，卻還是有些東西可以做得很好，而且是中鋼沒辦法做的。

於是，中鋼著重鋼板類或較特殊的盤元類產品，而民間電爐業多以鋼筋為主，兩者有明顯的產品區隔。由此看來，侯貞雄當年的那段話，無疑影響了趙耀東重新思考中鋼的經營策略，也改變了整個台灣電爐業的命運。

第四部

滄　桑：
拆船王國的全盛與沒落

第一章　打造拆船王國

早年，台灣拆船業能在國際揚名，成就台灣第一的拆船王國美譽，侯貞雄的遠見、宏觀與創新思維，居功厥偉。

台灣進入拆船王國時代，世界上百分之七十五的船都在台灣拆解，台灣拆船工業叱吒國際船舶買賣市場，全盛期高達四分之三的舊船都賣到台灣。甚至，台灣拆船業因聞名世界，開出的採購價格可以左右國際市場，真正如同台灣俗語說的：「喊水會結凍！」

半世紀的拚搏

「他一直在講電話！」這是侯貞雄二兒子侯傑騰小時候對父親的印象。他的童年時期，七〇年代到八〇年代，正是東和鋼鐵拆船業務最興盛的年代。

舊船交易市場多半在歐美等地，由於時差的關係，負責採購業務的侯貞雄大都在下班後或半夜，頻繁地和倫敦、紐約等地的船務代理商、貿易商聯繫，詢價、議價、交易……；而侯王淑昭也沒閒著，她負責打電報，「以前孩子還小時，我一邊打電報，一邊還要側耳聽聽小孩有沒有哭。」

從美國回到台灣之後，侯王淑昭和侯貞雄白天負責公司事務，晚上和國外聯繫買船，日夜都在忙碌。「我們就像是生命共同體，一直為東和鋼鐵努力工作到現在，」她頓了頓道：「一晃眼就是五十年。」

拆船業合作不易

台灣拆船業者多從小規模投資開始，辛苦經營，但業者之間因競爭激烈、爭相出價，每每在國際舊船拍賣市場上自相殘殺，造成購船成本比其他國家高的怪異現象，讓國外船東坐收漁翁之利。

儘管拆船業者對此並非視而不見，但因欠缺合作協調機制，一直未見改善。

一九七二年，拆船業者合資，成立「中國舊船貿易股份有限公司」，推舉東和鋼鐵總經理侯政廷接任中國舊船貿易董事長，希望能統合業者意見，集中力量聯合對外採購舊船。

然而，當時台灣拆船業者多達百家，規模參差不齊，且國人多有「寧為雞首，勿為牛後」的心態，聯合採購的構想始終無法落實，整合業界力量的策略未竟全功。

一九七三年至一九七七年間，只標購了十二艘美國軍艦，業界不團結，在國際船舶市場自相殘殺、競相抬價，在競爭激烈下，拆船業漸漸步入無利可圖的窘境。

眼見情勢日益惡化，經濟不景氣，業者不堪長期虧損，加上部分沒有碼頭的拆船業者，將舊船貿易公司的股份轉讓給有碼頭的業者，業者之間的利益才又漸趨一致。

一九八二年，拆船業者推舉侯貞雄成為中國舊船貿易公司董事長。

在一九七九年第二次石油危機爆發之前，全球油量需求每年成長五％，航運大興，航運公司紛紛建造大油輪；但石油危機爆發後，各國用油量下降，經濟又持續不景氣，航運業蕭條，加上新油輪陸續交船，各船運公司與船東虧損日益嚴重。

兩週完成聯合採購制度

然而，侯貞雄甫就任時，碰巧遇上國際獨立油輪船東協會（International Association of Independent Tanker Owners, INTERTANKO, ITOA）會長來台訪問，請求台灣拆船業者加速標購舊船拆解，以利汰舊換新。因此，趁著這個機會，侯貞雄當場提出台灣聯合採購的做法，以便讓標購及拆船作業更快完成，對方也表示同意。

最後，短短兩個星期，便完成拆船業的聯合採購制度，震驚全球船舶買賣市場。

侯貞雄提出的聯合採購方法其實很簡單，就是以中國舊船貿易公司為唯一對外採購單位，統一向國外舊船交易市場標購，取得舊船後再拿回台灣市場公開標售，開放本地業者投標競價，依實際標購進口船價為基本底價，以出最高價格者得標，底價和得標價之間的差額，則當作平衡保證金，再由拆船業者依持有的碼頭數為標準分配。

由於客觀條件已見成熟，業者在不景氣且無利可圖的情況下，多半同意實行這項聯合採購機制。

聯合採購策略的成功，使得倫敦和紐約的舊船市場一夜之間風雲變色。

「這項措施才開始實行三個月，就買進三十五艘舊船，總噸位超過六十萬輕排水噸[1]，購船成本由原來的每公噸一百一十五美元至一百二十美元，降為九十五美元，」侯貞雄對當年提出聯合採購回台再標售的創舉，頗引以自豪。

不過，這種國際聯合採購的做法，也引發兩路人馬出面反對，一是船東與中間經紀商，另一則是在台灣沒有碼頭的業者。

兩方人馬抵制破局

由於聯合採購拉低交易價格，引起全世界船東與經紀商大力抵制，尤其是做為經紀船舶的掮客，失去居間作價空間，更加大力反對。只不過，台灣已掌握全世界百分之六十五的拆船量，買方握有絕對優勢，成功瓦解了外在的抵制行動。然而，卻有一股抵制的力量來自台灣內部——沒有碼頭的業者認為，公用碼頭不足，無法擁有分配利潤的權利。

聯合採購對降低購船成本確實有具體成效，加大拆船的獲利空間，一年下來收取的平衡保證金，就高達新台幣十三億餘元。

可惜，這項計畫實行兩年之後，由於利益可觀，後續保證金又涉及分配問題，且碼頭業主、無碼頭業主以及軋鋼業者之間欠缺共識，產生嚴重糾紛；加上業者開始獲利，景氣也見好轉，又出現不團結的情形。有人鼓動分裂，先在國外買好較便宜的舊船，然後聯合沒有私人碼頭的業者向政府單位申訴，指陳聯合採購的不公平。

人謀不臧之外，外在環境也有諸多紛擾。

八〇年代，全球石油危機再現，舊油輪愈來愈難買到，價格也愈來愈貴，偏偏業者只著眼於私利，不夠團結，迫使對外聯合標購最終破局。這段經驗讓侯貞雄更加體會到「團結就是力量」，並且了解到，世界鋼鐵業將因東、西方衝突和解而出現巨變，拆船業者所擁有的優勢不再，便也不再堅持聯合採購機制。

1. 船舶的重量，分為排水量和載重兩種噸位。輕排水噸是指空船時排水量噸位，是船舶最小限度的重量。

第二章　邁向輝煌

一九八一年，台灣拆船量高居世界第一；一九七一年至一九八八年，台灣每年平均拆解一、兩百萬公噸的船，稱霸世界，享有「拆船王國」的美稱，除了寫下全球第一的紀錄，也為台灣鋼鐵業的發展創造利基，降低對進口廢鐵的依賴。

台灣天然資源匱乏，礦業資源大都仰賴國外進口，而早期台灣受限於資金、技術以及市場等因素，無法投資大型鋼鐵廠，拆船業所提供的鋼鐵建材，適時滿足台灣經濟發展時期的需求。

拆船業攀上高峰

一九六九年，台灣繼日本和香港之後，拆船量躍居世界第一，當年台灣拆解的船隻一百六十二艘，一年解體七十五萬餘輕排水噸，此後二十年一路稱霸全球，開啟拆船王國輝煌的時代。

由於拆船業興盛，光是高雄港，就有一百二十幾家頗具規模的拆船公司或鋼鐵公司，從事拆船解體業務。

最興盛的時候，曾經有二十五艘三十萬公噸的船連在一起，像萬里長城一樣，排在高雄港等著被拆解，場面十分壯觀！

一般二十五萬公噸到三十萬公噸的大油輪，國外稱之為巨型油輪（very large crude carrier，簡稱VLCC），這種油輪到底有多大？侯貞雄以高爾夫球場來形容：「一個球洞的爬坡就是一條船，長約三百五十公尺、寬六十幾公尺，有十層樓高。」

在台灣的產業生態體系中，拆船業的最大貢獻就是提供鋼鐵業者大量原料，降低對國外廢鐵的依賴。以一九八〇年為例，完工解體的舊船總量約兩百萬餘輕排水噸，所得鋼鐵約一百六十萬公噸，銅料約占三萬公噸，對欠缺原物料的台灣工業發展，更是一大助力。

挑戰拆船之最

當時，東和鋼鐵已經是台灣最大的拆船公司，在拆船業界表現始終突出。根據拆船公會的統計，從一九七〇年至一九八六年，東和鋼鐵累計的拆船量至少一百七十五艘，總噸數將近一百九十九萬輕排水噸，高居業界之冠，在國內、外鋼鐵料供應鏈中，都占有舉足輕重的地位。

早年前鎮廠年產鋼筋不過一萬公噸，即使小港廠電爐煉鋼廠完工運作，也不過年產鋼筋十二萬公噸，因此拆下來的船板及船上各項機械用品，幾乎全部外售，舉凡南、北部各大軋鋼廠，都是東和鋼鐵的客戶，包含北部最大的台灣煉鐵，也曾向東和鋼鐵購買鋼板。

除此之外，東和鋼鐵也有部分產品出口至國外，外銷到泰國、印尼等地。

在拆船業蓬勃發展之際，東和鋼鐵曾於一九七三年在巴西成立拆船公司，以拓展海外市場。但前往當地後，發覺因中南美洲環境條件與民族性使然，投資計畫最後無疾而終。

不過，台灣本地的拆船業務仍持續不斷，企圖心極強的侯貞雄，讓東和鋼鐵在世界船舶市場聲名遠播。侯貞雄採購廢船時，即使面對同業競爭，依舊十分自信，憑藉的是對整個交易市場的了解和掌握，而不只是喊價而已。

東和鋼鐵曾經從希臘買回一艘巨型油輪，那是台灣船舶史上最大的一艘船，重達五十萬公噸。一般舊船大多是沒有動力的死船，從國外拖回後拆解，但那艘船仍有動力，「他還聘請一位船長Mr. Wang，從國外把那艘船開回高雄港，」侯王淑昭至今仍印象深刻。

「那艘船經過西子灣時，兩邊船身距進港入口，都只差一點點而已，」侯王淑昭說，因為船太大，差點進不了高雄港的碼頭。後來，還由於無法靠岸，那艘船曾前後各綁一個浮筒，停在港區裡很長一段時間。

侯貞雄買下這艘油輪後，取名為「東和鋼鐵」，招牌高掛船頭，當那艘船拖進港時，成為高雄港埠史上歷史性的一刻，也為台灣拆船史寫下重要的一頁紀錄。

第三章　見微知著再造新生

在聯合採購制度瓦解後，侯貞雄觀察到，國際拆船業已開始走下坡。從工資成本、環保議題以及鋼鐵市場價格等方面來看，他研判：拆船業榮景不再，未來發展有限，即將成為夕陽產業。

欠缺永續經營的根

拆船業屬於高度勞力密集產業，為藍領階級帶來許多工作機會，除此之外，拆船業所帶動的相關行業，還包括：鋼鐵業、拖船業、清艙業、瓦斯業、建築業、運輸業、保險業、銀行業等。全盛時期，蓬勃發展的拆船業對台灣經濟發展的貢獻，不容小覷。

然而，侯貞雄認為，拆船業不像一般生產規模的行業，有工廠、設備可以持續生產，只能動用船上的桅桿、起重機，拖上岸後用卡車載運，船拆完了就結束了。

「就像打游擊戰一樣！」他說，拆船業是有船可拆便大家有錢賺、拆完就結束的行業，這樣的產業特性，欠缺永續經營的「根」，不利企業的長遠發展。

尤其，早年台灣的拆船業都是從小資本額起家，一切得過且過，甚至在初期階段，業者普遍都沒有永久專用的拆船碼頭，直到一九五八年之後，高雄港務局開始以未開發的場地，租給業者興建臨時拆船碼頭；到了七〇年代，台灣自製的吊船加入海上解體行列，吊船上配有吊桿協助，可由下往上提，讓拆下來的機件能保持完整，從此拆船速度增加一倍，工作效率大幅提升。

環保、工安堪慮

然而，隨著高雄港的成長，港務局陸續收回場地自行開發，拆船業者面臨碼頭隨時會被收回的困境，也就不願花錢投資興建良善的拆船廠。

這樣一來，拆船場地又變得因陋就簡——天晴時廠區塵土飛揚，遇雨時則泥濘不堪；到處吊桅林立，工人宛如置身鋼鐵叢林，經常發生窒息、壓傷、跌落等工安意外，衛生環境和工作安全堪慮。

最重要的是，拆船工作經常會面對火災和爆炸的威脅。

具有二十年拆船資歷的陳健男說：「如果要拆的船是還可以動、還在營運的，就比較好處理；如果是沒營業的、報廢了的『死船』，船艙會有瓦斯，拆解時要先把船艙裡的空氣抽掉，要不然瓦斯槍（乙炔）一割，就會爆炸。」

尤其是油輪，「船艙底下的重油，放久了會變成瓦斯，所以要把油統統清除、空氣抽掉，清艙之後才開始（切）割，」陳健男說。

拆船業的汙油與廢棄物若處理不當，還會造成海洋與環境的嚴重汙染，因具有高危險、高汙染的潛在威脅，面對社會日益重視環保議題，以及對工人安全、衛生條件的關切，注定了拆船業的式微。

台灣拆船業的興盛源起於一九六五年；二十年後，一九八五年、一九八六年間，隨著東西方之間表面和解，拆船業的利基也開始削減。

日薄西山

「在東、西方和解前，資本主義與共產世界立場鮮明，資本主義世界產鋼量約五億公噸，共產主義世界則約兩億五千萬公噸，各有各的市場，差別只在於資本主義世界的產量供需情況達到最優化，」侯貞雄分析。

然而，在東、西方和解後，「共產世界的產品傾銷流入資本主義社會，價格下跌，特別是鋼胚，價格更便宜，」侯貞雄指出，但因為台灣廠商自相殘殺，使得聯合採購破局，業者競標的結果導致船價抬高。

舊船切割下來的船板，除了做為鋼筋之外，沒有其他用途，而軋鋼廠可以購買便宜的國外鋼胚，就不需要再購買船板來軋延鋼筋，「拆船業靠船板提供做鋼筋的優勢不再，」侯貞雄已經看見，拆船業將會慢慢遭到淘汰。

「雖然當時拆船業還是可以賺錢，但舊船價格愈來愈高，整個拆船業已經在走下坡，而軋鋼的附加價值正在減少，」侯貞雄說，「東和鋼鐵要增加獲利來源，就必須離開拆船業，增加煉鋼的產能。」

此時，東和鋼鐵高雄廠已經興建電爐煉鋼廠，慢慢開始走向鋼鐵業，他認為，東和鋼鐵要持續發展，不一定非要拆船不可。

率先結束拆船業務

一九八五年，正值台灣拆船業最高峰，更是東和鋼鐵拆船業績鼎盛之時，侯貞雄卻主張，「要把三個碼頭賣掉！」他極力說服股東結束拆船業務。

東和鋼鐵要停止拆船的消息，在業界投下震撼彈，不只是業界無法理解侯貞雄的這項舉措，股東之間也是意見相左。

「肖仔！那是賺錢的事業，怎麼可以賣掉碼頭？」當年沒有人同意侯貞雄的看法，公司內部反對聲浪四起，因為賣碼頭是把最值錢的資產拱手讓人，等於賣掉祖產。

「不行，拆船事業一定要關掉！」侯貞雄堅持，後來他成功說服董事長侯政廷，先賣掉兩個碼頭，暫時仍保留一個。

一九八六年六月，東和鋼鐵宣布停止拆船業務，在拆船高峰急流勇退，不再購進新船，拆船業務逐步遞減，至一九八七年七月，全面結束拆船業務。

大仁宮（即今高雄市鳳宮里）拆船區，曾經是全台最大的舊船解體場，創建於一九七五年，在一九七九年至一九八一年間拆船最風光的時期，大仁宮碼頭有三十餘家拆船解體公司，二十四座碼頭幾乎維持停滿，待拆的廢船四十艘一字排開，從早到晚人聲鼎沸，機器操作聲不絕於耳。根據拆船公會統計，全盛時期，在這裡平均每天可以供應一萬公噸的鋼板，提供煉鋼原料之用。

壓垮拆船業的最後一根稻草

一九八四年，兩伊戰爭爆發後，許多航行波斯灣的油輪受戰火波及，嚴重毀損，最後淪落到被賣來台灣拆解的命運。

然而，一九八六年八月十一日，一艘原為伊朗籍的「卡納利號」（Canari）油輪，在大仁宮碼頭待解體，卻因清艙不完全，發生爆炸事件，造成十八人死亡，近百人受傷，嚴重威脅到民眾生命財產安全；九月十六日，又再傳出另一艘解體船爆炸的消息。接連兩次事故，引起附近住戶人心惶惶，「遷移拆船區」成為小港區居民的共同心聲。

一九八九年元月起，高雄港務局以兩年為期，由南向北，收回大仁宮碼頭拆船廠的土地，改興建為第五號貨櫃中心，更注定拆船業由盛轉衰的命運。

同年六月底，碼頭上所有進港待解體的廢船都拆解完畢，台灣拆船業盛極一時的風光歲月，至此可以說是正式劃上休止符。

從九〇年代開始，「拆船王國」成為歷史名詞，逐漸走入歷史，但東和鋼鐵、中鋼以及其他鋼鐵公司，卻如日出，開始茁壯成長。

東和鋼鐵在鋼鐵業的發展趨勢中洞燭機先，結束拆船業非但沒有錯失商機，更大力轉型擴張，領先同業，走上康莊大道。

第五部

視野：

《台灣關係法》的推手

第一章　不能說的祕密

東和鋼鐵拆解過一艘最特殊的船——蘇聯（USSR）製的巡洋艦，據說曾是蘇聯最高領導人赫魯雪夫的座艦，也正因為這艘富有歷史性的舊船，意外引發和美國軍方一段耐人尋味的故事。

中美斷交後，侯貞雄在因緣際會下，透過美國國會議員的協助，積極和友人為催生《台灣關係法》（Taiwan Relations Act, TRA）努力奔走，設法穩定台、美關係與外交情勢，護衛社稷利益。

這些祕辛，知道的人屈指可數，在塵封逾三、四十年之後，終於得見天日。

悄悄買下俄製巡洋艦

一九七二年，透過日本的米星商事株式會社介紹，東和鋼鐵自印尼進口一艘俄製斯維爾德洛夫級巡洋艦「伊里安號」。這艘船原名「奧爾忠尼啟則號」，在一九六〇年，由蘇聯以軍事援助名義，移撥給印尼海軍。

早年，印尼的外交態度原本是與蘇聯交好，在冷戰時又轉而傾美；一九六七年時，發生流血政變，軍方得到美國支持，首任總統蘇卡諾被迫下台，俄援因而中斷。

因零件供應不足，這艘巡洋艦擱淺在印尼泗水港，最後落得被出售解體的下場，而當年從米星商社手中買下這艘艦艇的，就是侯貞雄。

這樁買賣，讓東和鋼鐵做成了生意，還頗有獲利；另一方面，美軍也藉此獲得重要設備零件帶回研究，以便推敲三十年後的蘇聯艦艇技術，以及設備可能的演進，可謂皆大歡喜。

當初購進這艘船的侯貞雄，因協助美方取得艦艇的重要零件和資訊，雙方意外結下機緣，和美方牽起一段友好關係。之後，美國駐台大使在台灣，每逢有重要場合設宴時，侯貞雄便經常受邀成為大使的座上賓。

然而，更特別的是，這樁生意不僅最後皆大歡喜，日後台、美關係發展，也因這份機緣而有了不一樣的走向。

為台灣前途獻策

七〇年代，台灣經濟發展深受國際情勢變化影響——中華民國退出聯合國、美國宣布和中華人民共和國建交、中美斷交，都是那個年代影響台灣至巨的重大事件。

從國際政治情勢來看，自由世界和共產集團兩極對立的態勢，逐漸緩和解凍，從冷戰走向和解。

然而，第三世界勢力的興起，導致聯合國權力結構改變，加上美國對中國大陸的戰略考量，「中國」代表權的問題日益受到矚目，導致台灣國際地位開始動搖。

首先面臨衝擊的，是聯合國的代表權問題。

一九七一年十月二十五日，第二十六屆聯合國大會做出二五七八號決議，通過阿爾巴尼亞的提案──恢復中華人民共和國在聯合國組織中的合法權利。此舉所代表的意義，就是從此排除中華民國的代表權，由中華人民共和國取得「中國」代表權，並且成為聯合國常任理事國之一。

當時，中華民國政府在表決結果揭曉前，先行宣布退出聯合國。這項決議案對海峽兩岸政府國際地位、外交關係的變化，產生莫大影響，也成為日後中華人民共和國政府主張「一個中國」的重要依據。

風雨飄搖的年代

不僅退出聯合國，台灣往後更陸續退出各種國際組織，主動、被動斷絕眾多國家的外交關係。

一九七二年二月，美國總統尼克森訪問中國大陸，與大陸發表《上海聯合公報》，為美國與大陸關係正常化鋪路；同年九月，日本首相田中角榮訪問中國大陸，簽訂《中華人民共和國和日本國政府聯合聲明》，過去和台灣關係密切的日本，也正式和中華民國斷交。

「風雨飄搖」四個字，就是七〇年代台灣外交情勢的最佳寫照。

在退出聯合國之前，和台灣有外交關係的國家多達五十四國，一九七二年降為三十九國，到了一九七八年更大幅降至二十一國。

一連串的外交挫敗，不僅凸顯台灣國際地位日漸低落，詭譎多變的氣氛如烏雲般籠罩著，導致台灣社會民心不安，外資撤資、投資卻步，國內資金亦出現外流潮。

中美斷交更添詭譎

一九七八年十二月十六日，凌晨兩點鐘，當時的新聞局副局長宋楚瑜親赴總統官邸，會見總統蔣經國，告知：「美國駐中華民國大使安克志（Leonard S. Unger）要立刻晉見總統。」

隨後，安克志即趕赴官邸，宣讀了當時美國總統卡特致蔣經國的信：「台北時間十六日上午十時，美國總統卡特即將在華府宣布，美國與中華人民共和國自一九七九年一月一日起，開始建立外交關係。」

這個宣言，意謂著美國將和中華民國斷交，從一九一三年開始建立的中華民國與美國之間的雙邊交流，維持了六十六年正式的、官方的外交關係即將終止，隨之也將廢止《中美共同防禦條約》並撤軍。

八小時後，卡特發表與中國大陸建交演說，同一時間，大陸方面也在北京宣布，與美國建交。

事出突然，當時，美國德州達拉斯的國會議員馬托克斯（Jim Mattox）與友人楊正雄，應中華民國政府邀請，來台訪問一個星期，在卡特宣布與台灣斷交的當下，他們搭乘的華航班機還在太平洋上空飛行。

一九七八年十二月十五日，星期五早上，他們兩人從達拉斯啟程，在美國西岸轉機，搭上華航飛機，直飛台北。

經過長途飛行，一九七八年十二月十六日，星期六晚上，馬托克斯搭乘的班機抵達台北松山機場。

連國會議員都不知情

楊正雄旅居美國達拉斯，當他確知將陪同好友馬托克斯來台灣訪問，就把這個訊息告知大舅子、東和鋼鐵總經理侯貞雄。

不過楊正雄並沒有想到，機艙門打開，就看見侯貞雄和他的好友——當時擔任中國信託投資公司總經理的辜濂松，兩人親自到機艙門前迎接。

當下，侯貞雄面色凝重，快步趨前，告訴他們：「美國總統卡特今天宣布和台灣斷交！」

這件事可說是國民政府遷台以來最不幸的消息，因事出突然，政府當局非常震驚，侯貞雄擔心反美行動會持續延燒而波及兩人，因此特別到機艙門前接他們。

在從機場驅車前往飯店的途中，馬托克斯表示，出發前幾天，他按照國會議員出國慣例，打電話到國務院詢問美國與台灣的關係現況，國務院告知一切正常沒有異狀，他才安心出國。現在，人到了台灣，就聽到令他震驚、錯愕的消息，他必須先查明始末。

第二天一大早，馬托克斯打電話到美國大使館，但因當天是星期天，沒人接電話。而由於時差加上長途飛行非常疲勞，他們就留在旅館休息。

好不容易等到週一清早，馬托克斯趕赴美國大使館，才知道大使安克志已先行離開台北，大使館官員還提醒他：「現在，你是美國官方在台北最高階的代表。」

隨後，侯貞雄與辜濂松便帶他們去會見政府高層人物。

啟迪新思維

馬托克斯不僅是國會議員，還是個法律人，很了解美國的政治體制，他在與政府高層的會談中提到，「台灣前途與人民長久的福祉，不能依靠過去慣用的方法，遊說個別政治人物支持：台灣當局要有新的作為，應該想辦法向美國國會提出法案，透過立法途徑，尋求美國法律保障，以維護台灣永久的地位與安定。」與會者都非常驚豔並贊同他的高明構想。

台灣當局隨即決定，朝著這個方向努力。而馬托克斯也承諾，回到華盛頓後，將會協助在國會推動這項法案。

這就是攸關台灣前途及全體人民安全的《台灣關係法》。這是美國國內法，在當年也是一項創舉，為台、美關係正常化明文立法。

馬托克斯是民主黨黨員，二十九歲當選德州州議員；一九七六年、年方三十三歲，便當選美國國會議員。而在事發當時，他才三十五歲，無疑是美國政壇的新星。

台灣從一九七一年被迫退出聯合國以來，便積極邀請、招待美國參、眾議員，以及州長等政治人物來台參訪，以維繫台、美雙方友好關係。馬托克斯對《台灣關係法》立法貢獻頗大，自然也是台灣政府邀請訪華的對象。

有了先前的機緣，後來，侯貞雄又以民間人士身分前往華府，協助台灣政府另闢蹊徑，尋求法律途徑，由美國國會立法通過《台灣關係法》，從此改變了台灣往後數十年的前途與經濟發展。

第二章　六壯士折衝樽俎

面對劇變，台灣前途盡在未定之天，社會不安、人心惶惶；甚至，當年原本正在進行中央民意代表增額選舉，政府當局幾經考量，決定暫時停止選舉活動。

事實上，早在當年十月國慶前後，媒體間已有消息透露，美方派人前往中國大陸；加上美國總統卡特早先的談話與動作，已在為中國大陸和美方建交鋪路。只是，當年政府高層堅信，美國不可能和台灣斷交。

因此，當斷交消息確認後，可說是舉國震驚，外交部部長沈昌煥更因此辭職下台。

貿易談判堅不讓步

當時的情勢詭譎多變，可說是「牽一髮而動全身」，許多與美方相關的談判、議約，變得異常棘手。

國家與國家之間的接觸，都與法律有關，斷交後，台、美兩國之間原本制定的法律便形同具文，而當國家的基礎喪失，未來只要牽涉國與國之間的任何法令，包括：電信、油電、商業貿易等各種通商的基礎，甚至軍事，都必須重新建立溝通平台。

尤其，美國當時是台灣的最大貿易國，一旦斷交，對台灣經濟的衝擊更是非比尋常。

侯貞雄嘉中學長、當年擔任國貿局副局長的蕭萬長，原定一九七八年十二月十六日當天，要隨經濟部次長汪彝定赴美，進行中美貿易談判。

汪彝定是當時的台灣談判團團長，斷交消息發布後，趕赴行政院參加行政院院長孫運璿召開的緊急會議，因此無法成行，而由蕭萬長銜命依原定行程，隻身飛往華府，展開為期兩週的貿易談判。

赴美途中，蕭萬長滿腦子都在模擬如何與美方折衝，想為斷交後的台灣爭取最佳貿易條件。而在談判過程中，面對美方的步步進逼，他也確實堅守立場，絕不讓步。

蕭萬長自知無力扭轉斷交變局，但他認為，如果能在貿易談判中取得佳績，如：永久最惠國待遇，對台灣未來經濟發展將有重大意義。

歷經千辛萬苦，一九七八年十二月二十九日，談判大功告成，汪彝定自台北赴美簽字，在當年那段非常時期下，完成歷史性任務。

蕭萬長奮戰贏得的勝利，如同台灣經濟的定心丸，且在「永久最惠國待遇」的基礎上，十年後，台灣成為美國第四大貿易夥伴，成為僅次於日本的美國第二大入超國。

民間人士為國奔走

當年，卡特刻意在美國國會休會期間宣布中美斷交，明顯是為了逃避國會監督，因而引起國會中不分黨派議員的強烈反感，而台灣也多管齊下，力促美國國會強勢主導立法，維繫台、美關係。

「許多中外人士都主動投入，貢獻己力。一月中，六位工商界人士（徐小波、侯貞雄、辜濂松等，當時號稱六壯士）自動組團，分赴冰天雪地的華盛頓，在一家飯店裡與自由派議員的兩百多位助理聚集一堂，探討台灣的未來。」

中美斷交十年後，《孫運璿傳》中有一篇闡述《台灣關係法》的專章，點出包含侯貞雄在內的「六壯士」，當年為制定《台灣關係法》所做的努力。

這是第一次有正式的文字記載，將當年六位民間工商人士的組合稱之為「六壯士」。

尋求溝通管道

「六壯士」的事蹟如消失在密室般，不見記載於台灣文獻或稗官野史，而六位當事人也絕口不提此事。因此，中美斷交至今近四十年，坊間對於「六壯士」的事蹟所知有限。

美方片面宣布斷交，台灣當局自是亟欲尋找與美方對話、談判的管道；當時擔任外交部部長的蔣彥士，便透過辜濂松，邀集幾位民間人士赴美，希望透過各種方式，找到與美方對話的機會，為台灣的未來找到出路。

有了立法的明確方向和目標，加上外交部部長提議指派，侯貞雄和辜濂松兩人便運用各自的管道，分頭找人。

侯貞雄第一個想到的人選，就是他的好朋友、理律律師事務所合夥人徐小波。徐小波，目前擔任宇智顧問董事長，他與侯貞雄同年，畢業於台大法律系；大學畢業後，兩人都考上預官，並在接受預官基本訓練時，分發到同一排，促成兩人結成莫逆之交的機緣。

服完兵役，徐小波前往美國深造，取得美國紐約大學法學院法律碩士、塔夫茲大學佛萊徹法律外交學院（The Fletcher School of Tufts University）外交學碩士學位，兼具法律和國際關係專長。

後來，因中美斷交，又將他們兩人的命運綁在一起。

找尋合適夥伴

七〇年代，自海外留學歸國的徐小波，曾多次配合台灣的財經官員，與國外大型企業洽談合作案。

一九七八年十二月中旬，徐小波還在美國幫經濟部招商引資，由他自己出錢出力，在美國租車當司機，帶著經濟部官員至康乃狄克州拜訪當地美商，探詢是否有興趣到台灣投資；不料，當到行程接近尾聲，徐小波一行人開車到紐約，準備返台前夕，投宿旅館時，一打開電視，就看到卡特宣布中美斷交的消息。

侯貞雄當時想到的不二人選是徐小波，徐小波則想到他的好友，也是佛萊徹法律外交研究所碩士，主修國際法律事務及財務管理、英文能力極佳的現任理成營造董事長衣治凡。

衣治凡的父親衣復恩，曾是空軍將官，歷任空軍副參謀長、空軍情報署署長，主持黑蝙蝠中隊、黑貓中隊等特種任務，亦曾擔任蔣中正座機駕駛，在美國軍情界，擁有深厚的人脈背景。

至於辜濂松，則和他的叔叔——台灣水泥董事長、國民黨中央委員辜振甫商量，尋求適合的人選。那時，辜振甫首先想到的，便是他的三女婿、嘉新水泥公司創辦人張敏鈺的三子張安平。

六壯士成軍

當年，年僅二十七歲的張安平，是普林斯頓大學經濟學學士、紐約大學國際金融與管理碩士。

二十五歲時，他進入紐約市政府工作兩年，當時紐約市瀕臨破產，年紀輕輕的他，參與紐約市政府重整計畫，就擔任市府重整的財務計畫負責人；後來，在父親要求下，張安平於一九七八年二月，回台灣進入嘉新水泥任職。

而辜振甫另一個屬意的人選，則是他的好友楊麟。

楊麟是六人中年紀最大的，一九四九年就遠赴美國洛杉磯加州大學留學。

他的父親楊管北，是民國初年上海青幫最知名的風雲人物——杜月笙的左右手及密友。

因為楊管北與杜月笙的關係，台灣早年許多和美方合作的大案子，都是由楊家代理，例如：美國可口可樂公司和美國波音公司的台灣地區總代理。在六個人之中，楊麟與台灣政治高層和美國政、商界的關係最為深厚。

就這樣，侯貞雄、辜濂松、徐小波、張安平、衣治凡、楊麟的六人組合於焉成形，遂有後來《孫運璿傳》中所稱的「六壯士」。

倉促成行，千頭萬緒

一九七八年耶誕節過後，六人會面洽談，決定於元旦過後啟程。

不過，到美國後要做些什麼事？要見哪些人？很快地，他們發現事態嚴重——六人即將要去跟在位執政的民主黨打交道，卻沒有任何一點人脈可用。

翻開過去台灣和美國的外交關係，很明顯地，大多是跟共和黨的保守派人士交流、聯繫；在民主黨的卡特於一九七七年元月二十日上任之前，前兩屆的總統尼克森和福特，都是共和黨黨員。

也就是說，共和黨已經執政八年，但在美國政黨輪替後，台灣的外交部和美國民主黨中，較屬於自由派的政治人物卻少有聯繫，更別說是維繫往來關係。

根據當年所取得的線索和資料，根本接觸不到執政已近一年的民主黨相關人士，難怪當年外交情勢會陷入困境。

一切，只能靠自己。

一九七八年十二月下旬，侯貞雄等人便開始動用在美國的人脈關係，透過各種方式與美方聯繫。四十年前，通信聯繫遠不像現在如此便捷，國際電話、電報所費不貲，書信往來更耗時，但他們不計成本和代價，多管齊下，分頭進行。

關鍵時刻的人脈實力

值得一提的是，當時他們從頭到尾都不講「遊說」（lobby），憑的都是交情。

腦筋動得快的徐小波，首先想到他在佛萊徹法律外交學院的一些同學、朋友。

徐小波有一位同學兼室友格瑞迪（Daniel Grady），在六〇年代熱中參與美國學生運動，較傾向為自由派人士，是一位俄亥俄州民主黨參議員的助理，專門幫參議員提供訊息或研究，以協助他們從事立法工作。

徐小波請格瑞迪協助轉達，告知民主黨的議員和研究助理們，有一個來自台灣的民間團體即將赴美，並要與相關人士會面的訊息。

張安平也立即聯絡美國友人，請他們幫忙透過各自的關係和交情，邀約美方國會議員或助理，抑或是政府官員。

一九七九年一月六日，六人分別動身啟程赴美。

抵達華盛頓後，下榻華府的麥迪遜飯店（Madison Hotel）。外交部駐華府單位派了兩位官員，為這一團人員安排在美各項事宜，展開為期九天的會面、說明行程。

這兩位官員，徐小波仍清楚記得，一位是軍中少將退役，英文非常好且又能力強、很熱心的公使胡旭光，因此他請胡旭光跟格瑞迪做聯繫窗口；另一位則是官員馮寄台，在美期間一直陪著他們一行人。在那趟華府行程中，他們是唯二具官方色彩的人物。

第三章　關鍵之日

十天之中，六壯士見了不下兩、三百人，包括：美國自由派的參、眾議員與國會研究助理，以及美國律師、官員、企業領袖等人。

每天的行程，幾乎都是從早上十點到凌晨十二點，連續十天，馬不停蹄地面見、拜會、討論、宴會、商議……。

馬不停蹄的日子

晚上回到飯店，也沒能夠好好休息，所有人還是不停討論、提出一些想法與理論，同時不斷諮詢專業律師的意見，大家都在腦力激盪，點子很多的侯貞雄，更是持續不斷提供他的想法。

有一天，六人在國會大廈旁的餐館辦了一場午宴，會場擠得水泄不通，密密麻麻聚集了兩百多人，他們六人就坐在台上「備詢」，歡迎台下的與會者提出任何問題。

當天，由徐小波擔任主談人，侯貞雄坐在他的右側，不時獻策，提供點子，藉著一問一答，廣泛蒐集美方的觀點和看法，最後彙整出關鍵意見；衣治凡則負責記錄，把每天的會議、行程、對談內容，全部用英文記錄下來，整理得井井有條。

在華府奔走十天，一月十日的那場晚宴，是最具關鍵的轉折點。

中情局前局長的晚宴

一九七九年一月十日，晚上七點半，衣治凡父親衣復恩的舊識克萊恩（Ray Steiner Cline），在他的寓所宴請六人小組成員。

克萊恩曾是美國中央情報局（ＣＩＡ，以下簡稱中情局）局長，亦曾任中情局駐台北辦事處主任，是美方情報單位在台灣最高領導人，不僅負責台、美戰略情報合作，也是在一九四九年之後，重啟台、美關係新契機的推手人物。

克萊恩與蔣中正、蔣經國父子熟識且關係深厚，尤其和蔣經國交情非常好，蔣經國也很信任他。一九五九年，克萊恩還曾和蔣經國共同主導成立華航，由衣復恩負責籌劃。

當時，克萊恩是美國戰略與國際研究中心（Center for Strategic and International Studies, CSIS）執行董事，ＣＳＩＳ則是位於華盛頓特區的跨黨派外交政策智庫，是美國兩大智庫之一。因此，克萊恩也可以說是《台灣關係法》催生過程中，最關鍵的人物之一。

當天餐敘設席在克萊恩家，由克萊恩夫人親自下廚備宴款待。晚宴中，賓主集思廣益，共同商討各種可能性。

在場的人都了解，主權歸屬與承認台灣政府的合法性，是整個問題的關鍵，因此紛紛就當時的台、美現狀，提出各自的想法，大家交換意見、研擬對策、慢慢歸納，漸漸定調，朝向立法的方向討論，直到半夜十二點才結束。

漏夜爬梳會商結論

凌晨時分，一行人離開克萊恩家，回到飯店後，即挑燈夜戰，將晚宴中各項結論和建議一一繕打條列，做成初稿，並經在場所有人再三確認無誤，隨即由張安平與衣治凡等攜出，以克萊恩的名義發送電傳打字（telex），漏夜傳回台灣。

他們在華府事先聯絡張安平台北公司，相關人員守在電傳打字機旁等候，一收到電傳，連同電傳打字機的打洞紙帶，全部立刻送到外交部，面交蔣彥士，蔣彥士旋即親自送進總統府，面呈蔣經國。

對於未來的台、美關係，當時雙方意見分歧，美國主張非官方的民間對民間（people to people），台灣則堅持官方的政府對政府（government to government）狀態，雙方自始至終沒有交集，從未正式接觸。

為了打開僵局，只有「同意彼此的歧異」（agree to disagree），才能避免陷於主權議題而窒礙難行。最後，終於在克萊恩家宴餐會中達成共識，一切以台灣利益為當務之急，尋求以法律為基礎，研擬未來立法的可能性。

蔣經國獲悉電文後，也贊成「同意彼此的歧異」，立即對外宣布中華民國政府對未來台、美關係研擬法案方向的看法及立場。

大事底定，一月十一日清晨三點半，張安平與衣治凡等人才返回飯店。寒冬蕭瑟，暗夜走在華盛頓特區十四街，緊緊挨著彼此，只敢走在大馬路正中間，深怕夜黑暗巷會被搶。

五十分鐘的暢談

《台灣關係法》能夠落實，還有另一位關鍵人物，就是參議院外交委員會主席邱池（Frank Forrester Church III）。

華府的行程已臨近尾聲，一行人訂好一月十七日回台的機票，徐小波卻在此時接到一通電話。

原來，是美國駐華大使館前經濟參事莫雷爾（William N. Morell Jr.）來電表示，已經安排好會晤邱池。因徐小波多次引進美資來台，與莫雷爾私交甚篤。

於是，侯貞雄等人按原定計畫返台，徐小波則延後行程。而理律律師事務所另一位合夥人陳長文也在此時來到美國，徐小波即邀請衣治凡和陳長文跟他一起會晤邱池。這段過程，便是後來許多不知情人士也將陳長文歸為六人小組的原因。

邱池是愛荷華州的民主黨參議員，當時是參議院外交委員會主席。原本，祕書安排的會面時間只有五分鐘，結果邱池與他們相談甚歡，一談就是五十分鐘。

徐小波記得，當時他與邱池談及：「越戰以後，國際間多了很多越南難民（boat people），我們不希望台灣民眾變成另一種難民，希望美方透過立法保護台灣，不要被對岸占領，或是用其他方式接管……」

對美國人來說，當年越戰慘絕人寰的深刻印象，不少人仍歷歷在目，因此，這些話，邱池了然於胸。

後來，邱池即以參議院外交委員會主席身分，在一九七九年二月六日舉辦一場聽證會，獲得美國國會參、眾兩院及國會領導人的支持，並據以立案，且很快進入立法程序，順利催生攸關台灣安全及經濟前途的法案。

臨門一腳促成立法

《台灣關係法》對台灣相當重要，有很多人都做了努力，這一點毋庸置疑，但以當時參與其中的人來說，邱池的確是其中的關鍵人物，對催生《台灣關係法》扮演決定性的角色。

侯貞雄等人歷經一個多月的奔走，透過美國友人多方襄助，以及參、眾議員的積極參與推動，終於有了成果，也獲得台灣高層的肯定。二月八日，蔣經國在總統府召見六人，當面致謝。

《台灣關係法》並不是國與國之間的條約，當時美國國會立法的理由，是為了在中美斷交後，能繼續維護西太平洋區的和平、安全與穩定，以符合美國最高利益，藉以達成保護台灣之目的。

一九七九年四月十日，美國國會參、眾兩院通過《Public Law 96-8 96th Congress》，這個簡稱《台灣關係法》的美國國內法，四月十二日獲美國總統卡特簽字生效，並追溯至一九七九年一月一日。

根據這個法案，美國認為，維持台灣的自由、民主以及經濟繁榮，都是非常重要的事，且美國在必要時得提供防禦性武器給台灣，以使台灣具備足夠的自衛能力，並明列美國總統與國會磋商，依憲法程序因應台海危機。

從一九一三年到一九七九年一月一日止，中華民國與美國維繫了六十六年的正式官方外交關係；而在美國與台灣當局斷交後，美方在台北改設「美國在台協會」，台灣則設「北美事務協調委員會」為駐美機構，而侯貞雄也與美國在台協會多位官員，成為往來、互動密切的朋友。

存亡之秋，相忍為國

《台灣關係法》的成立，不僅維護了台灣人民的安全、利益與繁榮，更造就台灣長期以來的經濟成長和奇蹟。

這個規範台、美關係的法律條文，其中有七、八成內容及精神，是參考六人小組提交的報告建議。但如今，卻有不少人抨擊：「是當年制定的《台灣關係法》把台灣鎖死的！」

現代人其實不了解，當時台灣的情勢有多麼危險，那時對台灣來說，已經是存亡之秋。當年除了年紀最輕的張安平，侯貞雄與其他人都經歷過日據時代、二次大戰、抗日戰爭、國共會戰等大時代的戰亂歲月，但對國家民族的安定與認同，六個人同樣深刻，每個人都是本著為國家存亡努力的使命感，盡心盡力要讓美方了解台灣的處境和立場。

除此之外，儘管民間組團的發想是源自蔣彥士，也經由他授意，但仍有小部分外交部傳統派的官員，並不認同他們那趟美國行，因此出現一些雜音。

揭開塵封往事

當年六人赴美的經過，事後外交部等有關單位隻字未提，政府當局是否將相關資料列為機密，也無人知曉。

事實上，當把報告呈交外交部後，六人小組就決定把這段往事塵封，絕口不再提及；對外，他們從不主動明說，也不張揚、不居功。

三十幾年後，二〇一二年十二月，辜濂松過世後，時任嘉泥董事長的張安平接受媒體訪談，這段塵封的歷史才再次被提及，但也只是輕描淡寫。

但是，當年六位民間人士出錢出力，不論是到美國的機票、食宿、旅館開銷，以及在當地舉辦的大大小小餐會、延聘美國當地律師、打電話、電傳聯絡等所有開銷，都是他們自掏腰包，由六個人均攤。

當年六個人到底花了多少錢？沒有人記得。因為對他們來說，比起國家前途的大事，花再多的錢都只是小事。

回憶過往，往事如煙。僅存的華府行報告檔案，刻劃著歷史的軌跡，在塵封近四十年後，紙張早已泛黃。多達兩、三百頁，密密麻麻的文字，記載著當年許多人的見證，真實還原他們努力過的足跡。

那是侯貞雄和五位友人共同擁有的、一段不容抹滅的人生印記。

台灣首位獲艾森豪獎的企業家

由於在中美斷交時期努力奔走，在蔣彥士、辜濂松等人力薦下，一九八〇年，侯貞雄獲得「艾森豪獎金」，而有赴美考察的機會。

他是台灣獲得該項殊榮的第二位民間人士，也是第一位獲獎的傳統產業企業家。

艾森豪獎金由是美國艾森豪獎金會（Eisenhower Fellowships, Inc., EF）創設於一九五三年年底，原是美國為慶祝總統艾森豪誕辰而成立的獎金，獎項之一是自世界各國遴選二、三十位得獎人，每年三月到五月在全美進行為期十週到十二週的旅遊拜會訪問活動。

台灣的第一位得獎人，是中華開發銀行總經理張心治，於一九五四年獲獎。值得一提的是，張心治是TVBS董事長張孝威的父親，而張孝威也在二〇〇二年獲得這項獎金，是台灣艾森豪獎得主的父子檔。

十年後，一九六四年，蔣彥士獲當時中央研究院院長胡適舉薦，繼張心治之後，成為台灣第二位艾森豪獎金得獎人。並且，由於蔣彥士在赴美期間努力爭取，自那之後，台灣幾乎每年都有一位傑出人士獲選赴美考察。

傑出台人陸續獲獎

一九七一年，當時擔任中國信託投資公司（中國信託商業銀行前身）總經理的辜濂松，獲選為艾森豪獎金得獎人，是台灣第一位獲此殊榮的民間人士。在此之前，得獎人除了張心洽與蔣彥士之外，還包括中油公司前董事長胡新南、中央銀行顧問張繼正、財政部前部長暨中央銀行顧問錢純等，都是政府官方人士的天下。

一九七三年時，台灣的美國艾森豪獎金得獎者已達十一人，而美國這項國際領袖交流計畫也對台灣影響深遠，因為當年蔣彥士曾提議，向台灣企業、金融及教育界人士募集籌措資金，做為仿效美國艾森豪獎金會的領袖交流計畫基金，希望藉以促進國際交流，敦睦國際關係，達到世界和平的宗旨。

同年十二月四日，「艾森豪獎金中華民國協會」（The Eisenhower Fellows Association in the Republic of China, EFA）正式成立，艾森豪獎金的中華民國得獎人便是艾森豪獎金中華民國協會的當然會員，侯貞雄也是協會的董事之一。

根據艾森豪獎金中華民國協會統計，自一九七四年起，以「認識中華民國」為主題，邀請一至兩位世界各國傑出人士來台考察訪問二至四週，目前得獎人已近百人，而艾森豪獎金中華民國協會成員每月定期餐敘交流，也有助於彼此吸收各界菁英的經驗。

歷年來，艾森豪獎金中華民國協會一直支持艾森豪獎金會舉辦的各項活動，兩會除維持密切良好的合作關係外，亦間接促進台、美關係的和諧。

以國際大廠為師

獲獎當年三月，侯貞雄便安排了為期十二週的訪美行程，當時身為東和鋼鐵總經理的他，考察訪問的重點項目，就是參訪美國鋼鐵工業，像是鋼鐵重鎮費城，就是他的主要造訪城市之一。

好學認真的侯貞雄，在赴美考察前，還專程再度走訪日本的鋼鐵公司，更新過去學習的鋼鐵資訊，並做成初步觀點。而那趟考察之旅，也確實讓侯貞雄的企業經營思維更具國際視野，以國際鋼鐵大廠做為東和鋼鐵發展的學習標竿。

他對照美國及世界鋼鐵工業現況，制定出關鍵標準，來評估各國鋼鐵工業的可行性；回國後，以「聚焦美國鋼鐵工業與世界鋼鐵工業綜合觀察」為題，完成一份精闢深入的報告。

當年獲取艾森豪獎金的殊榮，可謂實至名歸。

侯貞雄從成本效益、能源耗用、市場環境等不同角度評估，並專注在電爐煉鋼業，以徹底改善東和鋼鐵的體質。

一九八六年，他標購八德廠，成為台灣民間第一大鋼鐵廠；一九九〇年，他又投資興建台灣第一座一百公噸的大電爐，以及亞洲華人社會中第一座熱軋一體成型的H型鋼廠。從台灣拆船業鉅子，變身為台灣鋼鐵大王，並一路揚名亞洲，侯貞雄在鋼鐵業的國際舞台上，逐漸嶄露頭角。

第六部

壯大：民間第一大鋼廠

第一章　翻轉的起點

「公司的競爭力，來自決策者對未來市場發展趨勢的敏銳度！」侯貞雄曾這樣闡釋企業競爭力之所在。

對潮流趨勢極為敏感的他，在八〇年代中期，決定從南部移往北部發展，經營重心從拆船、賣鋼板，到積極發展電爐煉鋼，增進核心競爭力，奠定東和鋼鐵成功轉型為鋼鐵大廠的契機。

電爐煉鋼啟動轉型

回溯東和鋼鐵的發展歷程，在侯金堆時代，是以國內買賣為主；侯政廷時代，則擴充為國際貿易。而兩個時代的營運主軸，都是以買賣利差為導向。

這樣的經營模式，直到侯貞雄時代，開始引進電爐煉鋼後，才真正進入大資本投資的鋼鐵工業發展方向。

促成侯貞雄毅然轉型的關鍵人物，則是中央銀行前總裁梁國樹。

一九五九年，梁國樹在台大擔任講師，那時侯貞雄剛升上大二，兩人從此結下這段師生情緣。

一九七九年，全球陷入第二次石油危機，導致台灣鋼鐵下游相關行業，如：建築、造船、金屬加工、機械等，盡數衰退，且這樣的情況持續了一段時間，始終沒有好轉；到了一九八二年之後，台灣整體景氣更加低迷不振。

早年台灣民營電爐煉鋼業的產品，主要是供做建築業鋼材使用，當建築業不景氣，鋼筋市場需求大減，鋼廠便被迫陸續停工；加上進口廢鐵和舊船成本居高不下，到一九八三年年底時，民營鋼鐵業開工率只能維持一半，而部分財務體質不良的鋼廠，則陸續傳出經營困難、虧損連連的消息。

之後，美國對台灣課徵鋼管輸美反傾銷稅，對鋼鐵業更是雪上加霜，導致鋼鐵公司開始出現一波波倒閉潮。

攸關未來的決定

當時，位於桃園八德的盛進鋼鐵廠，因資金周轉不靈，發生財務危機而停工，最後遭到銀行拍賣。

彰化銀行（以下簡稱彰銀）是盛進最大的債權人，盛進留下巨額呆帳，加上景氣持續低迷，彰銀數度標售都以流標收場，為此頭痛不已。

一九八五年，梁國樹接任彰銀董事長，為解決呆帳問題，便探詢侯貞雄是否有接手盛進的意願。

東和鋼鐵當時只有高雄小港廠，原本經營重心都在南部，主要客戶以南部營建業者為主。不過，那時侯貞雄停止拆船業務的心意已決，正打算朝專業煉鋼發展，在天時、地利之下，慎重評估盛進鋼廠投資案後，決定放膽標購盛進鋼廠。但是，要大手筆買下一家破產的工廠，反對的壓力，如排山倒海而來。

面對股東的反彈，侯貞雄暗自決定，如果其他股東堅決反對，他便買下所有股權，堅決走煉鋼的路。

抱著破釜沉舟的心情，侯貞雄一方面極力說服股東，一方面又要向銀行爭取特別優惠的貸款條件。

打造鋼鐵大廠

一九八六年六月，東和鋼鐵取得盛進八德廠，全力朝電爐煉鋼發展。八德廠，無疑是侯貞雄翻轉東和鋼鐵的起點。

經過顧問團隊一年多的努力，一九八八年七月，電爐正式開工運轉，八德廠終於上軌道，也漸漸看見成果。

改造設備後，煉鋼製程時間縮短一半，效率大幅提升一倍，電爐生產效率也大幅提升。八德廠經重新規劃、翻新廠房、綠化，變成具生產力的現代化鋼鐵廠。

同一時間，位於高雄臨海工業區的東和鋼鐵小港廠，也在一九八六年六月擴建。

由於當時台灣拆船量已大幅萎縮，業者見船板軋鋼原料後繼無援，便大舉更換設備成為鋼胚軋鋼廠，生產方式大幅改變，鋼胚需求大幅提升；加上鋼胚行情漲勢推波助瀾，高雄廠產能提升，東和鋼鐵的銷售淨額大幅提升，到一九八九年躍升為民間電爐煉鋼第一大廠。

八德廠的投資效益，自此大為彰顯；直到二〇一〇年，東和鋼鐵位於桃園觀音的新廠擴建完工，八德廠才功成身退。

當年侯貞雄獨排眾議，做了關鍵性的決定——投資八德廠，精準的眼光和決策能力，令員工和同業不得不佩服。

從家族事業到國際企業

東和鋼鐵的前身——東和行，是一家典型的家族企業，而侯貞雄在六〇年代自美深造回國時，就訂下目標：要從家族企業，轉型為制度化、組織化的現代企業。

為朝目標前進，在標購八德廠之後，侯貞雄做了兩項重大決定：一是把公司總部北遷，二是申請股票上市。

八德廠生產運作後，北部將成為未來業務重心的態勢日益明確，為就近服務客戶並利於延攬人才，一九八七年四月，東和鋼鐵將總部遷至台北總公司現址。

另一方面，擁有經濟專才的侯貞雄考量，公司要長遠發展，必須股票上市，才能建立良好的籌資管道。因此，他積極籌備股票上市，一則是藉以沖淡家族企業色彩，二則是冀望從資本市場籌募資金，以支應未來投資規劃。

當時，十大建設陸續完工，台灣經濟景氣大好，進入「亞洲四小龍」的經濟起飛時期，東和鋼鐵股票如期在一九八八年七月十三日上市。

借力資本市場

深謀遠慮的侯貞雄，為了使公司獲利能夠長遠穩定，於股票上市之初，即積極尋找下一個主力產品。當時，東和鋼鐵已經有了八德廠成功的經驗，他決定興建H型鋼廠。

不過，研究評估後發現，建置一座H型鋼廠，估計約需一百億元，但一九九〇年時，公司股本才二十二億元。

縱使各界不看好，侯貞雄依然自信滿滿，以時間換取空間，他相信，一定可以透過籌資管道建置型鋼廠，為東和鋼鐵開啟新的局面！

一九九一年，東和鋼鐵利用發行無擔保的海外附轉換條件公司債（ＥＣＢ，以下簡稱海外可轉債），以及國內轉換公司債（ＣＢ），籌措龐大的建廠資金。

此舉在傳統產業可謂空前，對時代脈動具高度敏銳力的侯貞雄，總是走在時代之先，並順應時代潮流、配合趨勢脈動，力求突破。

深諳資本市場的重要性，侯貞雄投資規劃H型鋼廠時，透過資本市場機制對外募資，完成建廠計畫，也讓東和鋼鐵股本大躍進，朝高技術、高附加價值鋼品大廠方向邁進。

東和鋼鐵資本額從一九八八年上市後的九億六千萬元，六年之間，股本擴大為四十八億餘元。這時，東和鋼鐵決定改變企業體質和資本結構，由一家傳統的本土家族企業，轉型為現代化企業，脫胎換骨，成為備受銀行、財團法人、投資基金矚目的國際級企業。

第二章　百億元打造華人圈首座H型鋼廠

股票上市、八德廠運作上了軌道，東和鋼鐵轉型成為鋼筋大廠，籌建H型鋼廠，生產鋼結構使用鋼材，成為另一項利基，因為H型鋼是台灣、也是其他高度城市化國家建築的必要材料。

當時，正值台北捷運與高速鐵路兩項重大公共工程計畫即將推動，型鋼鋼材需求暢旺，不難想見。

H型鋼的需求量大，主要運用在營建案與公共工程，尤其是政府公共建設。不過，以往台灣使用的H型鋼，大多是從國外進口，成本貴，交貨期也長；即使有少量自行生產，也是用焊接而成，品質很難與滾軋一體成型的H型鋼相提並論。

一九八五年，經建會進行台北都會區捷運系統研究；一九八六年，台北市政府捷運工程局籌備處正式成立。一九九〇年，交通部成立高速鐵路工程籌備處，確定興建高鐵。

侯貞雄看出未來鋼材需求的美好前景。

建築環境的改變，也成為H型鋼需求量增加的主因。

隨著社會經濟快速發展，現今蓋一棟大樓，因空地有限，建材必須先在鋼構工廠組裝好，再載運到工地吊裝。

更重要的是，台灣土地資源有限，建築物逐漸朝向高層化發展，對於位處颱風多、地震頻繁的台灣環境，工程品質更需特別注重；而民間對營建品質安全日益重視，也刺激市場對H型鋼的需求。

縱觀局勢堅持投資

由此觀之，籌建型鋼廠，不僅有助台灣市場自給自足，對鋼鐵產業技術提升和人才培育，更是別具意義。

但在當年，投資型鋼計畫卻不被看好，同業與銀行都質疑，認為台灣根本沒有市場，投資風險太大。但事實證明，侯貞雄的眼光確實精準，興建H型鋼廠計畫，讓台灣的營建業大為改觀。

由於廢鋼價格較貴，煉鋼原料不能百分之百靠廢鋼，侯貞雄希望能在台灣蓋一座煉鐵廠，但台灣沒有鐵礦，要實現蓋煉鐵廠的願望並不可行。

為了確保鐵源，他幾乎走遍了全世界擁有鐵礦源的國家。

加拿大擁有鐵礦，又有煤礦，侯貞雄想把上游的煉鐵廠設在加拿大，他甚至雇用直升機，在溫哥華上空盤旋，實地勘察當地港口是否適合設廠。不僅如此，他還搭小飛機到西澳洲的伯斯看鐵礦場；也曾飛去大洋洲，打算在當地設廠生產直接還原鐵。三十年前南征北討的歲月，讓侯貞雄練就一身真功夫，終身受用。

幾經波折與審慎考察研究，苗栗建廠計畫終於拍板定案，落腳苗栗西湖工業區，投資金額擴增到一百億元。

一九九〇年七月，侯貞雄接續侯政廷，成為東和鋼鐵董事長兼總經理。侯貞雄的鋼鐵時代，於焉正式展開！

然而，開發計畫因缺少環境說明書而遭審查會退件。眼看採購電爐設備簽約在即，且相關人員旋即將赴歐洲舉行海外可轉債說明會，若開發案無法通過，勢必將嚴重影響後續籌資和建廠計畫。

決戰十九天

一九九一年七月三日，侯貞雄必須前往香港出差。臨出門前，他面色凝重地交代侯王淑昭：「十九天之內，一定要完成環境說明書，讓土地開發案通過審查，否則，海外可轉債會募不到錢。」

因茲事體大，侯王淑昭第二天一早就進入公司，擔任總指揮。動員公司所有人力，每天早上八點鐘，帶著相關人員開會討論，再分頭進行補件，補充蒐集廢棄物處理計劃書等相關規劃資料。

甚至，有一次，南下和北上的工作同仁，約在苗栗交流道下會合，雙方交換資料後，就分道揚鑣，繼續進行各自的任務。

當年，承辦人員分秒必爭、全力以赴，終於，在七月十九日召開的第二次審查會上，通過開發案。

侯王淑昭使命必達，在短短半個月內就完成侯貞雄交辦的任務，在公司會議上，向來不曾跟員工和家人道謝的侯貞雄，破天荒開口向她致謝。

克服萬難準時完工

為了加快建廠速度，經過專業評估，侯貞雄決定採用日本川崎製鐵（以下簡稱川鐵）的建廠技術。

東和鋼鐵與川鐵一直往來密切，雙方早在一九八七年年底即合資成立嘉德技術公司，由川鐵負責經營與技術移轉工作。

川鐵的土木與建築工程陣容堅強，由這樣的專業團隊協助設計、興建苗栗廠房，後續進度總算不至延誤。

侯貞雄繞著地球跑了好幾圈，積極引進國外一流設備。同時，為了節省成本，他捨傳統統包契約（turnkey contract），而將一條生產線分拆採購。於是，H型鋼軋鋼機成為像是萬國組合的新式設備，像「八國聯軍」，來自不同國家和廠商。

H型鋼廠設備由日本日立製作所負責開胚機及軋鋼的電氣控制，西德德馬克（MDS）公司負責萬能軋延機和熱精整設備，日本川崎重工負責冷精整設備，直流電弧爐向法國克雷辛（CLECIM）公司簽約採購，連續鑄造機由日本住友重工承製，加熱爐由日本中外爐（CRC）承製，天車採用美國產品，集塵設備則是義大利製。諸如此類，不一而足。

寫下成功典範

連技術人才的組成，也像「聯合國」！

當時，東和鋼鐵延聘了外籍顧問跟中鋼的技術人員協助建廠，土木工程處由川鐵擔任建廠工程顧問，提供從建廠規劃、基礎設計、安裝設計與管理、試俥操作指導等工程顧問事宜，成員有一半是日籍工程師。

再加上台灣的工程顧問公司、自中鋼借調的工程師，以及東和鋼鐵員工，所組成的技術團隊，由於語言及文化差異，方法與觀點也不盡相同，執行時不免有許多協調溝通的難度。但不可諱言，人才匯集對苗栗廠建廠順利推展，相當具關鍵性。

培育精良鋼鐵專業人才，順利建置台灣與華人社會第一座H型鋼廠，侯貞雄再度寫下鋼鐵生涯中的另一精采篇章！

一九九一年十二月，蘇聯解體後，廉價鋼胚傾銷全世界，鋼鐵業營運雪上加霜；而在H型鋼量產之初，因生產不順，且國際型鋼行情不振，東和鋼鐵的營運一度陷入窘境。

所幸，自二〇〇三年起，中國大陸的鋼鐵需求增溫，國際鋼價上揚，型鋼獲利漸穩，幾占全年獲利之八成，當年投入的資金已然完全回收。

從拆船到軋鋼、從鋼筋到型鋼、從電爐煉鋼到煉軋鋼一貫化生產，侯貞雄為東和鋼鐵打造了世界級鋼鐵廠般不敗的競爭力。

回首半世紀以來，東和鋼鐵一步步走向成功的關鍵三大要素：首先，專注本業，但經營內容隨台灣經濟發展不斷更新；其次，利用台灣資本市場籌資，奉行高股利政策，給投資者相對的回饋；第三，不斷開發、引進新的技術與產品。

一九六二年東和鋼鐵創立時，資本額不過四百五十萬元；到侯貞雄卸任時，資本額接近一百億元，營收近四百億元，資本、營收以及獲利，都是台灣電爐鋼鐵業的龍頭，名列台灣製造業百大之一，是台灣中小企業成功壯大的典範。

第三章　只有夕陽公司，沒有夕陽工業

多年來，侯貞雄最感自豪的，就是當年獨排眾議，用一百億元打造台灣第一座一貫化自動生產一體成型的H型鋼廠，這也是華人圈第一個、全世界第七座型鋼廠。

在他的心中，有一個夢想——希望有朝一日，東和鋼鐵能向日本的東京製鐵、美國成長最快的紐可（Nucor Corp.）兩大世界鋼鐵公司看齊，成為世界一流的鋼鐵大廠。

一九九三年八月十五日，是東和鋼鐵歷史性的一刻——籌建近六年，H型鋼廠電爐終於點火試俥。

十月二日，一條條赤紅的型鋼，在軋鋼機上來回軋延，軋鋼試俥成功，終於產出第一根H型鋼。

這是全新的領域，在台灣是一個新的戰場，沒有競爭者，H型鋼的問市，讓台灣鋼鐵業及東和鋼鐵進入全新的里程碑。

成本與專業的拉鋸

H型鋼是東和鋼鐵的希望！早在三十年前，侯貞雄便已在心中規劃出未來的願景。

不過，H型鋼只是一種產品，需要靠人才、設備、技術和資本匯集一起，才能製造出來；踏穩這一步，才可以在這樣的基礎上，去做更高級的產品；等到條件成熟，才有力量進一步到國外設廠。

侯貞雄的終極目標是：「要讓國產型鋼達到自給率百分之九十。」只是，由於建廠預算超乎預期，一下子要投注上百億元，侯貞雄費盡心思盤算，希望能撙節建廠費用，把各項成本降到最低。

然而，對軋鋼製程中冷卻床的長度，技術單位卻在專業角度上有所堅持。

尊重專業，迎向藍海

由於H型鋼廠採用一貫化生產，熱軋出的型鋼必須經過冷卻床，讓赤紅的型鋼慢慢降溫冷卻下來，因此，冷卻床愈長，軋製出的型鋼長度就愈長。但冷卻床究竟需要多長？答案莫衷一是。

一般熱軋出來的型鋼，前、後兩端加起來，大約會有超過一公尺不成形的部分，即俗稱的「舌頭」，是軋鋼過程中的固定耗損，必須先切除頭尾的耗損，再依客戶訂製的規格裁切型鋼尺寸。

假設軋延完成後的H型鋼是五十公尺，切掉的「舌頭」，換算固定耗損率就是二％至三％；如果是一百公尺，固定耗損率大約一％多，等於少了一半，以實際投注相同時間來看，軋製出的型鋼愈長，相對固定耗損比例愈低，產能和效率就多了一倍，競爭力因而相對提高。

若要減少裁切後的損失，起碼要軋出一百公尺長的型鋼，因此冷卻床最少要一百公尺，未來才能維持長遠的競爭力。

但是，冷卻床愈長，廠房面積隨之大增。對此，侯貞雄充分尊重專業技術團隊的建議，興建完成一座廠房長度近七百公尺、面積高達八萬多平方公尺的一貫化H型鋼廠大廠，打造出一片藍海，東和鋼鐵往後數十年的競爭實力也因此大幅提升。

在H型鋼的助陣下，一九九五年，東和鋼鐵營收首度突破百億元大關。

走過反傾銷苦戰

然而，風光成就的背後，東和鋼鐵也曾走過一段心酸的歲月，一度面臨國際型鋼大廠傾銷台灣的窘境。

過去，蘇聯的粗鋼產量位居世界第一，是全球最大鋼鐵生產國；一九九一年，蘇聯瓦解後，低價鋼胚貨銷全球，九〇年代後期，隨著台灣與世界鋼鐵產能競相投入生產，鋼材產能已嚴重過剩。

有鑑於國際大廠低價傾銷型鋼，基於現實考量，東和鋼鐵出手反擊，陸續對波蘭、韓國、俄羅斯、澳洲以及日本等國，提起課徵反傾銷稅的控訴；經財政部和經濟部兩個單位完成調查認定後，對自日本進口的H型鋼，依個別廠商課徵反傾銷稅。

反傾銷案成立之後，確實達到遏止效果，型鋼進口量明顯逐年遞減，H型鋼市場終於否極泰來。

助力高科技產業發展

除了反傾銷一戰勝利，影響市場的另一個關鍵因素，就是自二〇〇三年開始，中國大陸經濟崛起，民間投資暢旺，加上當地公共建設蓬勃發展，帶動大量需求，國際鋼價強勁上揚，鋼鐵產業正式脫離景氣谷底。

與此同時，台灣高科技產業快速發展，生產TFT－LCD面板的「面板五虎」陸續建廠，半導體業者也大力擴張，型鋼銷售暢旺。

由於高科技產業產品生命週期都很短，建廠時程必須講求效率，為快速完成廠房興建，東和鋼鐵不僅能為客戶量身訂製各種不同尺寸、規格的型鋼，且交期短、成本也較進口低，因此科技廠房大量使用H型鋼以縮短工期。

影響所及，過去二十年，在高科技快速發展過程中，型鋼扮演了重要角色。侯貞雄的睿智及高瞻遠矚，不僅讓H型鋼成為華人之光，更揚名國際。

當時，型鋼外銷形勢一片大好，完全是賣方市場，無論賣什麼價錢，市場都接受。順著熱潮，型鋼銷售一路賣到中東，像杜拜、阿布達比等國，甚至經過埃及的蘇伊士運河，賣到南歐；另外，也銷售到美國西岸、加拿大等地，美洲大陸的客戶不遠千里，向台灣採購型鋼。

那是個大好的時代！不過，自從二〇〇八年金融海嘯之後，H型鋼就再沒有賣過運河的行情。

夠專業就能無畏

苗栗H型鋼廠，終於苦盡甘來。

一年就賺半個資本額，二〇〇四年到二〇〇七年年底，苗栗型鋼廠總獲利超過一百億元，四年就把當初投入的資本完全回收。

整體來看，東和鋼鐵的營業額也同樣大幅翻升，由一九八八年的三十億元，到一九九五年首度突破一百億元，成長到二〇〇八年全盛時期的五百多億元，東和鋼鐵也因而被納入摩根台灣指數的台灣一〇〇指數成分股，實績有目共睹。

二〇〇七年，德國BSE（Badische Stahl Engineering）進行全球電爐鋼廠生產性能評比，綜合生產效率及成本分析，東和鋼鐵榮獲當年度全球電爐鋼廠生產性能第一的殊榮。

曾經有一位紡織業友人對侯貞雄說：「你行業選得對，這幾年鋼鐵業很好，像紡織業就很悽慘，選紡織業是錯誤的路！」但是，侯貞雄卻認為，只有夕陽公司，沒有夕陽工業。

二〇〇〇年之前，電子業很熱門，當時很多人都說鋼鐵業是夕陽工業，勸說侯貞雄投資電子業，但他認定鋼鐵業有前途，主張繼續投資，因為他堅信，鋼鐵業永遠不會被淘汰，但沒有競爭力的鋼鐵公司，則一定會被淘汰。

因此，只有在煉鋼、軋鋼做到專家級水準，才是東和鋼鐵的本錢！如此一來，不管世界如何變化，都有能力配合與應戰。

一路走來，侯貞雄專注以鋼鐵為核心，不斷發揮、創造附加價值，始終朝著世界一流鋼鐵公司發展。

除了H型鋼，東和鋼鐵也是台灣第一家研發U型鋼板樁的廠商，在二〇〇九年成立專案團隊，投入U型鋼板樁的研發，二〇一五年成功推出產品，取代進口，是全球少數以電爐廢鋼成功研發出U型鋼板樁的大廠。不僅充分滿足客戶全尺寸H型鋼及U型鋼板樁的需求，更穩居台灣型鋼的霸主地位。

第七部

使命：

心繫台灣，放眼國際

第一章　為產業開拓新領域

一九九二年四月十六日，台翔航太公司（以下簡稱台翔）召開董事會，通過由侯貞雄接任第二任董事長，成為引領台灣航太工業發展的掌門人。

向來低調的他，意外成為媒體追逐的焦點。當時，台翔因投資策略發展引發諸多政治爭議，而在諸多輿論風雨中，侯貞雄突然出線，瞬間掀起政壇的巨大波浪。

外界好奇的是，台翔十六位民間投資股東，個個都是深具財經實力的大企業集團，東和鋼鐵這樣一個持股不及百分之五的小股東，如何能獲得其餘股東肯定，駕馭這架新的航太工業引擎？

台灣航太工業的起點

台翔的源起，要回溯到一九九〇年。

當時，在經濟部、財政部及交通部多位閣員協助下，政府制定發展民間航太工業的策略，成立了台翔公司籌備處。

後來，為因應航發中心（後來改名為漢翔航空工業公司）生產「經國號」戰機的計畫，便由中華民國行政院開發基金與民間企業合資，正名為台翔航太公司。

有「ＩＤＦ（Indigenous Defense Fighter，自製防禦戰機）之父」稱譽的經國號戰機研發計畫總主持人、當時的中山科學院副院長黃孝宗，由官方選派，擔任台翔第一任董事長。

侯貞雄向來支持國家政策，決定以實際行動支持航太工業，在台翔設立之初即投資成為創始股東。

當年台翔成立的宗旨，除了承接經國號戰機零組件製造、組裝之外，也積極與國外飛機製造廠商合作，建立台灣的航太工業架構。

然而，當時政府雖然打算發展航太產業，但到底要跟哪個國家合作，莫衷一是，有的人主張買下美國麥道公司部分股權，可以很快地轉移技術；有的人則主張，要跟英國航太公司合作。

滿城風雨

九〇年代，台灣經濟快速起飛，正是「台灣錢淹腳目」的大好年代。

美國飛機製造商麥道看上台灣充沛的游資，希望藉由這項合作案，帶領台灣進入航太工業；同時，也冀望台、美合作生產全新的ＭＤ－12型雙層廣體客機，挑戰市場第一的美國波音七四七客機和歐洲的空中巴士。

在有關人士積極居間牽線下，一九九一年十一月，麥道與台翔簽署備忘錄，協議將由台翔投資二十億美元，換取麥道民航機部門四〇％股權，共同生產ＭＤ－12，其中，重要零件在台灣生產，最後組裝則在美國進行。

台翔籌組初期，民間股東資金募集便出師不利，後續還要籌措五百多億元巨資投資麥道，若沒有政府資源支持將窒礙難行。

除此之外，由於其中涉及官股，投資案備受在野黨立委關注，不斷透過議事提出質詢，指陳投資效益低、風險過高。

成立才半年多的台翔，為了麥道投資案弄得滿城風雨，肩負台翔成敗責任的黃孝宗也因此深陷政治漩渦，最後不得不下台。

臨危受命接任董座

「航太政策是既定發展方向，非做不可，」當時擔任經濟部部長的蕭萬長，希望能在企業界找到接任人選，「這個人不僅要有創業的經驗，還要對航太產業有興趣，但我一直找不到合適的人。」

為了台翔的人事問題和不斷引發的政治爭議，經濟部傷透腦筋。

有一天，侯貞雄在公開場合碰到蕭萬長，侯貞雄熱切地跟他分享對台灣發展航太事業的想法與建議。

事後，蕭萬長回想侯貞雄的建言，愈想愈覺得很有見地，心中突然冒出一個想法：「Earle（侯貞雄的英文名字）就是最佳人選！」這個想法在蕭萬長心中滋長，逐漸堅定。

「侯貞雄向來認同，航太工業是台灣科技發展的重要產業之一，對航太產業的了解和關心程度，更甚於其他企業人才，」蕭萬長說起當年舉薦侯貞雄接任台翔董事長的初衷。

於是，他立刻去電約見侯貞雄。

「台翔董事長非你莫屬！」兩人碰面後，蕭萬長開門見山，直接說出他的想法。

「他原本即表明沒有意願，一開頭就聲明：『我是不想做（董事長）的哦！』但因為我的一句話，就答應接下重任，」蕭萬長豎起拇指說：「他做人就是這樣，阿莎力！」

根據當時財經雜誌針對各大中企業主或專業經理人，進行一份「第二代企業家聲望排行榜」的問卷調查結果顯示，侯貞雄在「可為同業之領導者，具開創力、前瞻性眼光」項目中得分最高。

顯然，這是企業界對他的一致看法；而當時外界咸認，侯貞雄堅持不參與政治和加入政黨，與朝野兩黨及各業界大老關係良好，「沒有色彩」，也是他出線的關鍵之一。

引進國際整合技術

從鋼鐵業一下跳進製造飛機的航太領域，看似相差十萬八千里，但在接掌時，侯貞雄已有全盤的策略規劃。

對於台灣發展航太工業，侯貞雄一直寄予厚望，認為航太工業將加速帶動台灣傳統工業的升級，但他也體認到，航太事業投資金額龐大、回收期長，必須要有短、中、長期的階段規劃，讓營運先獲利，站穩根基。因此，他將台翔定位為「以航太和高鐵軌道工業等重要系統整合的科技公司」。

當年，侯貞雄曾親自率領團隊，到德國與賓士集團簽訂合作備忘錄，引進高鐵軌道工業的整合技術，目的就是希望缺乏大型系統整合能力的台灣，未來可以台翔做為引進國際整合技術的窗口。

「台翔有三件事一定要做：飛機製造、維修中心以及租賃公司，三者配合，航太工業才能推得動！」侯貞雄始終相信，發展航太工業，必須將製造、銷售、管理、財務等項目，全部列入考慮。

化解巨額財務風險

儘管麥道動作積極，但台翔團隊經過各方研究，發現他們的投資案風險過大。

「我們一起到洛杉磯，跟麥道談判，」當時擔任台翔法律顧問的徐小波說，「那時波音七四七已是航空市場的主流，麥道卻要台灣砸錢去做一個新的MD－12，誰都不知道會不會賺錢！」

「那時，我還跟他跑到美國，去見麥道家族當時的董事長，」張安平說：「他兒子曾經是我的室友。」透過張安平在普林斯頓大學就讀時的好友關係，侯貞雄前往美國，深入了解麥道投資案。

「侯貞雄去談了以後，就覺得這不可行。他態度堅決，認為台翔一定要和麥道解約！」徐小波回溯當年說，經過新團隊的努力，終於成功解約。

一九九七年，麥道為波音公司所併購。從事後來看，當年侯貞雄的堅持，無疑為政府免除了一波巨額財務風險。

營造適合航太業生存的環境

終止了與美方麥道的合作案之後，台翔和專門做螺旋槳小客機的英國航太公司，也即將簽訂合作協議書，在侯貞雄接手後，開始進入實質談判階段。

一九九二年九月二十三日，台翔和英國航太終於簽署備忘錄，未來雙方將持股各半，合資成立一家發展區間客機的公司，開發英國航太系統新型的ＲＪＸ飛機。

由於台翔案備受關注，備忘錄簽署後，外界異聲四起，侯貞雄身為董事長，更多次應立委質詢要求，到立法院列席報告。

面對紛紛擾擾，加上台翔的股本一直無法順利籌措，讓一心想為航太產業盡心做事的他，備感壓力。

侯貞雄認為，政府既然已公開支持跟英國航太的合作案，雙方可以就合作內容、長期承諾好好協商，以為台灣爭取更有利的條件，希望營造一個航太事業可以生存的環境，但很多具有長遠影響的條款，如果一開始不談妥，未來可能引發更多問題。

因此他堅持，談判必須步步為營，一點一點爭取最佳條件，甚至不惜將合約簽署日期一延再延。

求好心切的侯貞雄，因台翔案承受許多來自內、外部的壓力。

一九九三年二月下旬，侯貞雄以台翔董事長身分，率領相關人員與企業人士到德國參觀高鐵；由於德國天氣寒冷，行前，侯王淑昭擔心有高血壓痼疾的他，身體能否承受得住。未料，從德國回台後兩天，侯貞雄就感覺心臟不適，住院檢查治療。

到了四月上旬，侯貞雄在醫界朋友、和信醫院院長黃達夫的安排下，赴美進行心臟繞道手術。

「他才剛開完刀回來台灣，沒多久，就飛到英國，繼續和英國航太談判，」徐小波說。

運籌帷幄

侯貞雄一心繫念台灣未來航太發展方向和國家權益，不顧醫生要他休養半年的囑咐，在美國醫院住院休養半個多月，傷口未癒就兼程返台，緊接著又馬不停蹄地為台翔案奔波，堅持親自參與談判。負責又勇於任事的態度，令徐小波感動不已。

「由於不能太勞累，他便派我和英方主談，」徐小波說，他雖是那場談判的主談人，但背後其實是由侯貞雄親自坐鎮。

「在談判會場後方的一個房間，他一面休息，一面指揮若定。」當年遠渡重洋談判的情景，徐小波至今仍清晰地記得。

「他在小房間裡，完全掌握雙方談判的內容，」遇到決策的關鍵點，徐小波也能隨時和他商量，「如果雙方對合約內容僵持不下，侯貞雄說撤退，我們就不再談下去。」

當年，英國航太設計的區間客機，擬採用四個引擎設計，但侯貞雄等人請教專家研究後發現，這種設計的維修保養成本過高，有礙市場競爭，因此談判的底限是，希望英國航太研發的新型飛機能把四個引擎改良成兩個，且部分零組件要在台灣生產。

然而，對於台灣代表團的訴求，英方始終不肯讓步，合資談判一直陷入僵局。

為台灣利益堅持立場

儘管必須面對外界和內部的抨擊，侯貞雄還是堅持，拒絕對合約條款妥協，台、英合資談判最後無疾而終，和英國航太的合作案也走上破局的命運。

回顧當年接掌台翔的心路歷程，侯貞雄曾在接受媒體訪談時說：「當初毅然的決定，或許失之天真，只是沒想到，由於當時主、客觀環境尚未成熟，結果帶來更多紛擾。」

一年多殫思竭慮，但囿於現實無法突破困局，讓他頗感挫敗。

在心臟開刀後，侯貞雄深刻體認到，台翔主事者必須要全職專心投入事業才能做出成績，但東和鋼鐵的H型鋼廠正在如火如荼興建中，他自忖精力和時間有限，無法全心投入。經過長考，便請辭董事長職位，希望讓更合適的人才接任。

兩年任期內，侯貞雄展現了談判的長才，努力主導與麥道及英國航太的一連串合作談判，雖然都沒有成局，但徐小波不諱言：「這兩個案子，在他的努力磋商後，幫國家省了很多錢。」

「我很感激他！」對於當年侯貞雄挺身而出，情義相隨，蕭萬長至今仍無限感懷，他說：「假如台灣的航太工業有做好的話，他要記一個大功！」

第二章　催生台灣高鐵

二〇〇五年一月二十七日，豔陽高照的南台灣，在二十一響禮炮聲中，一列白底帶橘色的台灣高鐵 700T 列車，正以三十公里的時速，緩緩駛進台南車站。

那一天，是台灣高鐵首次試車，盛大的試車典禮在台南車站舉行。

身為前十大股東代表之一的侯貞雄，形容自己當時的感受：「列車進站時，感動得快哭了！」

心情激動不已的他，無意間瞥見一旁的台灣高鐵董事長殷琪，卻見她早已落下淚來。

事後，侯貞雄曾在公開場合說：「我認識殷琪三十年，那是我第一次看到她流淚。」殷琪是他相交數十年的老朋友，她父親殷之浩創辦的大陸工程是東和鋼鐵的長期客戶，侯、殷兩代乃是多年世交。

他山之石

一九九七年九月，殷琪率領大陸工程、東元、太平洋電纜、長榮、富邦，五大家族合組台灣高鐵聯盟，在「政府零出資」的財務規劃下，打敗以劉泰英為首的中華高鐵聯盟。

東和鋼鐵並非高鐵原始股東，但侯貞雄與高鐵結緣甚早，可追溯到九〇年代初期。

當時，中華民國政府積極籌建高速鐵路，世界三大高鐵系統，例如：日本新幹線（SKS）、德國ICE（Inter City Express）高鐵集團以及法國TGV（Train à Grande Vitesse）高速鐵路系統業者，都來台灣爭取合作機會。

一九九二年時，侯貞雄擔任台翔航太董事長，曾與德國ICE高鐵集團合作，代理德國高鐵，因此，侯貞雄便率隊，帶領太電集團董事長孫道存、東元電機董事長黃茂雄等後來成為台灣高鐵股東的成員，去德國考察高鐵。

他山之石，可以攻錯。侯貞雄見證了高鐵在歐洲大陸成功運行，因此，從高鐵的規劃、籌資、興建的動向與進度，他都一直密切關注。

逆轉局勢

事實上，台灣高鐵能夠突破重重困難、起死回生，侯貞雄正是其中的關鍵推手。

當年，台灣高鐵聯盟取得高鐵議約權時，輿論並不看好；後來，經濟環境改變，導致台灣高鐵原始投資者承諾的資金不足，加上政府有關單位配合度不如預期、銀行團不肯借錢，投資案陷入僵局，部分股東甚至想打退堂鼓。

但當時的行政院院長蕭萬長認為，高鐵對台灣的基礎建設、經濟發展以及人民的生活品質，影響舉足輕重，一定要繼續推動。

在一場艾森豪獎金會例會上，蕭萬長和侯貞雄比鄰而坐，兩人附耳低語。

「你對高鐵既然這麼熟悉又有興趣，為何不投資高鐵？」蕭萬長開口問了他一句。

一開完會，侯貞雄即去電殷琪，象徵性地投資三億元。

一九九九年四月八日，東和鋼鐵成為台灣高鐵持股一．五％的小股東。

儘管侯貞雄以實際行動力挺，但是，對總投資金額高達五千億元、台灣第一次且最大的民間興建營運後轉移模式（ＢＯＴ）案來說，只是杯水車薪。

夜奔院長寓所

台灣高鐵面對三千多億元的巨額融資，和銀行團及政府之間遲遲無法取得共識，而使得高鐵興建案陷入僵局。

成為高鐵股東後，一九九九年七月三十日晚上十點半，侯貞雄接到殷琪的電話。

「Earle，高鐵完了！沒有融資，我們要解約，」她劈頭就說，由於政府應辦事項和融資等問題沒有解決，五大原始投資股東決定解約。

侯貞雄一聽，臉沉了下來，靜默了幾秒，隨後說：「先別急著解約，我來設法取得緩衝期，再協調。」

「解鈴還需繫鈴人！」侯貞雄腦海中閃過這個念頭：「一定要找 Vincent（蕭萬長的英文名字）談談。」

事不宜遲，他隨即聯絡好友、也是台灣高鐵五大股東之一的黃茂雄，兩人連袂趕往院長寓所，求見蕭萬長。

當時已是半夜，侯貞雄與黃茂雄兩人被警衛擋在大樓外，警衛委婉地說：「院長剛回來，明天一早又要出國，他要休息了！」

但個性急的侯貞雄，仍執意求見。

「我第二天早上八點多鐘要出國，大半夜的，他就闖進來，」蕭萬長露出招牌式笑容，無奈地搖著頭說。但言談中，也透露出兩人的好交情。

當時，蕭萬長回應：「沒有辦法，兩邊（指台灣高鐵和銀行團）談不攏，只好政府拿錢自己做。」

「政府要怎麼做？」侯貞雄搖搖頭，不認同地反問，並且一再對蕭萬長強調：「高鐵不能解約，一定要做！」

堅持的理由

侯貞雄提出，台灣高鐵有三個不能解約的理由。

「台南大變電所當機，就能造成全台大停電，影響經濟至巨，」侯貞雄舉出前一天全台大停電的例子。

一九九九年七月二十九日，台電位於台南縣左鎮鄉（今台南市左鎮區）的輸電鐵塔傾斜，導致中部與北部各發電廠跳機，使得台南以北地區從當天晚間十一點三十八分開始大規模停電，結果導致新竹科學園區半導體廠生產中斷，損失數十億元，造成第二天台北股市開盤重挫。

台灣高鐵若宣布解約，對經濟和股市的衝擊更難估計。

侯貞雄接著說，七月初，當時的總統李登輝拋出「兩國論」，導致海基會、海協會兩岸會談中斷，政治氣氛詭譎多變，是其二。

更重要的是，連戰和蕭萬長即將要宣布搭檔競選總統、副總統，在當時政經情勢不安的氛圍下，「如果高鐵做不成，對你們的選舉不利。」

「那你有什麼辦法？」蕭萬長眉頭皺了一下問道。

「建議交通部再延十五天，做為協商緩衝期，」侯貞雄果斷地說出他的想法，「政府也要承擔起責任，做到應配合的事項。」

蕭萬長立刻接納侯貞雄的建議！

調和鼎鼐

由於第二天一早就要出訪馬其頓，當晚，蕭萬長便打電話給當時的交通部部長林豐正，同意讓台灣高鐵再緩衝協商十五天。

「當年高鐵能起死回生，侯貞雄、黃茂雄兩人可說是扭轉乾坤的關鍵人物，」蕭萬長不諱言，若當年沒有他倆深夜奔走，可能就沒有今天的高鐵了！

在蕭萬長擔任國貿局局長期間，台灣攀上世界第一拆船王國，拆解全球百分之七十五的船舶；儘管曾經出現拆船業彼此惡性殺價的情況，但因侯貞雄推動、發起業者聯合採購，拯救了台灣的拆船工業，因此，蕭萬長充分信任侯貞雄的統合能力。

蕭萬長答應侯貞雄，他會協調政府各單位解決相關問題。

「減法」思維打破高鐵僵局

侯貞雄心中盤算著：「要找三家銀行董事長談，先找中國國際商銀的羅際棠，再找台灣銀行李庸三（侯貞雄台大經濟系學長），最後是交通銀行的梁成金。」

「銀行團認為高鐵不可以做？」侯貞雄直截了當地問羅際棠。

「應該要做！」羅際棠果斷回應。

「那你們為什麼不支持？」侯貞雄反問。

「當初考量五大企業的信用額度快用完了，加上高鐵案，融資會更緊，政府也沒有提供保障，」羅際棠解釋。

「他們不是有概括承受機制嗎？」侯貞雄不解地問。

「對！但是交通部沒有表示意見，」羅際棠直言。

「如果交通部出具信函或保證願意概括承受，並且若交通部對高鐵有任何求償都不超過三成，你們同意嗎？」侯貞雄接著問。

「可以！」羅際棠一口答應。

這時，侯貞雄心中已有定數，而李庸三、梁成金也同樣表示支持。

最後，侯貞雄便直接拜訪當時的交通部部長林豐正。

經過一番折衝，他抓住機會問道：「交通部可不可以保證，如果有什麼糾紛，求償都不會超過三〇％？」

「當然可以！」林豐正不假思索地一口應允。

碰到問題時，侯貞雄總會想方設法解決問題，面對高鐵的僵局，他當時即用「減法」想出解答。

向前推進一大步

從銀行團與交通部的回應中，侯貞雄一一排除爭議點，找到造成僵局的核心問題——銀行團希望得到政府的承諾保障，才願意提供台灣高鐵融資。

在得到交通部部長的親口保證後，侯貞雄立刻打電話給銀行團的法律顧問、理律法律事務所律師林秀玲，轉告和銀行團與部長的對話過程。

「銀行團求償部分一定要壓在三〇％，」侯貞雄建議她要堅守底限。

林秀玲當場承諾：「可以！可以！我一定會努力促成。」

透過林秀玲的法律專長，台灣高鐵提出了方案，和財政部、交通部以及銀行團開會協商，最後由蕭萬長拍板決定，高鐵案非做不可！後來，在融資會議上，林豐正堅持提供保證，並說服財政部接受，終於促成台灣高鐵、銀行團以及交通部，共同擬定「三方契約」。

高鐵融資「三方契約」，是針對「高鐵興建營運合約」終止時，強制收買價金支付的程序及方式，將由交通部、台灣高鐵公司以及銀行團三方協商、約定，以加強融資機構的信心，並保障其權益。

二〇〇〇年二月二日上午十一點，高鐵興建的里程碑又向前推進一大步！在凱悅飯店，台灣高鐵和二十五家聯貸銀行、交通部，共同舉行簽約典禮，簽署高鐵計畫聯合授信契約、融資機構契約和三方契約。

同年三月，高鐵正式開工興建；二〇〇七年二月一日正式通車營運，成為台灣交通史上劃時代的一刻。

用心愛台灣

高鐵的難題解決了，但沒有人知道的是，侯貞雄「意思一下」投資高鐵，以當時東和鋼鐵的營運狀況，要面對的是外人難以想像的考驗。

一九九六年，富邦集團蔡明忠籌劃組成台灣高鐵聯盟之際，東和鋼鐵才完成百億元的H型鋼廠投資案，而那一年，也是公司有史以來，帳上首度出現赤字。

一九九九年，高鐵案紛紛擾擾持續不斷，媒體的報導沸沸揚揚，社會各界都不看好高鐵案，加上連續兩年虧損，侯貞雄要投資高鐵的決定，在內部掀起不小的漣漪。

在董事會上面對董事的質疑，他努力說服董事，台灣公共建設若持續推動，鋼鐵的市場就會擴大，公司間接受惠，就值得投資。他誠摯地懇求董事：「這個事業值得我們去支持。」

最後，東和鋼鐵董事會通過投資高鐵。

侯貞雄用了這樣的話術來說服股東，可是，投資高鐵不是為了賣鋼鐵，他真正想的是國家發展，著眼台灣的未來。

想做對社會有利的事

「大多數人都認為，若從財務的角度，投資高鐵是沒有前途的……」諸如此類不認同的聲音，在與建設公司及客戶討論高鐵案時，不絕於耳。

事實上，侯貞雄曾私下探詢股東的投資初衷。

「我曾經問過一位大股東，為什麼投資高鐵？他回答我：『不是利益的動機，而是做一件『功德』。還有股東對我說，投資高鐵，就是愛台灣，即使虧損也沒關係。」

侯貞雄明白，許多原始股東當初參與高鐵案的初衷，只是單純地想「做對社會有利的事，而不是為了私利。」

蕭萬長說得坦白：「他不是唯利是圖的商人，對社會議題向來都很關心，對社會、國家，始終存在著一份責任感，這也正是這位企業家很值得被肯定的地方。」

當年，台灣高鐵瀕臨停擺，侯貞雄就本著這個始終不變的初心，主動積極奔走協調，讓棘手的高鐵案出現轉機；即便當時公司營運困難，侯貞雄仍不改其志，幾年內陸續投注至少十二億元，成為前十大股東之一。

二〇〇七年二月，高鐵完工通車後，侯貞雄以〈台灣高鐵通車的時代意義〉一文，明確表述：

「高鐵是全台灣人民的經濟財產，這是全民的事，值得大家支持，也是要對歷史交代的事！」

對高鐵深具信心

「我一直堅信，台灣高鐵的興建是為我們的子孫奠定百年基業。台灣需要高鐵，沒有高鐵，台灣沒有未來！」

「高鐵興建成功的事實證明，就是一句話：『今天不做，明天會後悔！』」

二〇〇七年十月下旬，高鐵慶祝完工週年，舉辦「傳承與感謝」典禮，侯貞雄在致詞時再次強調。

台灣高鐵剛開始建設的時候，受到外界許多質疑與非議，風風雨雨不斷。真性情的侯貞雄，對高鐵的信心始終沒有改變。

侯貞雄譬喻，高鐵是「文明的未來，台灣的脊椎」，這條排除萬難興建的高速鐵路，對台灣來說，是新的里程碑。

「高鐵建造過程可以說是軌道科技的新紀元，這種know-how（知識）很珍貴。」甚至，他還提出前瞻的想法和建議：「高鐵是一項事業，可在未來向外輸出『經驗』。」

台灣高鐵被稱為全球最大的ＢＯＴ案，侯貞雄認為，ＢＯＴ的精神，應該是讓政府善用民間最大的力量，也讓民間獲取正當的利益。他更堅信，高鐵必定是一項賺錢的投資，同時更是提升台灣整體競爭力的重要關鍵。

打造一日生活圈

高鐵是台灣非常重要的交通建設，快捷便利的高鐵，可望把台灣建設成為一個城市國家，形成一日生活圈。侯貞雄相信，高鐵通車後，會改變大家原來對高鐵的看法。

果不其然，侯貞雄多年來的期待，終於實現。

台灣高鐵通車第三年，旅運人數即突破一億人次；通車第五年，高鐵首度轉虧為盈。如今，高鐵已經成為民眾不可或缺的交通工具，南北距離大幅拉近，實現了一日生活圈的願景，徹底改變國人的生活型態。

當年，高鐵即將完工之際，侯貞雄借晉朝太康時代知名作家左思〈詠史〉詩中，「振衣千仞崗，濯足萬里流」的古詩句，歌詠高鐵：

振衣玉山頂，濯足大洋流。靈景耀台灣，高鐵爍古今。

從短短數行詩句中，流露出侯貞雄熱愛台灣這片土地的深情，更不難窺見，多年來，他以如此寬廣的格局和宏觀的視野，堅持不懈，用心達成高鐵興建的使命感。

第三章　推動第二次產業革命

二〇〇〇年之後，隨著政黨輪替，台灣的政治氛圍凝重，社會上也出現極不和諧的現象。面對島內紛擾不堪的局勢、動盪不安的人心，侯貞雄感到無比憂心。

二〇〇二年十月，感性重情的侯貞雄，用一首詩作，細膩述說他「夢中的台灣」，字裡行間，充滿著他對台灣土地的熱愛，也寫出他心中對台灣的殷殷期盼。

我多麼盼望
那是一個正義的社會
人們心中充滿和平
誠實無欺像濁水溪的流水

我多麼盼望
那是一個順暢的磁場
人們心中去除枷鎖
自由開放像日月潭的浮雲

我多麼盼望
那是一個光耀的世界
人們都伸出誠摯友誼之手
溫暖交流像阿里山吹來的微風

一塊上天賞賜肥沃的樂土
一群人間勤勞謙卑的勇士
血淚的灌溉　無悔的耕耘
腴沃回歸腴沃

銜命出任工總理事長

二〇〇三年四月，侯貞雄當選中華民國全國工業總會（以下簡稱工總）第六屆理事長。工總，被稱為台灣產業公會的龍頭，當時會員涵蓋全台灣一百四十八個製造業產業公會，是全國最大的產業公會，具有指標意義，也可以說是政府和企業界溝通的橋梁。因此長期以來，工總理事長人選總是由企業界德高望重的大老級人物擔任。

侯貞雄向來熱心參與公事務，曾任台灣區鋼鐵工業同業公會理事長並參與工總經驗長達十餘年，對於會務運作十分了解。只是，向來低調的他，起初實在無意於此。

「當時是在理監事的敦請擁戴下，他才同意參與競選理事長職務，」侯貞雄的好友、工總現任理事長許勝雄說。

不過，儘管原本有意讓賢，但既已當選，侯貞雄便會勇往直前。

「他一心都在為台灣利益努力！」侯王淑昭一針見血地點出他的無私付出，只要是對國家、社會有利的事情，他一定全力以赴。

當年接掌台翔時，侯貞雄曾對妻子說：「生長在台灣的台灣人，有責任關心台灣，如果現在沒有人開始努力付諸行動，十年後，台灣的工業恐怕不知道要何去何從。」這一席話，深深打動侯王淑昭，使她無悔讓夫婿為國效力。

「他總是像救火隊，但在救火的同時，他都會想很多好的點子，把事情處理得適切穩當，」侯王淑昭說著，也不禁嘆服侯貞雄的睿智。

劍及履及的實踐家

侯貞雄不改在鋼鐵業的直率性格，上任後，即直言要求理監事：「真正投入工總相關業務，實際為工業界服務！」

他認為，工業界的心聲也就是全民的心聲，理監事要真誠投入，親自參與工總會務，為全民共同利益努力。

許勝雄說：「他非常勇於任事，而且劍及履及，有了想法會立刻化做實際行動。」

上任後，他進行工業總會整合、調整工總組織架構、增設兩席副理事長，甫當選便明確宣示：「理事長應只做一任，要讓更多的人才發揮。」

「他是一個講話算話的人，」侯王淑昭說，任期屆滿他就不再參選，徹底執行，罕見地成為唯二只做一任的工總理事長之一。及至工總理事長卸任，被推舉為名譽理事長。

剛選上工總理事長時，工總的榮譽會員——部分地方的工業會，打算成立工業協進會。然而基於整體考量，侯貞雄認為，台灣腹地不大，必須團結，不能分裂。

於是，侯貞雄親自走訪各個工業會，發揮他的溝通專長，成功說服各工業會以和諧為重，凝聚會員廠的向心力。

全球化帶來改變

接任工總理事長之初，侯貞雄即大力倡議「台灣第二次產業革命」。

侯貞雄已深刻體認到，全球化將是引導世界經濟重新洗牌的關鍵；面對科技創新快速、研發與產品生命週期縮短，以及置身全球化市場價格和速度的競爭下，台灣各產業有必要進行總體檢，為台灣各行各業找到足以應對「現在和未來」競爭壓力的新利基，提升產業創新價值。

他認為，二次產業革命是台灣經濟脫胎換骨的根本。為了順利推廣這樣的理念，他多次應邀出席各種講座。

「從台灣工業發展的歷程來看，自一九七〇年開始推動鋼鐵、石化、機械、重電機、電子組件等工業，建立自主的產業基礎，可稱得上是台灣的『第一次產業革命』，」侯貞雄也不諱言，「東和鋼鐵的成長，就是台灣『第一次產業革命』浪潮下的產物。」

總體而言，台灣產業競爭力已見提升，但是由於本土市場狹小，缺乏自有品牌、企業研發投資與能力不足，加上韓國與中國大陸競爭廠商崛起，影響台灣企業的發展空間。

讓台灣經濟脫胎換骨

面對科技與知識競爭的新世代，台灣產業必須由「代工經濟」走向「知識密集與高附加價值」，加速建立並強化企業競爭的核心技術能力，進而將這些核心技術專長有效整合，以發揮更大的綜效。

侯貞雄認為，台灣的製造業必須找到新的「競爭利基」，因此他強調，企業必須在自身發展的「學習曲線」上獲得突破，或趕上工業國家的「學習曲線」，尤其應從市場與技術兩方面著手，針對不同的市場導向與技術結構，思考突破的策略。

侯貞雄並非只是空談，他還具體提出了企業應有四種不同的思考策略：

第一種，延伸性價值策略：在原有市場與原有技術下，重新思考產品的核心價值，擴大延伸性服務價值。

第二種，技術效率提升策略：在原有市場上，運用新技術，為產品創造更高的價值。

第三種，多角化創新策略：運用新技術，開創新市場。

第四種，產品新定位策略：將原有技術運用在新市場上，重新定位產品，如：泡麵廠商將泡麵縮小成「小丸子」，變成休閒食品。

侯貞雄深入剖析，如果要走新市場、新技術，便需要由多角化的創新來思考；若要以原有技術在新市場發展，便需思考新產品的定位策略；對於舊市場、舊技術，則需考慮原生性的價值，亦即產品線的走向；至於在原有市場採用新技術，就需提高技術效率，降低成本。

鼓吹產業退場機制

台灣廠商是很活潑、很有彈性的，因應國際化的速度比日本還快，因此侯貞雄當年便呼籲，政府政策必須因應業界的彈性，提供最大的開放空間；此外，過去政府將資源集中在發展新興工業的策略思維，應該調整為更加重視協助既有產業突破發展瓶頸，以促進產業高值化發展。

侯貞雄甚至建議，政府要建立產業退場機制，讓產業也有「安樂死」的辦法。

他引述經濟學大師熊彼德（Joseph Alois Schumpeter）的理論：

「產業革命的本質就是創造性毀滅，也就是經濟體必須不惜把舊的毀掉，如此才有可能創造出新的事物來。」

「其實，產業若要生生不息，需要生，也需要死，」侯貞雄說，除了稅賦優惠、輔導轉業外，讓企業在退場後，將土地或舊有廠房資源做更有效地運用，這對二次產業革命是很重要的。

若要迎接創新時代的來臨，他認為，一定要建立整合產、官、學、研的創新體系，從需求的角度推演出環境與法規制度、企業融資、產業發展等層面，構建有利於產業知識化與高附加價值化的生態體系，做為推動台灣二次產業革命的平台。

持續優化走向新藍海

由於知識已成為產業革命中最重要的資源，因此侯貞雄強調，人們必須將知識加以整合與應用，進而做出適當的資源分配，找到產業新的競爭利基，趕上別人的「學習曲線」。企業應走的方向，就是以產品線的觀念——找到新製程、新材料、新產品，以及新的管理，並且要重視智慧財產權、設立台灣技術交易市場整合服務中心。

侯貞雄以發展H型鋼為例，這類產品通常用於建築，推動之初遇到的最大問題是設計師不會使用。

為了推展H型鋼，東和鋼鐵印製了許多全世界的設計圖，做成一本鋼結構手冊，描繪出每一個細節，發給設計師參考，讓使用者認識H型鋼。後來，又製作成磁碟片，建置於網路中提供搜尋。

除此之外，很多業主雖有需求，卻不知道空間如何利用，而H型鋼的優勢就是可以節省很多空間，因此，東和鋼鐵會給予業主建議。「這就是在新的市場，利用原有的技術，將產品線的服務向上延伸，以服務客戶，」侯貞雄說。

東和鋼鐵在H型鋼創造了藍海，侯貞雄也看到業界相繼找到各自的發展方向，積極往微笑曲線兩端發展，走出紅海、進入藍海策略，達到他所極力推動的第二次產業革命的「優化」境界。

第四章　迎向全球化與區域經濟大潮

侯貞雄熱愛台灣，但他的眼界，卻不只局限在台灣。

在公司內部刊物《平凡》中「經營者的話」，談的都是侯貞雄對經濟宏觀的看法，從國際情勢分析全球經濟，到全球鋼鐵業的展望，多有著墨。侯貞雄表示，台灣的經濟問題是世界性的，看待經濟問題需要世界觀。他將世界視為地球村，一心想為台灣產業與企業提升競爭力。

愛台灣，就要超越台灣

向來具有前瞻思維的侯貞雄，有感於世界經濟正朝向區域發展的趨勢，例如：歐洲共同市場、美加貿易區等區域經濟的形成，他認為，台灣不應再局限於島內經濟，必須放眼國際市場，企業發展的腳步應向外擴張，才能展現更強的競爭力。

一九九三年時，歐洲各國正在醞釀建立歐洲聯盟（European Union, EU，簡稱歐盟），而隨著歐盟的成立，二十幾個歐洲國家成為一個大經濟體——歐洲共同體（European Community, EC），也就是一般所稱的歐洲共同市場。

愛爾蘭是歐盟會員國之一，在八〇年代曾經面臨許多政治、經濟危機，造成失業率居高不下，促使愛爾蘭政府積極改善投資環境，希望引進外國人到當地投資。

在此同時，台灣與愛爾蘭之間的雙邊關係也不斷增強，雙方互設商務辦事處。

推向世界的舞台

侯貞雄看好歐洲共同市場商機，覺得可集合各個產業到愛爾蘭設廠，產品就能夠直接透過港口運送到歐洲各國，並享有稅務減免等優惠。

但他也考量到，台灣企業規模不大，難與日、韓等亞太地區大型企業相比，若單打獨鬥，在文化、語言迥異的歐洲，絕對很難倖存，因此，「台灣企業要靠組織戰，走上國際舞台才會有勝算。」若能集結台灣製造業強勁的拚搏力量和優勢，就能提升台灣在國際上的競爭力。

他認為，可以透過民間業者成立開發公司，到愛爾蘭開發工業區，協助台灣業者在當地取得低廉的土地，建立基地，也就是以組織戰的方式，將愛爾蘭做為進軍歐洲共同市場的灘頭堡。

「有了這塊地，再以台灣過去豐富且成功的工業區經驗當作跳板，就可以打進經濟成長比台灣高的歐洲市場！」侯貞雄心中有了前進歐洲的構想和藍圖。

於是，侯貞雄開始催生歐華開發投資，由東和鋼鐵與幾位好友共同投資。

為了幫企業解決融資問題，侯貞雄並爭取到行政院支持貸款，在當時可說是官民合作的創舉，若成功落實，則可望為台灣海外投資立下新的里程碑，共創三贏的局面。

但是，現實的環境，卻讓企業界裹足不前。

雖然土地成本低廉，但歐洲管銷費用比台灣高，這是企業卻步的原因之一。此外，語言也是一個障礙，「在三十年前，台灣人的英文程度不像現在這麼好，」徐小波坦言。

再來就是地理環境的考量，當時台商陸續到大陸沿海或東南亞、越南等地投資，距離較近，沒有企業願意去那麼遠的地方投資。

雖然侯貞雄總是看得比別人長遠，但環境、時局卻無法配合，這個前瞻的投資計畫，最後胎死腹中。

高瞻遠矚

徐小波坦言，當年參與投資的股東之一張安平曾語重心長地說：「我們的視野早了十年！」

一九八八年十一月，美國麻省理工學院（MIT）知名的史隆管理學院（Sloan School of Management）院長梭羅（Lester C. Thurow），前往中國大陸會見當時的大陸領導人趙紫陽。

梭羅是美國著名的現代經濟學者，提倡知識經濟革命。一九八〇年時，一般都把世界經濟地圖分成北美、歐盟以及日本三大板塊，唯獨梭羅獨排眾議，認為亞洲除日本之外還有一個重要板塊，就是中國大陸，因此有當年的訪中行程，之後繞道台灣，與侯貞雄、徐小波等人會面。

當年針對梭羅提出中國大陸將成為另一個經濟板塊的預言，雙方還有一場小小的爭辯。一九八八年大陸經濟尚未成形，侯貞雄等與會者認為，「中國」應改成「華人」，包含台灣、香港以及整個南洋的華人，確實是一股強大的經濟力量，未來亞太區域經濟與華人經濟體，勢將在全球經濟發展潮流中扮演舉足輕重的角色。

經過數小時的爭論，徐小波又認為，「華人」過於種族化，於是最後大家一致認為，應改成「亞太區域經濟整合」。

不過，理論終究只是流於清談，應如何落實？

催生時代基金會

喜歡動腦的侯貞雄就開始跟徐小波商量、籌劃，兩個人果真想出一個辦法——籌措一千萬美元捐贈基金，設立一個「策略發展基金會」，每年拿孳息與MIT長期合作、辦活動。他們盤算著：「台灣是以中小企業為主，如果有二十家企業加入，一家拿出五十萬美元，就有一千萬美元。」

在兩人催生下，一九九一年三月，「時代基金會」正式對外宣布成立。當時，基金會以「時代」為名，就是希望「與時俱進」。

在八〇年代和九〇年代的轉捩點上，二十家台灣企業和MIT建立起管理與科技創新的長期合作關係，引進世界級的技術研發和先進的管理概念，準備迎接全球化競爭的來臨。

從創辦人名單來看，除了東和鋼鐵外，尚有東元電機、永豐餘、華新麗華、嘉泥、富邦金控、國泰金控、太子集團、三商集團、大陸工程等企業共襄盛舉。

「時代基金會是一個非營利事業，最主要的目的，就是要把國外最好的技術引進台灣，」徐小波說明基金會成立的初衷。

基金會提供企業派員到ＭＩＴ短期進修的機會，每兩年一次，把最新的科技與發展趨勢和時代基金會會員們分享，還可與各行各業進行交流，培養企業人才。

早期，時代基金會交流的是國際經營管理的理念，後來則擴及到資訊科技以及材料科學等領域的知識和技術。

除了提供會員企業服務外，基金會也致力在經濟政策與未來產業、人才教育。「對於教育工作，尤其是非傳統的教育工作，侯貞雄非常有心投入，」徐小波說。

時代基金會在二〇〇三年啟動「國際青年創業領袖計畫」（ＹＥＦ），以為社會培育未來人才為願景，十五年來，培育超過兩千八百位青年，扶植超過五十家新創事業。

二〇一〇年，時代基金會成立二十週年，侯貞雄以基金會捐助人的身分在紀念影片中，描繪對未來十年的願景：「科技與人文並重，尊重多元價值，成為有自信的社會」。

短短數語，彰顯過去以來，侯貞雄為社會積極貢獻，以良善的正向力量，創造美好社會的初心。

—第八部—

儒　商：
企業家典範

第一章　服務是一輩子的事

「誠信，是東和鋼鐵追求的終極價值。」

侯貞雄在公司內部刊物一再強調，誠信是公司創立以來茁壯發展的根基之一；他非常推崇過去社會把誠信擺第一、講話算話、絕不食言的精神。

甚至，他曾經說：「每個人視誠信為基本修養，才算是個『人』，社會和諧的基礎才能建立。」

言必行，行必果

侯貞雄曾對侯傑騰說：「你阿公留下的是，生意人要誠信，講話算話的做人、做事原則。」

「做生意要誠信，鋼鐵價格經常波動很大，答應人家多少錢要賣、多少錢要買，就一定要守信，」侯貞雄直言，這就是侯金堆做生意的道理。

五〇年代，東和行剛開始在關渡拆船時，有一位客戶打電話說要買鋼板，不久，鋼鐵價格上漲，侯金堆仍依照當初約定的價格賣出，不會為了近利而違反誠信。

「他做生意的原則就是大家都賺錢，自己賺錢、跟自己買東西的人也要賺錢，」侯貞雄回想父親的教導。

父親做生意的道理，在侯貞雄身上，一以貫之。

七〇年代，全球爆發石油危機，通貨膨脹嚴重，鋼筋價格從每公噸八千元漲到兩萬多元，爆漲三倍多，但東和鋼鐵仍舊維持舊價，不趁危賺取暴利，並且準時交貨。

握手，就是承諾

以前，東和鋼鐵的鋼筋大多是透過盤商買賣，但在七〇年代之後改採直銷方式，直接供貨給營建公司及營造業。這麼做，一來可以控制產銷量，二來可以充分掌握貨源。

在公司服務四十四年的營業部前副總經理林朝賀，從多年業務經驗中發現，「市場有些奇怪的現象，有些客戶，鋼鐵漲價時一定會要求交貨，價格一下跌就不讓你交（貨），」他解釋說，鋼價下跌，客戶可能就會「毀單」，去買更低價的鋼材。

然而，有些鋼鐵廠，看鋼價上漲，預期後續還會再漲，就開始囤積居奇、不出貨，客戶就可能拿不到貨，等到鋼筋價格上漲劇烈，銷售業務就會明顯上升。

東和鋼鐵接的都是長期訂單，不論市場漲跌，一定依照合約價格和數量供貨，「客戶會覺得跟你做買賣比較安心！」林朝賀說。

在東和鋼鐵高雄廠服務三十六年的生產管理課前課長黃灯城，便相當佩服侯貞雄的雅量：「他做人很厚道，有時候生意上被客戶毀單，他也不會一直指責人家不好。」

林朝賀說：「他以前經常講：『做生意不能每天贏，有時候輸一次也沒關係。』」五十幾年來，東和鋼鐵用誠信奠定良好的商譽，許多客戶往來的歷史，都有三、四十年的時間。

侯貞雄的多年摯友張安平形容，「他的握手，跟他的人是一樣的！」握手，等同於他的承諾，和蓋章簽字一樣有保證。

對侯貞雄來說，誠信是做人的基本態度，「一個人要說的話、要做的事，要先想清楚自己能否負起責任，以律己的精神，做到言行一致。」否則，一旦背上欺詐不實的罪名，就很難再獲得別人的信任。

事無不可對人言

這種嚴以律己的做人態度，其實與侯貞雄童年時的經歷密不可分。

雖然侯家經濟環境優渥，但侯家對孩子從小灌輸正確的金錢觀和嚴謹的道德規範。孩童時代，有一次侯貞雄撿到一塊錢，開心地拿在手上把玩。侯傅秀英見狀，以為錢是他偷的，不由分說地痛打了他一頓。自覺被媽媽冤枉，侯貞雄當下非常生氣。

「當年或許真的誤會他了！」多年後，侯傅秀英跟侯王淑昭提及這段往事時，心疼地說。

然而，這個不愉快的經驗，並沒有讓侯貞雄變得叛逆，反倒讓從小自律甚嚴的他，自我要求更高，「這個事件讓他從此更加堅持，凡事一定要誠實、不能騙人，」侯王淑昭說。

東和鋼鐵管理部協理何如玉，最能感受侯貞雄的正義凜然。

有一次，一位財會部門主管要跟侯貞雄報告事情，當時擔任稽核工作的何如玉正好在他辦公室裡。

侯貞雄問道：「有什麼事？你說。」對方面有難色，囁囁嚅嚅地說：「可是稽核在這邊……，不太方便。」

侯貞雄一聽便沉下臉來：「有什麼事稽核不能聽？稽核不能聽的事，就是不對的事！」何如玉說：「他很正直，做事情沒有私心。」

「他公私分明，」侯王淑昭接著說。

有所為，有所不為

當年侯貞雄接任台翔董事長任內，因心臟不適，到美國動了心臟繞道的大手術，但心繫台翔投資案，術後抱病飛到英國參與和英方的談判。

「他才動完手術，又要出遠門去英國，我因為不放心，執意要隨行照顧他，」侯王淑昭不捨地說，「但我並非台翔人員，侯貞雄認為，那一趟行程我的機票等費用應該自理，堅持不報公帳。」

公歸公、私歸私，侯貞雄的態度非常明確。

服務已近三十年的何如玉，以她多年來的觀察說：「董事長最在意的，就是有沒有道理的那個『理』字。公司不會要你做虛偽的事情，也不會做假。」

「他對下屬當然嚴格要求，但也會給我們很多機會，只要不欺騙，他都可以接受錯誤，」何如玉說。

他心中永遠擺著一把丈量公理正義的直尺。

讓侯王淑昭印象最深刻的是，大概在九〇年代，因水淬鋼筋盛行，市場占有率最高幾乎達到七成，導致當時東和鋼鐵鋼筋業務打得非常辛苦，市占率一直往下掉。

「大家都買水淬鋼筋，我們也來生產！」侯王淑昭回憶，當時她看著公司業績退步，心裡很著急，忍不住跟侯貞雄如此建議。

「那是沒良心的生意，妳敢做喔？」侯貞雄看了侯王淑昭一眼，幽幽地問道。

「他一句話點醒了我，就算再怎麼賠錢，不行（做）就是不行，這就是侯先生對誠信的堅持！」侯王淑昭佩服地說。而她也坦承，至今仍為當年的想法感到汗顏。

安全第一，分毫不讓

水淬鋼筋是在生產鋼筋的最後一道製程，用高壓、大量的冷卻水急速冷卻（又稱淬火）後，利用鋼筋本身餘熱回火，使得鋼筋表層組織產生麻田散鐵相變（Martensite）。這樣的做法，鋼筋表面雖然非常脆硬，達到強度要求，但內部組織卻十分柔軟。

長期以來，東和鋼鐵做的都是熱軋鋼，製造過程中通常會添加釩、錳等合金元素，以改變鋼筋的化學特性，強化韌性，才能成為高拉力鋼筋，內、外組織結構扎實；尤其是加釩的鋼筋，在耐震設計上比任何一種材質都穩定，地震發生時可以吸收較多能量，抗震效果較好，因此加釩鋼筋又被稱為耐震鋼筋。

由於釩是很貴的合金元素，因此，「加釩鋼筋成本比水淬鋼筋高出許多，最多時，每公噸成本可以差到一千元，」當時擔任經理的何長慶說。

身為一位冶金專家，何長慶深入研究水淬鋼筋，從幾個面向提出觀點：首先，台灣製造者供應的水淬鋼筋，在鋼筋混凝土結構設計上，是否具有耐震特性？其次，水淬鋼筋可否用於焊接或續接？而且，美、日、韓等國家，為何沒有適用水淬鋼筋的標準？

「我先比較了水淬鋼筋和加釩鋼筋的耐震性，差距很大；之後又發現，水淬鋼筋在焊接時，焊接點可能弱化，對建築安全會有疑慮，」何長慶說，基於這兩個理由，他當年即建議侯貞雄：「要慎重考慮。」

「他了解之後，堅持不生產水淬鋼筋，不做就是不做，」何長慶說，再大的利益他都不為所動。

積極推動修法

「在九二一之前兩年，我就大聲疾呼要修訂國家標準，」何長慶說，基於民眾居住的安全考量，要從根本做起，對水淬鋼筋在建築上的使用規範必須嚴格限制。

當時從高雄廠被調回台北總公司當幕僚的何長慶，為了修法，努力許久仍無進展，畢竟政策不是憑他一個小人物就能改變、推動，他感到心有餘而力不足。

眼睜睜地看著市占率節節衰退，營運壓力與日俱增，侯貞雄也憂心不已。

有一天，何長慶搭侯貞雄座車一同公出，在車上，侯貞雄問：「你為什麼不好好推鋼筋（修法）的事？讓水淬鋼筋不要再使用？」

「老闆，你不幫忙，很多事情我是做不來的！」何長慶沮喪地說。

「你為什麼叫我老闆，我最討厭人家叫我老闆！」侯貞雄突然拉高聲調說。

「你不幫我，誰會聽我說？」何長慶也沒好氣地回應。

但兩人的對話，說出了事實——修法事關重大，必須透過重量級的人物傳達，讓高層明瞭事情的嚴重性，才有辦法完成。

致力讓水淬鋼筋絕跡

了解何長慶的難處後，侯貞雄便親自出馬，透過關係，積極和營建署、內政部建築研究所、行政院等單位溝通，找各種機會出席各個場合，由何長慶說明水淬鋼筋的安全疑慮。

在兩人奔走努力多時之後，終於，讓相關部會高層逐漸理解事情的嚴重性。

然而，不幸的是，台灣發生百年強震——九二一地震。天搖地動的災害傷痛之後，才喚醒各界的危機意識，民眾防震意識也隨之抬頭，對於修訂中華民國國家標準，為建築用鋼筋、混凝土用鋼筋法規修法，順勢推了一把。

二〇〇〇年五月，相關單位對水淬鋼筋的化學性質（化性）和物理性質（物性）研擬出更嚴格的規範，並大幅修正建築用鋼筋的國家標準。

台灣位處地震帶，水淬鋼筋在建築品質上無法確保耐震性，存有安全疑慮，使用者逐漸減少，市占率一路降到百分之十以下；同時，東和鋼鐵長期累積的可靠品質與信譽形象，也在此時嶄露頭角，市占率重占鰲頭。

二〇一三年十月二十四日，在中華民國結構技師公會全國聯合會等專家建議下，經濟部標準檢驗局國家標準技術委員會會議決議，廢除水淬鋼筋國家標準。

當年侯貞雄的堅持，經過十幾年的努力，水淬鋼筋終於從市場上消失。

一輩子的安心

「普通人都會用利益的考量去做事情，但是就算花再多錢或損失再多，侯先生都會堅持公理正義到底，他很痛恨不公平、不道德、不正義的事情，不會輕易妥協，」何如玉說得更清楚直接：「一般人可能用一輩子的積蓄才買到一間房子，如果買到不對的房子，大地震一來，倒了，一生的積蓄就沒了，一輩子的幸福也沒了！」

黃灯城記得，早年他經常聽見侯貞雄有感而發地說：「我要賣的是一輩子，要給消費者一輩子的安心！」這樣的堅持，不只是對供應興建房子的鋼材，即便是個人投資的小事業——賣一輛車給消費者，也要承諾服務客戶一輩子。

一九八一年，侯貞雄成立商富實業，成為紳寶（SAAB）汽車台灣獨家總代理。SAAB是瑞典的經典汽車品牌，享有「地面飛行器」稱號，內裝是源自戰鬥機的座艙設計，加上渦輪增壓引擎，向來為車迷津津樂道，也是吸引侯貞雄代理的主因。

不過，為人低調的侯貞雄，連賣車也很低調。

不變的承諾

在台灣汽車市場，媒體廣告中很少看到SAAB，市占率不高、據點也不多，但SAAB在台灣卻擁有業界罕見的五星級維修保養廠。東和鋼鐵員工曾經在參觀SAAB汽車維修廠後，對於如無塵室般乾淨的冷氣房、整齊的維修環境，讚嘆不已。

即使SAAB原廠幾經易主，二〇一二年，商富甚至無車可賣，但儘管業務緊縮，卻對原購買車主仍不離不棄，與獨立的瑞典SAAB零件公司持續合作，如常供應原廠零件，提供客戶的保固服務維持不變，持續服務每一台SAAB車主。

商富貫徹侯貞雄的理念，三十六年來始終一本初衷，如同東和鋼鐵經營理念所闡述的精神：誠信，不僅代表公司對外、對客戶、對社會的誠信，更代表著對員工以及自己的誠信。

一九九四年，侯貞雄以誠信的經營理念為出發點，引申出「律己、愛智、樂觀」的企業文化，律己甚嚴、熱愛學習、樂觀進取，一直是他為人處事的最佳寫照。

他認為，企業文化是希望員工有共同的價值觀，可以一起成長，遠比用繁瑣的教條約束員工更有效，也才能追求真正的永續經營和成長。

第二章　君子務本

「一九七八年四月二十二日，高雄廠第一套電爐開工當天，侯貞雄就指示兩個重點：『第一要重視工廠的環境整潔，第二要注重品質。』」

二十年前，高雄廠第一任廠長劉永彬，在他退休前的辭行報告中回憶，侯貞雄當年的工廠管理兩大心法，就是重視環境和品質。

「每天交班時，第一件事就是先掃地，」高雄廠生產管理課前課長黃灯城回憶，「在四十年前這是很少見的，沒有一個老闆會叫員工上工時先打掃。」

一九七八年七月，高雄廠才營運一年，新增置的全台灣第一套連續鑄造機即將完工，黃灯城剛報到擔任連續鑄造技術員，侯貞雄當時是總經理，經常到工廠巡查，而他總會提出一項「特別」的要求，就是員工在每次交班或接班時，至少要花十分鐘掃地、清潔，因為他相信，「沒有好的環境，做不了事情。」

黃灯城說，「如果覺得你的工作姿勢不對、動作太慢，他會馬上挽起袖子說：『我做給你看！』接著立刻拿起圓鍬，把石灰鏟進爐子，跟著我們一起工作。」

這就是他的性格，做事就要做到位，著重效率和工作程序，實事求是。

東和鋼鐵前桃園廠廠長、生產部副總經理陳福進印象更深刻，「他常直言：『一個工廠管理得好不好，先看廁所乾不乾淨。』」

「如果大家能把工廠的廁所當成自己家的一樣，用心打掃，工廠的作業品質也一定能達到令人滿意的水準，」侯貞雄曾明白地說：「這個道理很簡單，工廠若能維持整潔，那麼做其他事情就能按部就班，所以整齊清潔是管理工廠最基本的原則。」

「這就是侯貞雄常講的，要重視『廁所文化』，台灣社會應該要把廁所洗乾淨，」侯王淑昭說，侯貞雄一再提倡，「這種『廁所文化』如果能從自身做起，進而推展到公司、社會乃至於國家，國家社會的品質和形象都會因此而大幅提升。」

在這種要求管理下，早在三十幾年前，企業合作的日方人員到高雄廠參觀時，都當面稱讚東和鋼鐵的工廠不輸日本工廠。

平凡的累積就是不平凡

這種性格的養成，其實是來自於侯家的家庭教育。

東和行成立之初，侯傅秀英就要求一起工作的侄甥兒小輩們，每天早上負責灑掃店面，學習應對進退的禮儀。

侯王淑昭說：「有一年過年，全家在婆婆經營的瑞士飯店用餐。當服務生端上一盤拼盤，旁邊有小黃瓜片擺飾，她看了一眼，發現小黃瓜厚薄不一，馬上走到廚房去叮囑廚師注意改進。」

曾是瑞士大飯店廚師的侯文慶記得，當年飯店有一道名為「捲尖」的招牌菜雞肉捲，「她會特別注意，每條大小都要一樣，一旦發現粗細不一，她就會提醒廚師：『四兩哦！』堅持所有菜式要有一致的品質。」

東和鋼鐵在一九八九年五月三十一日開始發行內部刊物，刊名叫作《東和鋼鐵》，每三個月一期；一年後，發行第五期時，正式定名為《平凡》，同時也配合公司推動企業識別系統，設計紅、黑兩色的企業標誌，從原本黑白的版面，改以紅、黑雙色印刷。

「你知道，《平凡》底下有一行字嗎？」侯王淑昭問著身旁的員工。

《平凡》刊頭底下有一行黑底反白的字——平凡的累積就是不平凡。

侯王淑昭露出溫煦微笑說：「平凡的累積就是卓越啊！卓越是每天做出來的，不是叫出來的。」當初想出這句標語的，就是她。

自律是一切的基礎

一九九〇年年底，侯貞雄在公司內部推動「三年計畫」，定下三年內拿到日本工業標準（Japanese Industrial Standards, JIS）工廠認證、推動5S管理等目標，當時透過委託生產力中心輔導，推動全面品質保證。

JIS是日本最重要、最權威的國家標準，不僅是品質保證的標誌，更重要的是，日本政府規定，沒有通過JIS認證的工廠，產品不得在日本銷售。因此，一九八〇年之後，日本應各國要求，開放ＪＩＳ標誌標示許可制度，接受國外廠商申請。

５Ｓ管理則是日式企業常見的管理方式，包含整理、整頓、清潔、清掃、修身五個面向，是工廠管理的基礎，但這些都是很平凡的事情，因此往往容易被輕忽。

侯貞雄認為，若能落實５Ｓ，員工就會養成遵守規定的習慣，注重細節，有條不紊，持續應用在工作上，技術自然就會提升。

這套５Ｓ管理，其實和侯貞雄提倡的廁所文化，不謀而合。

總結而論，就是人人要做好自我管理，自律地養成習慣，而這也正呼應了企業文化強調的律己：摒除雜念、盡職務實、接受挑戰，才能沉穩練達地向下扎根。

不可不知的削鉛筆理論

在管理上，侯貞雄有一套「削鉛筆理論」。

「就好像學生時代削鉛筆一樣，平常就要削，把它削銳利一點，」苗栗廠廠長劉明宗闡釋侯貞雄的觀點。

鉛筆是早年學童念書時不可或缺的文具，平常課業沒那麼忙碌時，就要記得經常削鉛筆，隨時把要用的文具準備好，等到要寫功課、考試時，才不會手忙腳亂。

侯貞雄的「削鉛筆理論」，如同古語所說：「工欲善其事，必先利其器。」也就是要做好基本功。

早在九〇年代，東和鋼鐵就開始推行全面生產保養，其中有所謂的「預防保養」，侯貞雄說：「這就是『削鉛筆理論』。」

他強調，「景氣好的時候，就要全能生產；景氣不好時，則要好好把設備維持好。」「我們每一種設備機器都有履歷，還有認養制度，上面有掛名字，都有一個保管人，」劉明宗自豪地說，工廠內即便是一台車子或怪手，都有專人負責認養。

然而，這套制度從何而來？當中的典故，要從苗栗廠說起。

一九九四年苗栗廠投產時，設計了一套完整的設備預防保養系統，但是到二〇〇〇年時，設備故障率仍然高達九．六％，設備不穩定，整體生產效能自然低落。

為了改善設備故障率，苗栗廠開始推動，由所有操作幹部認養特定設備，以彌補維護人力的不足——員工每天撥出十五分鐘，就自己認養的責任區域執行設備點檢作業，一旦發現異常狀況立即填寫異常通知單，然後輸入電腦，經由系統分發到所屬責任單位處理，處理結果會經責任單位課長、處長簽核後，再登入電腦銷案，之後每週都必須追蹤執行狀況。

追求「工匠精神」

侯貞雄相當推崇「工匠精神」，他認為，「真正帶領社會進步的原動力，在於人對事物精髓的探索，而探索背後的欲望，則來自於對工匠精神的追求。」

他曾說過：「一個公司最重要的是靈魂的內涵，賺錢固然很重要，但是對於挑戰問題，改善、創新技術所帶來的成就感，已超脫金錢層次。」

在籌建苗栗廠時，侯貞雄曾幾次到德國鋼廠參觀，因為他一直不了解，為何德國鋼廠一天可以生產四十幾爐，等於煉一爐鋼水只要三十幾分鐘；仔細研究後才發現，原來德國工人幾乎都有十八般武藝，每個人都會做工廠大部分的工作，都能達成工作目標。

建廠前，侯貞雄不惜成本，陸續指派員工先後到德國、日本當地型鋼廠，實地學習煉軋鋼新技術。

「他經常給我們的觀念就是，不要滿足於現狀！」劉明宗說：「比如，今天做到二十八爐，雖然這已經是從二十四爐、二十六爐進步而來的結果，但他依舊會問：『還有沒有成長空間？一定還有改善的空間，哪邊的時間浪費掉了？哪裡效益變差了？』他會勉勵我們去找改善的地方、再去突破，無止境地要求進步。」

更換軋輥輪是軋鋼工廠的例行工作之一，以高雄型鋼廠為例，換輥時間從二〇〇四年的月平均每次兩百一十五分鐘，不斷改善、精進，到二〇〇六年三月，達到月平均每次六十七分鐘，並曾創下單次三十九分鐘的最佳紀錄。

侯貞雄認為，「好公司不只是設備好、生產好，員工的素質也要好！」優秀的員工能盡力發揮才能，員工進步就是公司進步，才能朝世界一流的鋼鐵公司發展。

第三章　關於安心和安全的生意

不論是鋼筋或型鋼，東和鋼鐵在國內鋼材市場的占有率，幾乎年年都是業界翹楚。而東和鋼鐵能攻占建築營造業市場，獲得客戶的信賴，成功的基礎主要來自於落實以客戶為導向的品質管理哲學。

「品質是最好的推銷員，效率是賺錢唯一的工具」，這是總代理SAAB汽車的商富實業的經營方針，侯貞雄擔任商富董事長多年，傳遞的重要精神之一，就是執著追求最高品質，以品質獲得客戶賞識。

烙印下的保證

「你看，這是廠商、型號，這樣小小的一根鋼筋，上面都有，像它的身分證一樣。大概一公尺左右，就有一個標示，」在台北辦公室大樓內，東和鋼鐵營業部前副總經理林朝賀指著鋼筋上的英文和數字說著。

不只是鋼筋，型鋼上也同樣烙印著一串英文、數字，代表的就是東和鋼鐵的品質保證，也烙下對消費者一輩子的保證。

以前，鋼筋或鋼材上並沒有烙印這些身分標記。為了正本清源，東和鋼鐵率先在鋼筋上加印TH字樣，代表的是東和鋼鐵保證，這是真正能夠符合耐震最高安全標準的鋼材。

八〇年代，台北市開始興建大量國民住宅，鋼筋送抵工地時，除了應檢附鋼筋出廠檢驗報告，承包商還必須將廠商送來的鋼筋抽檢，送到標準檢驗局檢驗。

「那時，標準檢驗局的檢驗員還打電話到公司詢問：『你們最近怎麼送那麼多鋼筋來（檢驗）？』」林朝賀說，原來是因為自己產品幾乎每驗必過，就有些業者動了念頭，買東和鋼鐵的鋼筋廢料當成品送去檢驗，但實際綁樁時，卻換上低價鋼筋取代。

當得知承包商魚目混珠的行為後，「國宅處不動聲色，等鋼筋都綁好了，還沒灌混凝土之前，就派監工人員到工地，要求抽樣剪下鋼筋，再送去檢驗，」林朝賀談到當年市場亂象，忍不住搖頭，「結果發現，可能五根裡面竟然有四根不合格。」

鋼材的身分證

一時之間，這類事件層出不窮，為了徹底解決市場亂象，侯貞雄想要讓東和鋼鐵的產品更容易辨識，於是，讓鋼品也有「身分證號碼」的點子就此誕生，後來東和鋼鐵便在鋼筋製程中印上公司名字和產品編號，以驗明正身。

「我們很努力推行很久，一直鼓吹，最後終於政策明文規定，所有出廠鋼品都有了打印標記，」林朝賀不勝唏噓地說。

陳福進指出，早期，曾有某公家機關對承包工程營造廠商公告「採用東和鋼鐵的貨，貨到可以先施工再檢驗」。

一般營造工程，大多是取得鋼材後，要先送相關單位檢驗合格，承包商才能開始施工，因此，對他們而言，若一拿到鋼材就可以施工，工期縮短，即可大幅節省時間成本。

「我們公司生產的鋼筋，有一半以上是使用在公共工程上，」陳福進說。像檢驗非常嚴格的台北捷運工程，幾乎七成採用東和鋼鐵的鋼材。

再次轉型的契機

歷年來，東和鋼鐵得到優良甲等品質績優工廠、中華民國國家標準（ＣＮＳ）正字標記，也獲得國際標準化組織（International Organization for Standardization, ISO）等國際認證，甚至獲得日本通產省ＪＩＳ工廠認證。

除此之外，東和鋼鐵各廠實驗室也獲得中華民國實驗室認證委員會（ＣＮＬＡ）的認證，印證公司品質數據保證在一定水準之上。

更進一步來看，舉凡：捷運局、國防部、核能廠、美國驗船協會、挪威驗船協會、德國驗船協會……，東和鋼鐵的產品，通過嚴格的驗證程序，受到市場與客戶的肯定，背後所代表的意義，就是不斷追求品質且水準遠高於同業的成果，所收穫的除了商業上的有形利潤，信賴，更是東和鋼鐵在商場上的無形資產。

一九九五年一月十七日，日本關西地區發生震度七．三的阪神大地震，是一九二三年關東大地震以來規模最大的地震。災情慘重，造成數千民眾死亡，三十幾萬人無家可歸。

阪神大地震的效應，引起了日本及世界各國對於地震科學、都市建築、交通等防震安全的重視，也震出了防震建材的需求，以及台灣政府明訂耐震建築選用鋼材的政策。

「那時，公司因為較早取得可以進入日本市場銷售鋼材的入門票——JIS認證，而進入另一個轉型契機，」東和鋼鐵前副總經理吳惠明說。

時間往前推移，在一九九〇年年底，侯貞雄喊出「三年計畫」，重點之一就是要在三年內拿到日本的JIS工廠認證。

以品質贏得尊重

精益求精的侯貞雄，在興建苗栗型鋼廠時，已有成為世界一流鋼廠的企圖心，對進一步強化品質的要求更為殷切。

為了未來能讓鋼材打進日本市場，取得JIS是唯一途徑。

「當年，公司投入許多人力、時間和成本，甚至讓許多幹部分批前往日本，實地參觀當地已通過JIS認證的工廠，」吳惠明說。

「認證不是僅止於紙上作業，所有標準都要達到JIS的要求，」當時擔任東和鋼鐵高雄廠廠務室主任、負責JIS認證的何長慶說，「日本派了非常多的JIS審查官到工廠，不僅看我們的紀錄、各項原物料、成品，還當場抽驗，看是否和資料吻合。」

所謂當場抽驗，是日本審查官在大概一、兩萬公噸的鋼筋堆裡，隨便抽出三根鋼筋，當場切割後抽驗，而廠方必須提供這三根鋼筋的化性和物性資料，現場用分光儀檢測化性，並拿去做拉力試驗、物性測試，再比對生產資料。

經過嚴格的審查，日方人員對於東和鋼鐵的生產製程和品質，給了很高的評價。一九九四年五月，東和鋼鐵高雄廠成為台灣第二家取得日本ＪＩＳ認證的鋼鐵廠，從廢鋼原料、電爐煉鋼到軋製鋼筋，全線生產過程均符合ＪＩＳ標準。

「當年去日本領獎時，來台灣的審查官還親自接待我們，顯見對方相當肯定，」何長慶談起當年的經驗，心中無比興奮。

九二一地震成為轉捩點

一九九五年二月，東和鋼鐵八德廠也取得ＪＩＳ認證，多年後完工的苗栗廠，也努力落實品質保證的目標，現在所有工廠都達到ＪＩＳ認證標準。

拿到ＪＩＳ認證，等於產品符合日本規格，不僅可以賣到日本，也代表公司的產品比台灣一般鋼品高一等級，不僅創造了商機，也是創造生機。但當時台灣市場充斥低價的水淬鋼筋，東和鋼鐵的鋼筋市占率一直下降，型鋼生產又遲遲無法上軌道，營運非常辛苦。

一九九五年日本阪神大地震，造成許多鋼結構建築物撕裂損害嚴重。許多專家學者在震災後相繼研究發現，當時只有ＳＮ鋼材的強度、韌性、焊接性等特性符合耐震材料的要求，而日本JIS標準在一九九四年六月便已頒布新的SN鋼材規範，即以SN鋼材做為未來耐震設計的重要結構。

因此，自日本阪神大地震後，日本建築規範亦明訂耐震建築鋼材選用SN鋼材。在台灣，則是由於九二一地震，成為東和鋼鐵的重要轉捩點。

「地震頻繁時，或是地震災情損害嚴重時，我們公司的需求量就會明顯上升，客戶就會跟我們說：『用你們的（鋼筋）比較放心！』」林朝賀笑說。

「九二一之後，一些開設建設公司的朋友，本來從沒跟東和鋼鐵交易的，都向我們買鋼筋了，」侯王淑昭說。

引進亞洲最大細碎鐵設備

「煉鋼廠要做得好，廢鐵一定要管理好！」每次到苗栗廠，侯貞雄一定要找劉明宗陪他視察廢鐵處理廠，而且總是一再對劉明宗強調廢鐵管理的重要性。

擔任生產部門主管多年的吳惠明說：「廢鐵收集車進到工廠時，裡面會有很多亂七八糟的東西，甚至連椅墊都有，如果把這些雜物也投入電爐，垃圾進去、出來也是垃圾，爐渣量會很多。」

為了有效做好廢鐵管理，東和鋼鐵一直輔導廢鐵供應商，試圖讓廢鐵等級分類做得更好，但嘗試多年，一直無法達到要求。求學時代，曾在美國廢鐵廠工作過的侯貞雄，曾經多次到日本參觀廢鐵工廠，看過國外的廢鐵原料，一直無法理解為何國外業者能將廢鐵處理得如此乾淨，而台灣業者卻始終做不到？

「求人不如求己！」在侯貞雄的堅持下，苗栗廠設立了一套全亞洲最大的細碎鐵設備，投資金額高達三億八千多萬元，專門處理廢鐵。

「當時跟全世界廢鐵處理設備最大、最好的德國Dinderman，訂了一套全亞洲最大、擁有七千匹馬力的細碎鐵設備，」吳惠明相當佩服地說：「他的原則就是，要做就要做最好的！」

二〇〇七年四月，苗栗廠細碎鐵工廠正式啟用，之後在二〇一三年九月又領先同業，引進台灣首座細碎鐵工廠非鐵金屬篩選機，讓廢鐵處理更精細。

吳惠明解釋說，「電爐是負責生產鋼水，丟進去的東西若是乾乾淨淨的，爐渣量就會降低，能源耗用也會降低，對苗栗廠的生產質量幫助很大。」

率先設置輻射檢測儀

一九九二年，台北市民生別墅爆發輻射鋼筋事件，舉國震驚。

由於輻射鋼筋造成全國人民居住安全疑慮，行政院原子能委員會（以下簡稱原委會）當時就呼籲，台灣各鋼鐵廠要確實做好輻射偵檢作業。

在苗栗廠進入試俥初期，東和鋼鐵就已擬定「輻射偵檢作業標準」，並由廢鋼檢驗、化驗室和成品倉庫三個單位執行；一九九三年，原委會派員到工廠檢查，從偵檢作業計畫、人員訓練和偵檢儀器等，全部通過符合規定。然而侯貞雄卻覺得，只有這樣還不夠；他認為，若要確保產品不受輻射汙染，必須有更完善的防護機制。

正是這個想法，當年，東和鋼鐵率先投注巨資，購置三座地磅用固定式全自動輻射偵測系統，分別設置在高雄、桃園、苗栗三個工廠的大門入口，對進廠的廢鐵等原物料、出廠成品等項目，全面精密偵測，確保產品不受輻射汙染。

為了安全，再多錢也要花

「那個檢測機器很貴耶！」侯王淑昭說，一部儀器要價數百萬元，但是，「侯貞雄對輻射汙染問題非常重視，為了保護鋼材品質，什麼錢都肯花。」

「從港口就開始檢測，到成品出去，至少有四關，」她說，除了固定式的輻射偵測儀，還有手提式的活動偵測儀，從買進的鋼材、廢鋼等物料到岸進港、運送至工廠，直到產品出廠，都必須嚴密防護，做到滴水不漏。

若不能防範於未然，「只要成品被檢測出輻射汙染，所有產品都不能賣了，」劉明宗直言不諱。

何如玉說，「我們每一輛車載鋼筋、鋼材出去，都會隨車附上材質證明、無輻射證明，確保我們的鋼材品質。」對購買者及消費者來說，這張證明更是安全的保障。

在購置輻射偵測儀之後，政府政策即明文規定，鋼鐵公司必須設置輻射偵測儀進行自我偵測。再一次，東和鋼鐵走在制度之先，為消費者安全把關。

鋼鐵業首支電視廣告

日本政府明訂ＳＮ鋼材是唯一符合耐震設計需求的建築鋼材，至今已逾二十年，但在台灣，耐震鋼材仍多使用在高樓層的大樓或公共工程建物，一般低矮建物或住宅房屋，使用耐震性高的Ｈ型鋼的比例仍低。

為了加速提升國內低矮鋼結構建物用鋼品質，東和鋼鐵拋磚引玉，以平價供應ＳＮ系列Ｈ型鋼鋼材；甚至不惜成本，拍攝廣告影片，教育消費者認識耐震的ＳＮ鋼材。

二〇一四年年底，東和鋼鐵推出台灣鋼鐵產業的第一支電視廣告，在廣告強力播放後，行銷效應很快就見真章。

「很多經銷商跟我說：『客戶打電話來說，他就是要電視廣告的那種。』他連ＳＮ鋼材的名稱都講不出來，就指名要那個鋼材，」東和鋼鐵營業部副總經理黃炳樺中氣十足地說。

過去，除了一般民眾對型鋼及耐震鋼材的認知不足外，ＳＮ鋼材生產成本較高，市場價格相對較高，也是消費者對型鋼運用在住家建築卻步的原因之一。

但是，根據目前台灣鋼結構建物的單位用鋼量來估算，若使用ＳＮ鋼材，每一建坪的成本大約增加三、五百元左右，占總建築成本的比率非常低。

黃炳樺舉例，假設民眾蓋一間房子自住，一層樓建坪二十坪，三層樓共六十坪，以一坪鋼材用量不到三百公斤，六十坪則約一萬八千公斤，換算為十八公噸，若一噸鋼差價一千元，十八公噸成本不過多了一萬八千元。

「如果和別人的鋼材比，東和鋼鐵型鋼一公噸貴一千元，消費者一定會覺得很貴，但若以花數百萬元或上千萬元蓋一間房子來看，只多花了一萬八千元，而且用的是通過日本認證、最先進的耐震鋼材，又保證百分之百足重……，」他說，這樣算下來，價值立現。

獨家生產百分百足重H型鋼

為了確保鋼材符合結構強度，以及斷面係數都達到百分百的嚴苛要求，東和鋼鐵在二〇一三年開始主打另一項優勢——獨家生產百分百足重的H型鋼。

「聽說侯先生第一次認識我，是我在現場跟處長吵架，」黃炳樺笑著說。

約莫在一九九六年年底，當時黃炳樺在苗栗廠擔任品管課課長，有一次侯貞雄帶朋友到工廠參觀，看到煉鋼處處長和一個他不認識的員工吵架，原因是煉鋼處主管和品管員對鋼材判定不良品的檢查標準認知不一。

當時，侯貞雄對於那個品管課的年輕小夥子印象深刻，後來因緣際會，黃炳樺被調到業務部門，負責型鋼業務工作。

黃炳樺說，型鋼產品是以「理論重量」銷售，「不是過磅稱重量，像秤水果一樣秤斤論兩來賣。譬如，一公尺多重，總共幾公尺，計算出來多少重量就賣多少錢。」

「任何工業製造的產品都有『生產公差』，因為以前設備的精確度比較差，做出來的產品難免會有正、負公差，只要在標準公差範圍內，都是合理的。」

但現在設備較精良，精確度很高，所以生產者可以自行控制生產負公差，譬如客戶買一百公斤，做九十八公斤，也是可以接受的合理公差範圍。

超越國家標準

台灣人有所謂的「唬秤頭」，意指有些生意人會偷斤減兩，在供過於求、競爭愈來愈激烈的產業結構下，往往成為業者追求獲利的普遍做法。

但是，「可以這樣做嗎？」侯貞雄不斷這樣問自己，因為建築鋼材是要用來蓋房子給人家住的，考量的是生命安全。

身為公司經營者，獲利壓力難以避免，但重視品質的侯貞雄時刻惦記著對客戶的誠信和對品質的堅持。

當型鋼開始轉虧為盈，穩定獲利之後，黃炳樺建議：「東和鋼鐵應該要有所轉變，應該開始推百分之百足重。」侯貞雄二話不說，就決定嚴格要求品質，朝向推動百分百足重鋼材的生產目標。

黃炳樺說：「在六、七年前，大約二〇一〇年左右，我們就推百分之百足重，只是不保證。」但若以平均值來看，一定是百分之百足重。

第二階段，「就在三年前，公司開始保證，不管拿哪一支鋼材出來量，重量一定百分之百。不過，要保證做到百分之百，安全係數就要抓得更高一點，一定要超過百分之百，就會付出更高的成本，」黃炳樺說。

換言之，「客戶花一百公斤的錢跟東和鋼鐵買鋼材，拿到的絕對至少一百公斤，也可能是一百零二公斤，只會多不會少，」他說，比CNS國家標準要求還嚴格。

「追求卓越的貢獻！」侯貞雄曾說過的這句話，為東和鋼鐵多年來堅持「品質第一、信用第一、客戶第一」，要做到最好的、達到頂尖的品質政策，下了最好的注解。

第四章　要做企業家，不當生意人

侯金堆的經商哲學，影響侯貞雄至巨，他曾多次提到父親是他踏入商業社會的啟蒙師父，是他「做生意」這門學問的老師，而侯貞雄眼光精準，一旦看準商機，就大膽放手去做的氣勢，也完全不輸當年的「拆船鉅子」侯金堆。

「他是一個非常喜歡新東西的人。」侯王淑昭清楚記得，在八〇年代左右，「他就買了兩台傳真機，一台二十三萬元，兩台四十六萬元耶！」侯王淑昭咋舌地說，「嚇死我了！那時候，這些錢可以買一棟房子耶！」

電信總局在一九七九年開放傳真機使用公眾電話，開放初期，僅政府機關、少數大型企業和做外貿的公司行號使用。

「我們公司很早就開始使用王安電腦，也是最早購置ＩＢＭ電腦的企業之一，」侯王淑昭說。

「他對於新的設備、技術，都很勇於去嘗試，」陳福進說，那時候資訊部在高雄，早在八〇年代初期，侯貞雄就不惜成本，重金邀請電腦專家到高雄幫員工上電腦課。

在苗栗廠完成之後，九〇年代，東和鋼鐵更積極導入整合性電腦系統，積極推動以電腦整合製造與管理系統，從設備、作業到生產管理，都透過電腦系統全自動化管理，達到總體經營效益。

不過，對於投資，侯貞雄有兩項基本堅持：不投資房地產、不碰不熟悉的行業；但東和鋼鐵雖然一直固守鋼鐵本業，卻也並非一成不變。

例如，一九九四年七月一日苗栗廠正式進入量產，為了配合H型鋼投產，東和鋼鐵和日商川崎鋼鐵株式會社合資六千萬元，在七月十九日轉投資成立士鼎鋼鐵公司，以H型鋼加工和銷售為主，並在二〇〇四年更名為東鋼鋼結構公司。

此外，一九九五年，東和鋼鐵和日本JFE鋼鐵等公司合資，在中國大陸福建省福州市成立中日達金屬，專做馬口鐵生產銷售。另外，還有轉投資專做鋼鐵廢棄物處理的台灣鋼聯、嘉德創等事業，都與本業有直接或間接相關。

引領建築革命

「他向來就是要做最好的，要跟市場做區隔，」吳惠明說，「例如，研發高強度的鋼筋，要走比較高級的路線。」

他解釋，一般台灣業者製造的鋼筋強度，大都是SD28、SD42強度規格的鋼筋，表示每一平方公分的強度是二十八公斤和四十二公斤，SD28是中拉力鋼筋，SD42則是高拉力鋼筋。侯貞雄為了要做市場區隔，要求研發單位開發四十九公斤、六十八公斤以上的超高強度鋼筋。

「這樣一來，強度增強，相對可以縮小面積，以後使用鋼材的數量就不需要那麼多了，」吳惠明佩服侯貞雄的睿智。

除了強度之外，在鋼筋的外觀上也做了創新。

過去鋼材常見的是竹節鋼筋，在建築物興建時必須採用搭接方式，把鋼筋和鋼筋部分互相重疊，然後以人工捆綁鋼筋。但侯貞雄思考，未來工地的空間愈來愈少，施工速度要求快，加上為了施工品質的穩定，必要有所變革。

「他想出了做螺紋鋼筋的點子，鋼筋的紋路就跟螺絲一樣，用一個有螺紋的續接器，像鎖螺絲般，把兩根鋼筋拴起來，」吳惠明說，這項研發無疑是建築業的一大創新。

吳惠明不諱言，「他能跳脫框架，想出兩項創新的方法，是建築業一大革命。」

永遠從利他出發

「侯貞雄要做的是企業，生意和企業不一樣，生意就是賺錢，企業是更高層次的生意，」和侯貞雄結縭逾五十年，侯王淑昭清楚另一伴的事業野心，她說，「他把台灣的鋼鐵業帶入另外一個階段，侯貞雄要做企業家，而非生意人！」

「很多事情，他都是從利他的角度出發，」侯貞雄的祕書吳麗英依她多年的觀察說。

「過去鋼鐵業的交易模式，大家都在追求量大，然後拚價錢、削價、再拿更多的量回來給工廠做，再去拚價錢、拚訂單、再拚成本，就這樣一直惡性循環，」黃炳樺點出鋼鐵業慣有的商業競爭生態。

但侯貞雄卻不認為應該這麼做。

「董事長的想法是，『一碗飯公家呷，卡好呷！』（台語）」黃炳樺闡述侯貞雄的經商理念，換言之，就是利潤分享的共利哲學。這個理念，和侯金堆「有錢大家賺」的生意原則，不謀而合。

侯貞雄塑造追求品質第一的企業經營理念，創造東和鋼鐵的鋼材價值，創造利益共享的平台，毋須削價競爭追求銷量。他的共利思維能讓公司賺錢，經銷商也能雨露均霑。

和經銷商搏感情

「台灣本來就有進口商在賣H型鋼，東和當初的銷售方式，就是希望這些進口商都來當東和的經銷商，而不是自己跳進來賣，變成全部經銷商的競爭對手，」東和鋼鐵經銷商誠鋼實業董事長蘇貞凱說。

蘇貞凱於一九八四年創業設立誠鋼實業，以進口國外型鋼等鋼材為主要業務。他指出，一九九四年，H型鋼開始量產時，不少進口商都願意轉為東和鋼鐵的經銷商。

侯貞雄讓經銷團隊變成一個大家庭，蘇貞凱說：「他就像是我們的大家長。」

「他很照顧經銷商，」蘇貞凱說，買賣雙方往往會對立，「但是只要工廠利潤夠，他就會回饋給經銷商，秉持他利潤共享的經商原則。」

同行難免相忌，競爭也難免，但「我們經銷團隊常常坐下來聊天，還會一起出國旅遊，在其他行業幾乎看不到，」蘇貞凱說，在台灣，經銷商之間反目成仇是司空見慣，要和睦相處幾乎不可能。

「你們真的是同行嗎？」東和鋼鐵經銷商聯誼會每年辦旅遊，旅行社領隊都無法置信，同行本應相互競爭，但一行人感情卻異常融洽。訪談時，蘇貞凱剛和經銷商聯誼會成員從斯里蘭卡、馬爾地夫、新加坡旅遊回國，他開心地說：「去年我們去英國，明年我們打算去看極光。」

二〇〇〇年，經銷商聯誼會第一次組團出國到紐西蘭迄今，東和鋼鐵年年提撥經費提供經銷商聯誼，除了旅遊，還會舉辦高爾夫競賽等聯誼活動，和經銷商搏感情。

「他不僅有遠見和魄力，更早在二十幾年前就大手筆投資型鋼廠，有別人沒有的氣度！」蘇貞凱對侯貞雄凝聚經銷商力量、壯大台灣市場的作為，敬佩不已。

凡事追根究柢

侯貞雄是一位非常務實的企業家，凡事會追根究柢。

侯金堆常對他說：「做生意的人，對數字和道理一定要非常清楚才行。」這兩點是父親告誡他做生意的道理，對他影響很大。

曾任唐榮公司董事長的鍾自強，早年在工業局一組擔任組長，有一次在晚上和侯貞雄到苗栗廠參觀H型鋼生產，正巧電弧爐發生問題，「他在現場，就馬上跟幹部緊急開會，商談要怎麼解決問題。」敬業且務實的態度，令鍾自強非常敬佩。

他很重視科學、技術，吳麗英形容，「他具有科學家的精神，喜歡抽絲剝繭。」

「他心思很細膩，對關鍵的成本、技術等細節，有時會不厭其煩與部屬討論，」現任高雄廠廠長王宗裕提到，「早年公司開發熱軋鋼板，當時我還在苗栗廠時，工廠沒有生產半成品扁鋼胚，都要從國外進口，再依客戶訂單切開扁鋼胚後再去軋延。生產單位為了客製化，必須精細計算怎麼裁切尺寸、怎麼軋延，才不會浪費鋼材。」

但侯貞雄對裁切方式有不同看法，於是，有一天下午，他專程從台北到苗栗，找王宗裕當面討論。王宗裕耐心地跟他解釋，客戶的要求如何、工廠要怎樣做、如何計算與裁切……，「從下午四、五點一直到晚上七、八點，他才接受我的想法。」

員工都深知，要讓侯貞雄點頭，一定得說出道理來，「就是要用邏輯、調查、估算和數據去說服他，」侯傑騰明白地說。而十分懂得侯貞雄脾性的他，往往扮演侯貞雄和員工之間緩衝和潤滑的角色。

以同理心處世

侯貞雄是位重理也重情的企業家，凡事重視邏輯與道理的他，在人情義理上，始終以同理心安身立命。

舉例來說，在桃園新廠剛營運時，由於煙囪高度不足，集塵設備噪音很大，附近居民反映夜間生產時干擾作息。

侯貞雄聽到工廠回報問題之後，有一天晚上就親自到工廠了解情況。

吳惠明說：「那時是半夜十一、二點，很多人都在睡覺了，董事長坐著車繞巡工廠，每個地點都停留，仔細聆聽現場的聲音。」

「這樣不行！這麼吵，會影響鄰居的生活品質，」侯貞雄說。

感受到居民所遭受的困擾，他展現即知即行的魄力，要求工廠馬上改善，而桃園廠也用最快的速度，將集塵設備的煙囪升高、做隔音系統。

另一方面，苗栗廠處理廢鐵原料的細碎鐵工廠，位於工廠西南側，開工時聲響影響附近居民午休的作息，為了順應民情，到了中午時段細碎鐵工廠就停工。

一直以來，侯貞雄都不會只從公司營運獲利考量，而是敦親睦鄰，展現企業家精神。

心很軟的董事長

當年侯貞雄決定八德廠要遷廠新建鋼筋廠時，還有一個重要的理由是，若不再生產鋼筋，原有的超過三百位員工，還有眾多上、下游客戶生計，都將面臨困境。

企業經營管理通常著眼於效益，但他還會考量企業的社會責任，不忍心員工家庭生計因而受影響。

其實，早年侯傅秀英投資遠東鋼鐵，後來由於規模小，經營效益不佳，但他還是讓它持續營運幾十年，遲遲沒有結束公司，他所考量的，就是要照顧工廠的老員工。

此外，轉投資的漢威光電，成立超過二十五年，也是虧損多年仍未見經營成效。「大家都退出不要做了，但他覺得那是他的責任，」侯王淑昭說，擔任董事長的侯貞雄，一肩扛下所有責任。

她說：「他的心實在軟！」

不請款的老員工

不只是照顧現任員工，連退休後的員工，他也會持續照顧。

「以前八德廠有一些廢料運輸或鋼筋綁包的工作會外包，找一些協力廠商配合，但董事長為了照顧拆船時代的老員工，有些可以做的就發包給他們做，」當時擔任八德廠廠長的吳惠明說，「他還關心地問我：『這樣他們有沒有賺（錢）？』」

曾經有一位四十幾年前的老員工，是東和拆船時代加入公司，後來去開怪手，侯貞雄在龍潭進行造林工作時，就請他來做挖土工程；工程結束後，五十萬元的工程款他遲遲未請領，侯貞雄就要吳惠明轉告，請他盡速請款。

結果，對方告訴吳惠明：「我不要請（款）啦！我要報答董事長。」幾十年前對員工的照顧之恩，至今仍令他們感念。

他對人，總是真心關懷。

「那年，發生九二一大地震時，半夜搖搖晃晃，才過了沒多久，他就打電話給我：『地震這麼大，你家裡平安嗎？』」吳惠明記得，當年天搖地動後，他接到侯貞雄的電話時，感動不已。

那時，吳惠明已調回台北總公司，但仍負責工廠生產管理工作，而侯貞雄打給他，隻字未問工廠的事，只是單純地關心員工和他的家人。

儘管老董沒有問，但通完電話後，吳惠明自己忍不住擔心：「工廠不知道有沒有事？」他覺得自己應該要到工廠看看，因為無預警停電，對高溫狀態下的設備威脅很大。

地震後，全台大停電，家裡車庫的鐵捲門打不開，吳惠明用手奮力把鐵門拉上去，才順利把車開出車庫，到桃園廠和苗栗廠查看狀況，再回報總公司損失和現狀。

有溫度的企業家

這類故事，不勝枚舉，但資貿部副總經理林祺燮感觸更深。

一九九六年，當時東和鋼鐵和日方簽訂合約，共同投資中日達，在中國大陸福州設廠。當時還只是一個小專員的林祺燮，經常前往福州辦理設廠的前置作業手續。

那時，正發生第三次台灣海峽危機，又稱台海導彈危機，兩岸之間風聲鶴唳，情勢非常緊張。有一天，在福州的林祺燮，房間電話響起，傳來侯貞雄祕書的聲音：「侯先生找你。」

「他打電話來關心我，叫我要注意安全，」當時隻身在福州的林祺燮，接到侯貞雄親自打來的電話，至今仍感動莫名。

他帶人能帶心，待人暖心、有溫度，也換得員工真心的付出。

第九部

回饋：

實踐社會責任

第一章　企業不論大小，都可以承擔社會責任

一九九九年九月二十一日，凌晨一點四十七分，一陣天搖地動，造成台灣的百年大地震。南投、台中地區受創最嚴重，許多住家及學校不敵強震，一夜間崩塌，導致萬千莘莘學子無家可歸，也沒學校可以安置。

當天中午，侯貞雄即公開宣布：「捐出一萬公噸型鋼，供中小學災後重建所需。」

捐出一萬公噸型鋼，支持災後重建

幾個小時後，當時擔任東和鋼鐵總經理室高級專員的何長慶就接到指令，「九二一下午三點二十分，我接到侯先生的電話，要我負責捐獻一萬公噸型鋼的後續工作。」

第二天，何長慶馬上聯繫他的好友，時任中華民國結構工程技師公會全國聯合會理事長的陳純森，禮聘他為顧問，協助執行捐助九二一希望工程的重建案。

「九月二十三日，我們就前進到災區！」何長慶記得，他和陳純森聯絡一些結構技師，第三天就進入南投重災區，了解災情並盡快協助重建工作。

「慈濟基金會和ＴＶＢＳ關懷台灣文教基金會，陸續找上東和鋼鐵合作，我們也接洽了台灣知名的建築師、結構技師等，共同推動中小學希望工程的重建計畫，」他說。

重建事宜刻不容緩，東和鋼鐵可說是九二一大地震賑災中，全台灣最早發動認養重建災區中小學希望工程的「工程師」。

國內H型鋼產品價格在一九九九年第三季跌到最低，每公噸大約九千六百元至九千九百元；九二一震災之後，型鋼價格迅速漲到每公噸一萬元以上。換算起來，東和鋼鐵捐出的一萬公噸型鋼，金額相當一億餘元。

當時東和鋼鐵營運情況慘澹，一九九八年稅前虧損三千七百餘萬元、一九九九年結算大虧四億七千四百餘萬元，但連兩年虧損的困局，並未澆熄侯貞雄回饋社會、重建台灣的熱血和決心。

協助九二一希望工程重建校園

在重建期間，東和鋼鐵除提供五千公噸型鋼給慈濟基金會認養的五十間中小學，另外，還以極低價格供應慈濟部分不足的型鋼和鋼筋。

此外，東和鋼鐵也接受TVBS關懷台灣文教基金會委託，協助興建其認養災區五所國中、小學校的全鋼骨結構工程，並在最快時間內完成重建，讓災區學子有安全的教育環境，幫助失學兒童重新回到學校讀書。

除了捐贈型鋼及協助執行重建工程，東和鋼鐵也結合結構技師，共同協助政府重新檢討、制定建築物耐震設計規範和準則。於是，在九二一地震當年十二月底，內政部立即修訂建築耐震力規範，將建築物耐震係數最低標準設在〇．二三G，至少要能承受五級震度，以強化台灣民眾的居住安全。

做正確的事

為了提升學校和公共工程的耐震度，最了解鋼筋建材的東和鋼鐵，出資邀請逾五十位結構技師，以鋼結構協助學校重建，最後完成了五十幾所鋼結構中、小學。

巧的是，就在九二一前一年，一九九八年，東和鋼鐵配合H型鋼問市，出資委託中華民國結構工程學會，研討修訂《鋼結構設計手冊》，幫助工程師做好鋼結構設計；也編製《學校建築工程鋼結構規劃手冊》，做為學校採用鋼結構建築的研究及設計參考。

「結果那本手冊突然變得很『夯』，讓型鋼成為學校建築的熱門鋼材，」當初協助推動鋼結構設計手冊的何長慶，談起當年無心插柳的歷程仍難掩激動。

對侯貞雄而言，賑災是做正確的事，從不為私利，但總有意外的收穫。侯貞雄曾說，企業不管大小，都可以承擔社會責任，「不以善小而不為，當企業都能盡到社會公民責任，獲利最大的常是企業自己。」

九二一之後，國人對居住安全的重視，讓型鋼在市場的接受度日益提高，無形中，也提升企業的營運績效，形成魚幫水、水幫魚的正面循環。

多年來，東和鋼鐵積極參與公益，二〇〇四年七月敏督利颱風、二〇一四年高雄氣爆意外、二〇一六年台南大地震，東和鋼鐵各捐出一千萬元賑災，協助災區重建等義助善行。

前高鐵董事長歐晉德也經常提到，侯貞雄「老吾老以及人之老」的精神，令他感動。

位於新北市八里的台灣天主教安老院，長期照顧孤苦的長者，成立至今近五十年，老舊院舍已經年久失修，需要大筆經費重建。聽到歐晉德提起安老院的需求時，侯貞雄二話不說，立刻慨然承諾：「改建工程所有的鋼筋都由東和鋼鐵捐助。」二〇一三年至二〇一四年，共捐出一千九百九十九公噸鋼筋，換算當時市價大約三千五百萬元。

此外，像是專案贊助「交通大學能源屋計畫」四百七十五萬元，讓交大建築系學生參加二〇一四年在法國凡爾賽宮舉辦的能源屋競賽，拿下國際大獎的佳績，以及捐贈和信治癌中心醫院兩百五十萬元，做為復健設備更新之用；捐助花蓮門諾醫院兩千萬元醫療經費；捐贈電腦給偏遠地區數位機會中心及社福機構等，長期默默奉獻，為善不欲人知。

傳承記憶與文化

東和鋼鐵的公益捐獻，以支持急難救助和教育、藝文活動為主。侯貞雄認為，關懷有急難的人是做為社會公民的基本職責，提升台灣社會教育和藝文水準，則可以創造富而有禮、祥和的社會。

擁有百年歷史的古蹟虎尾糖廠鐵橋，曾經在二〇一二年八月初的蘇拉颱風中，被洪水沖毀。虎尾鐵橋是台灣少數供糖廠小火車行駛的鐵軌橋，建造於一九〇七年，是一座鋼結構桁架橋梁。這座由英國人設計的鐵橋，是台灣橋梁最早邁入「鋼鐵」時代的象徵，也是虎尾地區的紀念地標。

在東和行時代的創業初期，侯金堆經營糖廠生意，經常乘坐五分仔車往來雲嘉南各地，後來又轉型從事拆船、鋼筋、煉鋼、型鋼，這座鐵橋對東和鋼鐵的發展深具時代意義。

對於認養修復百年古蹟虎尾鐵橋，侯貞雄義不容辭，承諾由公司捐贈約一千八百萬元，給雲林縣政府修復鐵橋工程。

二〇一五年九月九日虎尾鐵橋修復完成。在完工典禮上，侯傑騰無限感懷地說：「透過鐵橋的修復，除了能將過去祖父及父執輩的記憶傳承給子孫，並帶給下一代更好的環境，也為地區文化資產的保存，盡一份心力。」

提振藝文風氣

為了更積極提升文化藝術風氣，二〇一二年，東和鋼鐵成立五十年之際，創辦東和鋼鐵文化基金會，致力於培植藝術人才、推廣藝術教育、推動文創產業發展等，二〇一三年發起首屆「東和鋼鐵國際藝術家駐廠創作計畫」，之後每年邀請一位台灣籍、一位外籍藝術家進駐苗栗廠，運用廢鋼材進行創作，擦出工業與藝術之間的火花。

二〇一六年，基金會與高雄市政府共同主辦第八屆「高雄國際鋼雕藝術節」，邀請來自美國、日本、中國大陸、印尼、台灣等地的七組藝術家在駁二藝術特區現地創作，串連國際藝文網絡，帶動台灣藝文環境發展。
這些都是東和鋼鐵捐助的實績，而侯貞雄以個人或匿名方式捐助的，更是不計其數。

第二章　家庭是最初的學校

侯貞雄無私回饋社會，展現對人慈善的大愛精神，和從小接受的家庭教養有關。侯金堆夫妻不僅重視孩子的教育，而且樂善好施、熱心公益，無疑成為子女學習的榜樣。

侯王淑昭印象非常深刻，侯家子女自小就養成重視禮儀的好習慣，「結婚後，我發現侯家人每天早上起床見面時，一定會互相說早道安！」

侯貞雄的長子侯玉書也回憶說：「小時候，只要回到高雄阿公家，阿嬤一定會要我先洗手，然後帶我上二樓佛堂，向祖先、佛祖拜拜。」

從最基本的禮儀，侯金堆夫妻從小培養孩子對人的尊重，以及虔敬感恩的態度。

嚴格要求課業成績

侯金堆夫妻都是出生於日據時代的台灣人，無法接受良好的教育，但他們盡力栽培子女，讓一兒四女都能接受完整的高等教育。

侯金堆小時候不愛念書，常被父親責打，心有餘悸，因此反對體罰，對子女管教的態度並不嚴厲。但是，僅有小學畢業的他，對子女的課業成績要求卻非常嚴格。

「考試一定要第一名，連第二名都不行！」侯貞雄的大妹侯容華記得，父親對孩子學習的高標準，讓他們不敢鬆懈。

由於常年忙於生意和交際酬酢，侯金堆沒有時間關注孩子，督導課業的重擔完全落在妻子身上；侯傅秀英讀到高等科畢業，在重男輕女的傳統舊社會，除了因家庭環境許可之外，亦顯示她從小即聰慧過人。儘管平日對人慈愛，對於子女的教育，她扮演「嚴父」角色，一點都不馬虎。

要「弄獅頭」，不要「弄獅尾」

侯貞雄曾回憶：「六歲時，有一天我跟著附近的玩伴們一起去『弄獅陣』，我『弄獅尾』，當獅尾巴。事後媽媽知道時，痛打了我一頓。」

她生氣地說：「有什麼好玩！人家『弄獅頭』，你『弄獅尾』，跟著人家走。」

弄獅陣，即台灣俗稱「舞獅」，是中國大陸傳統的民俗遊藝。過去，父母教養孩子，總是灌輸「寧為雞首，不為牛後」的觀念，懵懂年紀好玩的侯貞雄，弄獅戲耍，媽媽就要他「當獅頭，不要當獅尾」。

侯貞雄的三妹侯素晴記得：「媽媽常說『龍頭做對的話，龍尾就會跟上來』，這句話就像是侯家的家訓。」

她說：「大哥從小就被媽媽要求，要做妹妹們的模範，他時時刻刻都把做侯家模範的責任放在身上，一直很努力，不讓自己變成被寵壞的小孩。」

侯傅秀英對孩子的教育處處用心，竭盡可能提供良好的讀書環境，更讓侯家子女從小到大出類拔萃，成為同儕中的佼佼者。

蓋違章小屋，改善子女讀書環境

「早年，東和行是一層樓的木造屋，空間很大，但在後半部有一間低矮的『半樓仔』（台語，樓中樓或小閣樓），」侯王淑昭說，她讀大學時第一次到侯家做客，對那間「半樓仔」印象深刻。

那是侯貞雄口中的「我們的小屋」，他說：「那間違章小屋，後來成為妹妹們的書房，是我和妹妹們能上大學的最佳讀書環境。」

小屋陪伴侯貞雄考上台大經濟系，四個妹妹也都有不錯的成績，大妹侯容華中興大學畢業；二妹侯惠育高中是實驗班、東海大學畢業；三妹侯素晴也考上台大外文系；小妹侯美玉則自靜宜大學畢業。在五、六〇年代，五個小孩全部接受高等教育，都有傑出表現。

侯素晴記得，高中時，她各科成績都不錯，唯獨數學不好，高中老師諄諄開導她說：「如果要上台大，一定要加強妳的數學。」

但是，侯素晴總覺得無法克服數學難關，數學成績一直不理想。大學考試前，正好侯貞雄回到家中，侯素晴於是向大哥訴說心中的難處。

「這有什麼困難！數學最簡單，它都有解題的方法，一定會有答案，」侯貞雄好整以暇地告訴她，「以後不管碰到什麼問題，只要朝著這個方向去思考，妳一定會成功的。」

在大哥的指導和鼓勵下，侯素晴加深了信心，一試中的，考上台大外文系。

培養觀察力與邏輯推理

大學聯考失利的侯王淑昭，回憶當年她的數學只考了二十四分，事後，她自我解嘲地對侯貞雄說：「如果我早一點遇到你，搞不好就可以考上台大。」

侯貞雄自己就曾說：「念書時，我的數學特別好，從小學到碩士，數學從來沒有考過九十分以下。」他認為，學習數學可以訓練觀察事物和邏輯推理，有助於增強對事情的判斷和分析能力，從數學解題之中，也讓他建立天下無難事的信念，鼓勵自己接受各種挑戰。因此，他非常重視孩子的數理表現。

「從小，他對我們課業的要求，就是數學一定要好，」侯傑騰的記憶猶新，「小時候，在飯桌上，爸爸就會考我數學題，從幾加幾等於幾開始，到背九九乘法表、算加減乘除……，再來就是，這台車每小時速度幾公里，從這裡到那裡要多少時間……。諸如此類，他總會出各式各樣的數學問題來考我。」

「我的手就在桌子底下這樣算，吃飯時都好緊張，」侯傑騰一邊用手指頭比劃，一邊笑著說。

從小讀書成績都不錯，侯玉書兒時對父親的記憶卻不太一樣。「他很少過問我的功課，都是媽媽在督促，她說不可以乙下，乙下等於被當掉……，」他露出笑容說著，「爸爸事業太忙、應酬太多，通常都是我們上床睡覺後，才會聽到他回家打開樓下大門的聲音；然後，聽到他走到我們房間的腳步聲，我總是在他打開房門的那一刻，閉上眼睛。」

瞇著眼假寐，侯玉書就是喜歡這樣，悄悄感覺父親站在門外往他們房內張望，感受父親對孩子的關愛。

教出兩個哈佛生

受到父母從小扎根教育的影響，侯貞雄夫婦也非常用心栽培兩個兒子。

侯貞雄自己從年輕時就一心要念最好的學校，後來果然到美國攻讀碩士，對於孩子他有著相同的期望，兩個兒子小學畢業後就被送到美國接受教育，希望他們長大能上美國最好的學校——哈佛。

一九七九年，侯玉書十一歲，這一年他小學六年級，被送到美國就讀。一開始，他念的是公立學校。

侯王淑昭經常到美國探視孩子，她發現，侯玉書幾乎每天下課後都在看電視，但是功課都得A，後來她才恍然大悟，原來美國公立學校教的東西太簡單了。

為了讓孩子受更好的教育，侯貞雄開始花功夫研究美國各地的學校概況。

他打聽得知，美國最好的高中是東北部一所私立住宿學校，根據統計，該校一年有一百三十至一百四十位畢業學生，約有二十位考上哈佛大學，顯見擠進哈佛大門的機會頗高。於是，侯玉書和小他三歲的侯傑騰，後來都被送到這所私立高中就讀。「哥哥的功課很好，但我卻一路『吊車尾』，」侯傑騰笑著回憶高中時的求學經驗。

最後，如侯貞雄所願，兩兄弟都進了哈佛大學就讀，但走上不同的道路。

不管做什麼，都要做那個領域最好的

侯玉書原本要念建築研究所，因此大學時選了建築系的預科——環境與視覺藝術系，意外地喜歡上藝術創作；加上當時媽媽侯王淑昭開了一間「春之藝廊」，他從小接觸畫作，認識許多藝術家，潛移默化中，決定走上藝術的路。

侯玉書說，侯貞雄並未反對他選擇藝術創作這條路，但令他印象深刻的是，父親告訴他：「不管做什麼事，做那個領域最好的就對了。」

身為企業的領航家，侯貞雄曾在接受媒體採訪時分享他的人生座右銘——擇善固執、Looking for the best。

他說：「把時時追求更好的境界放在心裡，並且努力去達成，不管是教育兒女或做事業都一樣，思考觀念都要往好的方向去走，才能去蕪存菁。」

一九九二年，侯玉書大學畢業後兩年，第一次在台灣開畫展，他笑著說，「我第一次『出道』時，外界就很好奇，我從事藝術創作是否經過一番家庭革命。」早年，對於他接不接班的問題，也特別受到關注。

對侯玉書的決定，侯貞雄似乎無從置喙，但相對來說，侯傑騰的人生選擇，他多了間接主導的意味。

養成對知識的興趣

「我很清楚他希望我念經濟系，」侯傑騰說，當他被哈佛錄取時，侯貞雄關心他未來科系的選擇，他即明確表明不會念數理、化學等理工科學類系所，會選擇社會科學類。

侯貞雄立即回應他說：「你想念社會科學類，你數學不錯，經濟系是不錯的選擇。」因為經濟系要念很多統計學，跟數學關係比較多。

「比如說這個，」侯傑騰從書架上拿出一本英文書*The Worldly Philosophers: The Lives, Times And Ideas Of The Great Economic Thinkers*（中譯本為《俗世哲學家：改變歷史的經濟學家》），「我要進大學時，他就先去買這本書給我看，裡面有幾位很重要的經濟學家，像亞當．斯密、馬克斯、凱恩斯等六位偉大的經濟思想家……」

「他最愛的就是自由經濟學者亞當．斯密，」侯傑騰接著說：「他會跟我聊或討論他的經濟觀點，還會用最基本的概念解釋，例如：一個做衣服或鞋子的生產者，做太多了，東西就變得很便宜……，市場的供需是要放手讓它自己去平衡……」

侯貞雄不僅是亞當．斯密的忠實信徒，也儼然成為這位哈佛經濟系高材生的自由經濟學啟蒙老師。

侯傑騰如父親所願，就讀哈佛大學經濟系，一步一步走向接班人養成之路。

侯王淑昭和侯貞雄曾在媒體上強調，要教孩子「價值觀和責任感」，因為這是從孩子出生就要逐漸養成的。等孩子有了這兩樣基礎，父母就可以放手讓孩子獨立成長。

身為忙碌的企業家，侯貞雄認為，父親給孩子的基礎就是誠實，凡事「懂就是懂，不懂就是不懂」，要有真正面對問題的態度。

他認為，「最重要的是內在的訓練，訓練認識問題、解決問題的欲望，培養他們追求知識的興趣，這才是人生中最珍貴的寶藏。」

第三章　以一己之力彌補學術教育缺口

「先父自幼家境貧寒沒有辦法讀書，所以對追求學問非常渴望，他認為念書是最重要的知識來源，」侯貞雄為文感念父親時指出，勤學習，是侯金堆人生的原則。

侯金堆夫婦不僅關心自己孩子的教育，還能推己及人，經常自掏腰包幫助其他需要幫助的小孩，讓他們接受良好的教育。

「大哥有一位高中同學家境貧困，沒有錢繳學費，他向爸媽提及，他們二話不說，就慷慨解囊，供應他所有學費直到高中畢業為止，」侯容華清楚記得六十年前的往事，她對父母和大哥的善舉，佩服不已。

對於員工的子女，侯家也同樣默默付出。

在東和鋼鐵南遷高雄時，侯金堆開始以轎車代步，楊勝吉是他的第一個司機。八〇年代中期，楊勝吉過世後，他的長子楊量棋當時才高一，侯傅秀英每年私人贊助兩萬元，供楊家三個子女高中到大專期間的學費，直到她過世為止。

一九七五年，侯金堆過世後，為了感念父親一手創辦東和鋼鐵，侯貞雄成立「財團法人侯金堆先生文教基金會」，並設立侯金堆獎學金，針對各大專院校理工科系及高中、高職和嘉義六腳鄉等學校清寒好學、品學兼優的青少年，頒贈獎學金，以鼓勵向學。

然而，隨著台灣經濟的成長，在大環境變遷下，台灣家庭收入逐漸富裕，社會上因貧困而失學的情形愈來愈罕見，加上許多同質性的獎學金日益普遍，侯金堆獎學金改弦易轍，轉為以企業發跡地──嘉義縣六腳鄉內的六嘉國中，做為獎助對象，每年提供資金發展軟、硬體教學計畫，以嘉惠全校學生。

後來，長年關心教育的侯貞雄也意識到，基礎科學和基礎科技，是台灣產業升級、邁向現代化的根本所在，但過去幾十年來，一些從事基礎科學及基礎科技教育、研究和推廣的學術界人士，對台灣產業經濟發展貢獻卓著，卻較少被鼓勵。

「基礎科學的研究工作，是一條寂寞漫長、清苦單調的路，但其成果又大多屬於人類所共有，這些具有獻身精神和人類大愛者，最值得鼓勵與讚揚，」侯貞雄剴切地說。

因此，他決定將侯金堆獎學金的獎勵對象，提升為長期默默投身基礎科學領域的教育及研究工作而且成績優異的人。

推動學術研究

一九九一年，侯貞雄創設了「侯金堆傑出榮譽獎」，榮譽獎獎項分成基礎科學類、材料科學類、金屬冶煉類以及環境保護類；到了一九九二年，基礎科學類再區分為數理類和生物類，榮譽獎得主增至五位。

為了順應環保趨勢的發展，並呼應且積極鼓勵以鋼結構做為綠建築的重要指標，二〇〇六年再增設綠建築類，以獎勵對鋼結構綠建築的設計、推廣與應用有重大貢獻者，使得榮譽獎每年得獎者名額再增為六位。

侯金堆傑出榮譽獎的得獎者，每位可獲得榮譽獎牌和榮譽獎金四十萬元，每年發出的獎金高達數百萬元，可說是企業界捐助學術界最大的獎項。

「在二十幾年前，四十萬元獎金在學術界來說，為數不小，」侯金堆基金會執行長何長慶說，後來每位得主的榮譽獎金提升為五十萬元，二〇一六年再提高到六十萬元。

談到這個獎項的設立緣起，侯貞雄豪情地表示，「台灣的民間企業已能、也必須承擔我國學術研究推動的部分責任，此一意義十分重大，這是台灣未來學術發展的重大憑藉。」

拋磚引玉培養人才

侯金堆傑出榮譽獎成立至今已逾二十五年，得獎人近一百四十位，包括許多現今的學術界名人：中研院院士李鎮源、暨南大學前校長李家同、台大醫學院前院長陳定信、交通大學前校長張俊彥、環保署前署長蔡勳雄、田中央聯合建築師事務所建築師黃聲遠……，累計捐獻資金近億元。

多年來累積的公信力，每次侯金堆傑出榮譽獎的競爭都十分激烈，得獎者上台領獎時經常說：「有如獲得小諾貝爾獎的感覺。」

侯金堆榮譽獎的遴選和頒獎，可謂學術界一年一度的盛會，連國外學者都有興趣參選，許多人也建議應該國際化，但是侯貞雄更希望能夠發揮拋磚引玉的作用，「我走一段，留給後人走一段，讓這件事能永遠走下去。」

一九九三年，榮獲第三屆侯金堆傑出榮譽獎材料科學類獎的清華大華前校長陳力俊，和侯貞雄認識二十餘年，其後亦擔任侯金堆基金會董事多年。

陳力俊曾擔任中國材料科學學會理事長，由於鋼鐵也是材料的一部分，他說：「學會因為經費有限，辦活動都需要企業界贊助，早年侯先生對學會活動向來都很支持，也是最慷慨贊助的企業之一。」

陳力俊相當感佩侯貞雄，認為他不僅是成功的企業家，還能開風氣之先，提供高額的獎金獎勵優秀學術界人才，胸懷遠大。

不遺餘力扶植冷門科學

難能可貴的是，侯貞雄堅持扶植冷門學術領域的心，始終不變。

在高科技日益發達的時代，傳統產業逐漸不受重視，願意從事冶金技術的研究人才愈來愈少，金屬冶煉科學也愈來愈冷門，有時在侯金堆傑出榮譽獎甄選時，報名競逐者僅兩、三人，因此曾有基金會董事成員提議，廢止金屬冶煉類獎項，或是改為隔年選拔一次。

「但侯先生堅持每年維持這個獎項，因為冶金技術是東和鋼鐵的老本行，可以看出他不忘本、要精進產業的執著和用心，」陳力俊由衷敬佩。

「企業經營難免會有不順利的時候，有幾年營運狀況不佳，但他仍持續推動榮譽獎項，始終維持回饋社會的初衷，」陳力俊說，「他很重視這個獎項，每次都會出席主持頒授儀式，和得獎者一起分享喜悅。生病後，即使坐著輪椅，他也會親自參與盛會。」

回饋母校不忘本

侯金堆的故鄉是嘉義縣六腳鄉，他畢業自蒜頭國小。過去在蒜頭國小有一座「育英堂」，是侯金堆等人因感念學校作育英才，贊助興建的。

蒜頭國小創建於一九一一年，在一九八一年、七十週年校慶時，本著飲水思源的感恩之心，東和鋼鐵捐贈五百多萬元，在當地蓋了一座可容納十萬冊以上藏書、設備完善的現代化圖書館，命名為「東和圖書館」。

侯貞雄也以回饋母校孕育之恩的心，在二〇一〇年嘉義高中科學大樓改建時，捐出八百一十八公噸鋼筋、兩百一十一公噸型鋼，換算市值約一千八百三十萬元，新的科學大樓並在二〇一一年四月落成啟用。

從這些點滴，在在可以看出他以教育為根本，展現社會企業家的無私精神。

第四章　投資無形價值

二〇一〇年六月十二日，那天是清華大學的畢業典禮。

下午兩點半，侯貞雄走進清大綜合大樓八樓的國際會議廳，「頒授侯貞雄先生名譽博士學位典禮」斗大的字樣，掛在講台後方的紅色布幔上。

身著大紅帶黑色的博士服、頭頂著四方帽，侯貞雄從當時的清大校長陳力俊手中，接下清華大學名譽工學博士學位證書，雙手握著這幀加了框的證書，他的內心悸動不已！

受邀成為清華人

「兩個月前的某一天，接到陳力俊校長的電話，邀請我成為清華人，我深為感動，」侯貞雄在頒授名譽博士典禮上說。

「在取得印第安納大學經濟碩士學位後，我選擇這一門課——企業經營，這條路（博士學位），直到今天走進清大，足足花了我四十五年。」

把時間的指針往前快轉，回到一九六五年，當時二十六歲的侯貞雄，徘徊在印第安納大學校園。

同樣是畢業典禮的季節，黃昏時分，晚風徐來，他靜靜聆聽校園裡的鐘聲，心裡卻掙扎著：「要繼續攻讀博士學位？或是就此結束學業、開始工作？」

最後，侯貞雄選擇先工作一段時間，再繼續進修。未料，在父親的要求下，他匆促回國接下家業、結婚成家。

「我要在企業經營成就上拿到博士！」骨子裡有股不服輸精神的侯貞雄，曾經這樣對黃依仁說著自己的雄心壯志。

多年來，黃依仁看著侯貞雄一步步把家族事業從拆船業轉型為鋼筋廠、H型鋼廠，成為台灣民間最大的鋼鐵廠，才逐漸明瞭他的志向。

提升學術與產業水準

侯貞雄成為清大第二十四位名譽博士，而年逾七十歲獲得這個榮譽，無疑是對他人生成就最大的肯定。

有趣的是，侯貞雄年少時原本想當工程師，因為聯考制度，陰錯陽差考上了經濟系；接連取得經濟學士和碩士後，走上企業經營之路，在鋼鐵工業和財經領域獲得重大成就，四十餘年後因而拿到工學博士，算是間接完成年少時無法進理工科系的心願。

陳力俊說：「清大名譽博士必須獲得學校的名譽博士審查委員會通過，對於侯先生長期對社會的貢獻深為感佩，且以他在企業的努力成果有目共睹，獲得全數委員通過同意授予博士學位，確是實至名歸。」

清大名譽博士候選人必須具備幾項條件，例如：在學術或專業領域有特殊成就，或對人類福祉有助益、有貢獻者，或對清大有特別重大貢獻者。

陳力俊尤其推崇的是，侯金堆先生文教基金會設立「侯金堆傑出榮譽獎」，以獎勵獻身基礎科學、材料科學、金屬冶煉、環境保護以及綠色建築五大領域中，從事教育研究工作貢獻卓著的人士，對提升台灣科學研發及產業技術升級，影響至巨。

他特別提及：「侯金堆榮譽獎成立逾二十五年，總共有一百多位得獎者，清大教授就占了二十四位，是各校中獲獎最多的。」

為台灣留住人才

侯貞雄對清大的貢獻，不只如此。

陳力俊和侯貞雄已有二十多年交情，他接任清大校長後、籌措財源時，首先就想到侯貞雄，於是他誠懇地向侯貞雄提到校方辦學的困難之處，希望得到企業協助。

「什麼樣的捐助計畫，對學校幫助最大？」侯貞雄開門見山地問陳力俊，希望往「捐款用途對清大最有幫助」的方向發想。

百年來，清大培養出許多傑出人才，在科技界或政治界，都有相當卓越的表現。另外，根據英國《泰晤士報高等教育專刊》於二〇〇九年公布的世界大學評比，清大在教師規模七百人以下的大學評比中，排名全球第十一。

侯貞雄認為，在兩岸大學中，台大、北大、清大都是頂尖學校，其中台大、北大屬於大型學校，而清大則是重視品質、小而美的精緻大學，更加難能可貴。因此，對於清大的成就，他相當崇敬。

但是，受限於國內僵化的人事制度，和長期以來政府經費不足的窘況，各大學很難有空間聘任傑出的學術人才，加上大陸、香港與新加坡等地頻頻大力挖角，使得台灣競爭力備受威脅。

創清大個人最大捐獻

「我經營公司時特別重視吸收菁英，重視人才的培育與交流，」侯貞雄從自己經營企業的心得，談到治理學校的方法：

「清大過去因為有庚子賠款ｌ資金挹注，有機會請到一流人才教學，但現階段台灣的制度，對優秀人才沒有吸引力，長期是利空。」

二〇一〇年八月三日，侯貞雄以個人名義，捐出新台幣兩億元給清大，成立「侯金堆資深講座」及「侯金堆講座」，使學校可以積極留任及延攬國際優秀人才，提升學術研究水準，例如：美國伊利諾大學電機系教授鄭克勇和謝光前，以及獲得「終身榮譽國家講座」、已經退休的教授陳壽安，均獲聘於清大任教。

「能一次聘請到兩位美國名校正教授回國任教，在台灣非常少見！」陳力俊說。

這筆捐贈的意義重大，除了金額之高，是清大在台建校以來個人捐贈最多的，捐贈資產的類型，更是開創風氣之先。

有意義的事就值得做

長期以來，企業對學校的贊助多半以硬體建設為主，因為硬體設施顯而易見，相對而言，無形的軟性投資或捐贈在台灣社會則並不多見。

然而，侯貞雄認為，「有意義的事情就值得去做。」

「他是位偉大的企業家，能做企業表率慷慨捐輸，幫助清華大學朝學術卓越的頂尖大學邁進，」陳力俊相當推崇侯貞雄，當年並建議用「侯貞雄講座」來命名，以表彰他所樹立的典範。

對於清大校方的好意，侯貞雄慨然拒絕。

「學問是共同的，真理是大家的，非常高興身為清大的校友，能參與這個歷史悠久且對遠景有遠大抱負的優秀團隊，一起共同努力。」

在獲頒清大名譽博士時，侯貞雄引用美國最成功的籃球教練伍登（John Wooden）的名言，送給畢業生：「Talent is God-given, be thankful. Fame is man-given, be humble. Conceit is self-given, be careful.」

他用中文闡釋：「天資，是上帝給的，要感謝；名譽，是別人給的，要謙虛；自滿，是自己給的，要小心。」

這幾句金玉良言，不僅是他對莘莘學子的勉勵，也是他修身自省的深切期許，更是他數十年來做人處事最好的寫照。

1. 一九〇〇年（庚子年），清末爆發義和團運動，大殺基督徒及外國人士，後來被八國聯軍出兵打敗。清廷在一九〇一年九月七日與庚子事變相關國家簽訂《辛丑條約》，賠償各國出兵費用，是為庚子賠款。其後，美國退回多索之庚子賠款並訂立協議，將退回款項用於發展中國大陸的教育文化事業。

第五章　最喜悅的「損失」

一九五八年，侯貞雄考上台大經濟系，成為台灣最高學府的新鮮人。

他回想第一次走在台大椰林大道時的心情：「看到遠處的青山、高聳的椰樹、宮廷式建築，即將要在最高學府探討智慧的泉源，內心很激動。」

未料不到一年，台大校方擬定新政策——經濟系搬到徐州路法學院上課。

重返台大校總區

那年在台大校總區上完最後一堂課，走出校門時，侯貞雄內心喊著：「有朝一日，有辦法的話，我一定要回來！」

二〇一三年五月十一日，台大舉行社會科學院（以下簡稱社科院）新大樓落成典禮，會場內，數百位賓客齊聚一堂。當天，室外滂沱大雨，卻澆不熄與會者的熱情。

與會貴賓都是學術界、企業界的重要人物，除了台大前、後任校長楊泮池、李嗣涔、孫震、陳維昭等，以及台大師生外，還有其他捐贈者，如：工商大老辜振甫夫人辜嚴倬雲、台灣水泥董事長辜成允、國際文教基金會董事長劉介宙，以及和碩科技董事長童子賢等人。

侯貞雄台大經濟系同學，當時的新台灣國策智庫董事長吳榮義、前經建會主委胡勝正，以及經濟系系友侯金英、邱正雄、許嘉棟、陳博志、何志欽等，曾在財金領域擔任要職的重量級人物，也都列席參加。

侯貞雄在獲邀致詞時，這樣開場：「今天是非常興奮的日子，千呼萬喚，終於看到新大樓落成。」

這時候，距離當年他許下「一定要回來」的願望，已經將近五十五年。這期間，他為了讓學弟妹重返校總區、踏上椰林大道，所展開的重建路程，前後花了近十年。

早餐演講慨然捐款

故事的開端，要拉回到二〇〇四年十月二十三日。

那時，侯貞雄以工總理事長身分，應邀出席台大經濟系校友早餐會進行演講，因得知社科院遷址經費短絀，於是當場承諾，捐出兩億元價值的鋼骨結構，做為經濟系遷院之用。

「There is no free lunch. But breakfast is much more expensive.（天下沒有白吃的午餐，但早餐更貴。）」幽默的侯貞雄一上台便如此說，瞬間，台下爆出一陣大笑。

身為企業經營有成的校友，侯貞雄同意捐獻八千萬元現金和價值約一億兩千萬元的七千五百公噸鋼材，協助台大經濟系及社科院遷建系所，這樣大手筆的捐輸，後來被經濟系早餐會的主講者奉為「榜樣」。

陳維昭當時形容，侯貞雄的「臨門一腳」，終於讓社科院遷院計畫塵埃落定。因為事業成就非凡，加上對校方貢獻卓著，二〇一一年，侯貞雄獲頒台大傑出校友。

社科院由徐州路遷回校總區的計畫，自前校長孫震一九八四年接任後即開始推動，期間經歷了五任校長，一直到落實完成，整整歷時二十九個年頭。

然而，和台大簽約五年後，社科院都未動工，唯有鋼價在這段期間一再飆漲。從二〇〇四年簽約到落成為止，近十年時間，台大在鋼筋漲了一倍時才用到鋼材，當年價值兩億元的鋼筋已變成四億元。二〇一〇年三月二日，台大社科院終於舉行動土典禮，直到二〇一三年五月落成，侯貞雄捐出的鋼材金額倍增。

鋼價上揚導致捐贈成本拉高，而且，隨著工程變更，鋼材使用量增加到八千一百公噸，現金捐贈也提高到九千萬元，並投入社科院內經濟系圖書館興建與裝修。累積捐出的現金，加上鋼材折算市價，高達三億三千多萬元。

期能頤養賢人

當年來自台大校友和各界人士的捐贈，總額超過八億元，東和鋼鐵成為台大社科院遷院工程中捐贈金額最大、最重要的捐助者。然而，在台大社科院各大樓中，卻看不到以「東和鋼鐵」或「侯貞雄」命名的建築物。

以捐款人為名的建物，在各大學到處可見。事實上，校方也曾徵詢侯貞雄，是否仿照這個方式以茲紀念。但侯貞雄的邏輯思維明顯不同，他婉拒留名，而是留下深深的期許。

在社科院東側的行政與研究大樓牆上，有三個金屬打造的大字「頤賢館」，就是侯貞雄所命名。

喜歡讀《易經》的他說：「頤賢兩字，取自《易經．頤卦》中的『頤養賢人』，藉以鼓勵學子努力樂善推賢，以養天地之心。」

「『頤賢館』三個字的原形，是侯先生用鋼筆臨摹大書法家王羲之的字書寫而成，」認識侯貞雄夫婦三十餘年的大觀視覺顧問公司創意總監曾堯生說，侯貞雄不僅親自題字，「頤賢館」掛牌當天，他也親自到場，顯見他重視的程度。

莫忘追尋生命意義

台大社科院由知名的日本當代建築師伊東豊雄設計，是一棟充滿生命力的建築物。凡事追求卓越的侯貞雄，對這一點非常高興：「他的作品最重要的意涵，是告訴台大年輕學子，在追求科技和知識寶庫之際，莫忘追尋生命的意義。」

侯貞雄一生熱愛生命，不斷追尋使命，社科院在二〇一四年八月二十六日於頤賢館舉行「入厝典禮」，侯貞雄因病無法親自出席，雖然不無遺憾，心中卻充滿祝福。

正如一年多前社科院完工典禮上，侯貞雄在致詞結尾所傳達的美好信念：

「詩人徐志摩筆下的〈再別康橋〉，英國劍橋大學康河（River Cam）景色優美，美國哈佛大學查爾斯河（Charles River）畔，夕陽晚鐘令人迷戀，但這些國際頂尖學府的美景，都比不上我心中孕育我成長的母校之美。」

他相信，「做為台大人，今後從椰林大道漫步到社科院，這條知識探索的旅程，會是人生最值得紀念的一幅畫。」

第十部

傳 承：永續創新基業長青

第一章　交棒與傳承

二〇一四年六月十八日，東和鋼鐵在苗栗廠舉行一年一度的股東常會，而一場世代交替的董監事改選也正在進行中。

侯家第三代、四十三歲的侯傑騰，在改選後隨即召開的董事會中，被推選為新任董事長，成為台灣鋼鐵業最年輕的董事長，侯貞雄則被推舉為榮譽董事長。

勇於嘗試的冒險精神

一九七七年，侯貞雄一手打造的高雄廠第一套二十公噸電弧爐完工試俥。那一年，侯傑騰六歲，第一次看到燒得紅通通的電爐，但他一點都不害怕，小小年紀就圍著大人身邊轉，好奇地直問：「這是什麼？那是什麼？」

這對父子，有著異常相似之處，就是同樣勇於嘗試新奇事物。

侯貞雄曾經很得意地對媒體說：「有一次我到美國，剛學會開飛機的二兒子要載我到空中翱翔，我硬著頭皮答應了。」

「我小時候比較活潑、好動，」侯傑騰露出微笑說，高中時，他曾在美國學習駕駛小飛機，「是那種一個螺旋槳的小飛機，他還坐過我開的小飛機，其實他滿支持的。」

「現在回想起來，有點可怕，如果換成我的小孩跟我說要學開飛機，我大概會說『NO！』」侯傑騰哈哈笑著，搖了搖手。

大學畢業時，侯傑騰為了考驗耐力，曾經近似瘋狂地從溫哥華騎腳踏車到洛杉磯，花了三十天，進行三千公里長征。旅程中雖然幾度想要放棄，但最後還是完成了這項壯舉。不服輸的個性，頗有乃父之風。

見習、打工累積資歷

事實上，侯貞雄很早就有計畫地栽培侯傑騰。

「剛買下八德廠時，我才十五歲，」侯傑騰說，十歲時，就被父親送到美國求學，假期回台灣時，最常被爸媽帶去的地方，就是桃園工廠。

一九九〇年，侯傑騰高中剛畢業，在等待進入哈佛大學期間，「他就派我去日本日商岩井公司實習，長達七個月，」侯傑騰記得，當時他分別在機械和原料兩個部門見習。

一九九一年，侯傑騰上大學後，苗栗H型鋼廠開始興建，他暑假回台灣時，就被派到苗栗廠見習，和員工一起住鐵皮屋。

大三時，侯傑騰申請到美商高盛（Goldman Sachs）投資銀行打工八個星期，因緣際會，得到麥肯錫顧問公司面試的機會。

一九九四年，剛升上大四，他就連闖七關面試，順利得到麥肯錫的工作。「十月份，我就收到麥肯錫的錄取通知，要我畢業後回台北麥肯錫上班，」他說。

大部分人得知這個消息時，反應都是：「哇！你怎麼這麼厲害！」恭喜聲不停。

但當侯傑騰興奮地告知父親時，父親的反應卻相當淡然，兩相對照之下，「他似乎不太高興！」侯傑騰坦承，當時有些小小失落。

儘管侯貞雄並未反對，但侯傑騰覺得，「他當時的心情，應該是擔心我會不會像哥哥一樣，去做別的事情。」他感受到父親似乎擔心沒人接班的問題。

在麥肯錫歷練兩年後，侯傑騰原本想回商學院攻讀碩士學位，但侯貞雄對他說：「你在麥肯錫做的事，已經像在商學院念的東西了，麥肯錫幫人家分析、建議，畢竟都是比較理論，應該做一些實務的事情，要不要考慮回公司？」

金融風暴，體驗真實世界

一九九七年，侯傑騰進入東和鋼鐵，從財會部課長做起。然而，剛上班沒多久的侯傑騰就遇到一場震撼教育——亞洲金融風暴，提早進入實務交易的真實世界。幸好，侯貞雄一步一步帶著他成長。

「我在財會部負責買外匯，五月回來上班，八、九月就發生亞洲金融風暴，泰銖、印尼幣都大貶，新台幣壓力很大，」侯傑騰回憶當年的情況。由於公司向國外採購鋼胚和廢鋼原料需要很多美金，新台幣若貶值，成本就會暴增。

那時已進入網路化時代，侯傑騰白天操作外匯市場，晚上吃完晚餐後，繼續和侯貞雄討論，「他看電視，我還要把電腦打開跟他說：『日幣多少錢、德國馬克多少錢……』，」他笑著點出父親的用意：「這就是他希望我進入這個行業的真實世界！」

買賣外匯、原料練膽

「本來我都是被教導，用一百萬、兩百萬美金跟銀行敲單，但那個時機，他就說：『要大膽啊！一下就要用兩千萬美金去買！』」那時才二十六歲的侯傑騰，當下不禁咋舌。

「他是做大生意的人！」侯傑騰分析侯貞雄的性格，「以前是買一艘船可能賺一艘或賠一艘的時代，那種交易就像在決生死一樣，生意的輸贏很大，有點『賭』的意味。」

但是，「他很清楚，下一步就是要我去買廢鐵，」侯傑騰說，在財會部歷練一年半之後，他就被調任為資貿部高專，負責買廢鐵、買鋼胚，「對他來說，要經營鋼鐵這個行業，最重要的就是要懂外匯，要會買廢鐵。」

以前負責買賣資材的資貿部就在侯貞雄辦公室外面，「他常會跟資貿人員聊：你們在做什麼交易、在跟誰買、買多少錢、合理不合理……」侯傑騰說，「他不是每一筆交易都要下指導棋的人，當然也會放手讓我們做，我們只是每一週、每個月會先談好大原則，例如：多少錢可以買。」

「但是當行情有大變化時，他就會介入，告訴你要多買或者現在不可以買，這方面他非常敏感，」侯傑騰佩服地說。

豪氣決勝負

因為時代背景的不同，過去只要抓到機會，搏一下就可能大賺，經歷過大起大落的行情，造就了侯貞雄霸氣的性格。

「以前廠長經常打電話來說：『原料不夠了、下個月會斷炊、要考慮下手買了……』但他都霸氣地說：『不要擔心，原料絕對沒有問題！』」侯傑騰說，「因為他還在等，等廢鐵行情一下來就大買，一出手就買三個月的原料。」因此，以前侯貞雄經常和工廠的人有不同的看法，甚至出現衝突。

財會部副總經理董伯勳經手過廢鐵交易，也最能體會。

一九九五年間，有一次侯貞雄即將出國前，預判廢鐵行情會下跌，他叮嚀當時的資材部課長董伯勳：「千萬不要再買！」

但工廠廠長一再反映庫存不足，董伯勳堅持：「老闆交代不能買！」當時負責生產管理的某位執行副總經理卻拍胸脯說：「有事我負責！」

迫於壓力，董伯勳只好無奈地下單買了廢鐵。

消息靈通的侯貞雄很快便得知此事，撥了越洋電話，劈頭就罵：「明明交代你不要買，你還買！」

事後，董伯勳聽在香港現場的同事說：「老闆在電話另一頭暴跳如雷，氣得全身發抖。」

「後來，行情真的下跌，他的判斷真是精準！」董伯勳至今仍忘不了那次的經驗，心中佩服不已。

一步一步驗收，走上接班之路

侯傑騰形容，「他就是以豪氣決勝負的人。」

不過，「有時價錢賭對了，但在生產上面會犧牲，而若庫存吃緊便可能影響產銷，」個性相對謹慎的侯傑騰說得坦白：「經營一家大工廠，需要穩定的料源以供生產，管理運作模式截然不同。」

由此可以明顯看出，父子兩人在管理風格上的差異。

在侯貞雄精心安排培養下，侯傑騰先後歷任資材部高專、苗栗廠副廠長、營業部協理、財會部副總經理等職務，經歷主導公司營運的採購、生產、業務、財務等部門洗禮，一步一步走上接班之路。

二〇〇三年，侯貞雄接任工總理事長後，更逐步放手。

二〇〇六年，侯貞雄拔擢侯傑騰為執行副總經理，負起經營管理重任，同時賦予新桃園廠擴建的重要任務。

侯傑騰能通過父親的考驗，關鍵就是桃園新廠擴建案，從找土地、找設備商到和設備廠商簽約，都是由他挑起重擔，也是侯傑騰的第一張成績單。

二〇〇九年十月，桃園新廠興建工程正如火如荼地進行，七十歲的侯貞雄，衣缽傳子，卸下執掌三十四年的總經理職務，交棒給培植了十二年的接班人——三十八歲的侯傑騰。

雖是企業第三代，但在侯傑騰身上看不到一絲一毫公子哥的驕氣，個性沉穩、謹慎，自信中帶有一份謙遜。從小在美國受教育，崇尚美式管理作風，又保有傳統台灣家族企業的親和與人情味，一點一滴凝聚成為他獨特的領導風格。

上任不久，這位鋼鐵業最年輕的董事長就推出六十秒的電視廣告，宣傳耐震鋼材規範的重要性。

這是台灣鋼鐵業的第一支廣告，是業界創舉！

「時代真的不一樣了，賣鋼材也要做廣告，才能跟得上時代！」執行長侯王淑昭說，對第三代接班人能與時俱進，充滿信心。

布局海外，扎根東協

「我的祖父只有小學畢業，投入拆船事業後，從原本只跟日本人做生意，開始進入講英文的世界，跟上了潮流，走向國際化；後來，送父親到美國留學，更發現英語世界的不同，」侯傑騰說，「我父親自己到美國留學，也希望他的兩個孩子去美國最好的學校，就是去念哈佛。」

在侯傑騰眼中，祖父和父親兩個世代的管理者，都有國際化的企業經營思維，奠定本土家族企業走上現代化國際大廠的格局，成為國際化的先驅。

身為第三代的他，則集其大成，並發揚光大。

二〇一五年十月，東和鋼鐵董事會通過投資十四億元，併購越南富國鋼鐵公司股權。富國由當地台商經營，但僅有煉鋼生產線，年產鋼胚一百萬公噸，二〇一二年開始投產，成立已有近十年時間，卻處於連年虧損的狀況。

二〇一六年一月，東和鋼鐵取得富國鋼鐵後，立即成立軋鋼擴建委員會，把技術帶到越南，再加碼投資逾六億元，擴建鋼筋生產線，年產六十萬公噸鋼筋。

當時出任富國鋼鐵董事長的黃炳樺說，「我們在越南賣的鋼胚價格，比台灣的鋼筋價格還高。」鋼胚，是做成鋼筋的半成品。

這是侯傑騰的第一個海外投資案，才完成收購就看到投資效益，原本虧損的富國鋼鐵，從二〇一六年第一季就開始賺錢，繳出亮眼的成績單，讓他猶如吃了定心丸。

越南公司能快速轉盈的關鍵是，「我們做的是最熟悉的事，」侯傑騰信心滿滿地說。

二〇一六年九月，越南富國正式更名為東和鋼鐵越南責任有限公司，東和鋼鐵的企業版圖成功跨越南海，在東協扎根。

第二章　台灣第一座沒有加熱爐的鋼筋廠

東和鋼鐵曾是台灣最大的鋼筋廠，主要供應北部鋼筋市場，享有較高的價格優勢，且以直銷及長期合約訂單（長單）為主，稱霸北台灣，市占率居台灣第一。

然而，二〇〇七年之後，東和鋼鐵在鋼筋市場的競爭力已明顯下滑。

二〇〇五年至二〇〇七年間，全球鋼鐵市場在中國大陸需求的帶動下，形勢大好，東和鋼鐵在這三年間，營收不斷創下新猷，逐年突破兩百億元、三百億元以及四百億元大關，二〇〇七年的稅後淨利更達四十三億八千萬元，每股稅後盈餘四．八元，全數創下歷史新高。

中山大學財務管理系教授劉德明分析，當時東和鋼鐵兩大主力產品型鋼和鋼筋，銷售產值以型鋼略勝一籌；至於獲利，也是型鋼占絕大部分，鋼筋部分甚微。然而，型鋼獲利雖佳，主要是因為國際行情暢旺、外銷價格好，但國際行情變化快速，影響獲利穩定，因此，若要保持營運穩健，一定要靠鋼筋的績效。

東和鋼鐵位於桃園的八德廠，當時是台灣最老的鋼筋廠，有五十公噸電爐，鋼胚年產量六十萬公噸。自一九八六年六月購入後已營運二十年，設備非常老舊，生產效率低，鋼筋加工成本相對沒有競爭力。而另外一座在高雄的鋼筋廠，則是單軋廠，沒有煉鋼設備，必須外購或從苗栗廠運送小鋼胚到高雄廠，成本較高。

還有一個現實的考量是，隨著台灣都市化的發展，八德位於都市計畫區內，因鄰近地區人口稠密，日益繁榮，加上運輸車輛進出頻仍，對附近交通及環境影響至巨，和當初設廠環境已不可同日而語。

因此，為配合都市整體發展，降低八德市都會區環境的衝擊，遷建工廠已勢在必行。

固守鋼筋市場

但，新廠要生產什麼產品？東和鋼鐵內部曾有過一番熱烈討論。

台灣鋼筋牌價在二〇〇七年年底，每公噸大約兩萬兩千元，達到歷史新高。劉德明指出，依照當年度年報數據，八德廠的營收接近一百億元，因廠房設備折舊費用非常低，「營業毛利率還有八．二三％，稅前淨利接近五億元，稅前淨利率約五％，那是桃園八德廠獲利的歷史新高！」

如果要蓋一座全新的傳統鋼筋廠，光是廠房設備就至少要五十億元，以十五年折舊計算，一年折舊費用就要多三億三千萬元，毛利率將不到五％，再扣掉利息費用等，稅前淨利率不會超過三％。

「在鋼筋價格漲到接近歷史高價時，新的傳統鋼筋廠不可能增加公司價值，當鋼筋價格回跌時，老舊的八德廠肯定要賠錢，」劉德明點出當時的左右為難。

公司部分幹部就建議，若八德鋼筋廠停產，乾脆退出北部鋼筋市場，切入當時毛利較高的特殊鋼市場，或是擴大生產當時的主力——型鋼產品。

但侯貞雄認為，台灣小鋼胚自給率仍低，每年不足數量至少在一百萬公噸以上，應繼續生產鋼筋，蓋一座新廠以取代舊八德廠的產能，滿足台灣北部鋼筋市場需求，多餘的鋼胚則可供給市場需求，填補供給缺口。

「鋼筋的附加價值較低，但新廠也能開發其他高附加價值的產品，例如：超高拉力鋼筋，努力擴大經營版圖、提高競爭力，仍有賺錢的可能，」侯貞雄不輕言放棄鋼筋市場。

最後他裁示，新廠仍以鋼筋產銷為主，而為了提升生產效率，勢必也要更新廠房設備並遷廠擴建。二〇〇六年六月，東和鋼鐵成立新桃園廠擴建委員會，由侯貞雄擔任主任委員，執行副總經理侯傑騰為副主任委員，一肩擔起新桃園廠擴建要務。

土地取得困難重重

產品定案了，但工廠要落腳何處？

台灣的鋼筋廠主要集中在中南部，但是北部的鋼筋需求量比較大，當時東和鋼鐵八德廠是唯一在桃園以北的一貫作業電爐鋼筋廠。

由於鋼筋重量重，運輸價格昂貴，桃園八德廠在地理位置上長期占優勢，若在桃園郊區設新廠，銷售上並無問題。此外，還有一個重要考量是，八德廠員工大多居住在桃園附近，若新廠選在桃園附近，對員工的影響較小。

「那一陣子，我一天到晚開車出去，在北台灣、觀音附近一直跑，就是要找土地蓋新廠，」侯傑騰說，長達一年多，除了管理工人外，都在為土地四處奔波。

最後，新廠落腳在桃園觀音已停止營運多年的國豐牧場。

百億元的大投資

「那裡原本是豬舍，因為受口蹄疫影響，關閉了好一陣子，」侯傑騰說，國豐牧場雀屏中選的主要原因之一是，「那塊地緊臨才剛完成通車的台六十一號線（西濱快速道路），而且距離台北港不到三十公里，有利於進口廢鐵和成品出口。」

另一個原因則是，那裡的土地面積大，又符合煉軋鋼一貫化設廠規劃需要直線距離六百公尺的長條形地形。

二〇〇六年五月，東和鋼鐵買下觀音區四萬三千兩百五十三坪土地，總價款四億五千八百四十五萬餘元。但取得土地後，花了兩年時間，才依據《促進產業升級條例》，把農業用地變更為工業用地，加上環境影響評估程序，「光是土地問題就拖了三年，」侯傑騰無奈地說著當年為取得建廠用地的重重困難。

二〇〇八年十一月十一日，位於觀音區的桃園新廠隆重動土。

「那塊土地高低差高達八公尺，地形很特殊，為了改善地形，先把較高的土方挖下來回填低處，把地整平，一邊做地質改良；等所有基礎完成後，又開始挖地基，而為了穩固地基，以防坍塌，總共打了一百多根基樁，」一開始就進駐工地的東和鋼鐵前副總經理吳惠明細述當時工程之艱鉅。

「那裡風沙大，我們頭上戴著安全帽，除了帽帶遮住的部分，臉上其他地方都是黑的，」他咋舌道：「碰到冬天晚上趕工時，海風特別大，海沙打在臉上非常痛！」吳惠明至今回想起來仍倍覺辛苦。

桃園廠及工業區開發案，是繼苗栗廠之後，東和鋼鐵第二個百億元的大手筆投資。由於攸關國內經濟發展，二〇〇六年十月三日，還獲行政院發函認定為重大投資計畫。

為了儘早完工，在使命感驅動下，工程人員日夜趕工，吳惠明說，「從動土典禮到開始生產第一根鋼胚，桃園新廠只花了五百五十七天建造，效率非常高。」

在荒地中打造世界頂尖鋼廠

由於先前已有苗栗廠的建廠經驗，公司已培養不少技術人才，桃園新廠建廠時都從苗栗、高雄和八德廠徵調員工支應。吳惠明記憶猶新，「那時擴建處人力不超過五十個人，土木工程和監工都是自己的團隊，不假外求。」

從荒地中開墾出一座世界頂尖的鋼廠，東和鋼鐵再創鋼鐵業的新里程碑。

二〇一〇年五月二十一日，當天傍晚，桃園廠煉鋼區聚集了包含中外廠商、技師及員工超過一百人，準備進行煉鋼熱試俥。

大家都屏氣凝神等待，現場謐靜的氣氛中帶著幾絲凝重。

五點十九分，侯貞雄啟動按鈕，正式為電爐點火。瞬間，如閃電般的電弧光閃閃爍爍，點燃了桃園廠生產營運的火苗，現場不時傳出一陣陣如雷擊般的巨大聲響。

晚上九點零二分，鋼水正式出鋼，但精煉爐因測溫器錯誤，讓升溫工作空轉白忙兩小時。之後，精煉爐再次升溫達攝氏一千六百零五度。

凌晨兩點十七分，連續鑄造製程啟動，開始鑄鋼，一百三十方（即一百三十公釐平方，指鋼胚斷面尺寸）的鋼胚，以每分鐘三・五公尺的速度緩緩推進。

凌晨三點十二分，總計一百零九公噸的第一爐鋼液全部鑄造完成，桃園新廠的第一批鋼胚順利誕生。剎時，掌聲響起，在場的人都感動莫名，興奮之情溢於言表。

煉鋼、軋鋼一貫化製程

和所有人員一樣，侯貞雄在現場守候，等待長達十個小時。當時已七十一歲的他，疲憊地坐在一旁的樓梯台階上，身體斜靠著梯柱，倦容寫滿臉上。

「感覺他很累了，」侯傑騰不捨地說，但「他是永遠的 fighter（戰士）」，用意志力奮戰到底，撐到最後一刻。

吳惠明回憶他所看到的侯貞雄，「他還鼓舞在場員工，要大家好好做，之後才離開。」在場參與的人員，都看到他務實、堅忍的精神。

在煉鋼熱試俥成功後，七月二十二日軋鋼熱試俥，煉、軋一貫化製程成功軋出鋼筋，在自己的團隊主導下，順利完成年產量一百萬公噸的煉鋼廠建廠工程。

自桃園廠量產以來，向來內斂的侯貞雄，從未當面讚許過獨當一面完成重大投資的侯傑騰，但個性率直的他，用實際行動表達對兒子的肯定。

「好幾次他都直接帶客人去現場看，還親自解說：『這個可以直接軋鋼……我們可以做出這樣的工廠……』，看得出來他很高興，」侯傑騰靦腆一笑，似乎接收到了父親沒有親口說出的肯定。

沒有加熱爐的軋鋼廠

二〇一〇年十月，桃園廠正式量產。

在二〇〇八年金融海嘯之後，國際鋼鐵行情大幅下滑，東和鋼鐵的獲利主力型鋼雖然單價仍然不錯，但銷售量幾乎腰斬，獲利關鍵仍是靠鋼筋，桃園廠對公司獲利發揮關鍵效益。此時回頭看，侯貞雄當初堅持固守鋼筋市場的策略，果然是睿智的決定。

重視企業經營成效的他堅信：「在不景氣時要做到不虧錢，關鍵在成本。」因此，如何找到降低鋼筋生產成本的方法才是關鍵。

桃園廠，正是東和鋼鐵研發新生產方式的試煉場。

時間回到四、五年前的某一天，在東和鋼鐵台北總公司，幾位桃園廠擴建委員會主要成員正在開會，討論桃園廠設備購置。

「以後這個軋鋼設備，不要設加熱爐，」侯貞雄這時突然拋出一個概念。

「這個想法，令在場的生產單位主管有點shock（震驚）！」當時身兼八德廠廠長、擔任擴建委員會執行祕書的生產部前副總經理吳惠明，還原當時會議現場畫面時說。

他解釋道，以前煉鋼、軋鋼是兩個階段的生產流程：第一段製程是煉鋼，生產鋼胚後，要從攝氏一千多度的高溫冷卻降溫到常溫，然後再送到軋鋼廠；第二階段就是軋鋼，把處於常溫狀態的鋼胚，經過加熱爐增溫到超過一千度，再開始軋延鋼筋。

挑戰台灣第一

「因為以前有一些單軋廠沒有煉鋼，必須跟煉鋼廠購買鋼胚，才能加工軋成鋼筋，而早期的煉鋼廠即使有做軋鋼，也不是連續作業直接軋延，」吳惠明進一步說明。

然而，在兩段製程當中，「鋼胚從一千多度冷卻到常溫，再加熱到一千多度，這樣一來一回的降溫、增溫，無形中浪費許多能源，」吳惠明語帶惋惜地說。

那麼，「煉鋼後鑄造完成的鋼胚，是不是可以直接軋成鋼筋？」侯貞雄向來喜歡追根究柢、不斷精進技術，他一直動腦思考這個問題。但這個構想，並沒有那麼容易實現。

「在鋼鐵業界，這不是新的想法，已經有日本和歐美少數先進的鋼鐵公司採用，但在台灣，還沒有業者這樣做過，」侯傑騰說。

吳惠明說，某一次日本豐平鋼廠人員到東和鋼鐵拜訪，曾在會談中證實，他們的軋鋼生產線有九〇%的鋼胚，都是出爐後直接熱進軋延成鋼筋，每公噸油耗僅兩公升，而加熱爐設備則提供僅占產量一〇%的冷鋼胚備用。這項技術訊息，令相關人員振奮不已。

為了取得更多資訊，資貿部人員也向幾家交易鋼胚的日本鋼鐵廠求證相關技術，「答案是肯定的！」吳惠明說，「像日本東海製鋼的軌鋼就採直接熱進，是零油耗。」

不僅如此，侯傑騰也親自率領幾位主管到日本九州、東京實地參訪，發現新日鐵高松廠甚至完全沒有設加熱爐，僅設有感應式加熱器，以電能復熱，每公噸耗電二十度至三十度（每小時千瓦），也不需設煙囪。

發揮實驗精神

本著實驗精神，吳惠明帶著生產部門人員以八德廠既有設備模擬，「土法煉鋼」實測直接熱進軋延，建立不同尺寸鋼胚的時間及溫降曲線圖。

「我們以最快的速度，用堆高機把鋼胚推到第一個粗軋的軋鋼機，不經過加熱爐，去試看看溫降和軋延情況，」吳惠明說，這次的試驗，從連鑄機出來的熱鋼胚到加熱爐之間，距離不超過三十公尺，「雖然溫降不能控制得很好，但我們嘗試用最快的速度軋延，結果是成功的。」

「這個實證給了我們很大的信心，」吳惠明興奮地說：「當送到軋鋼機台上時，鋼胚的溫度已經降到比較低，物理性質反而更好，不論外觀或品質，也都比再經加熱爐的方式更令人滿意。」

他解釋，一般鋼胚若用攝氏一千兩百度軋延，測試後的物性，像是抗壓強度，可以達到四十九公斤，但「它竟然可以達到五十幾公斤，強度比一般經過加熱爐的鋼筋還要高。」反覆測試多次，證實結果都是一致，吳惠明更確信，「不設加熱爐是可行的」。

「當時桃園廠的設備是要做一百六十方、長度十五公尺的鋼胚，之後再軋延，」吳惠明向侯傑騰報告，「絕對沒有問題，若造成困難時，頂多從一百六十方降成一百五十方，十五公尺減為十二公尺。」

吳惠明解釋，鋼胚長度愈長，從連鑄機出來要裁切的時間會較長，溫度下降幅度也愈大；若縮短裁切長度，加上縮小鋼胚尺寸，就會減低溫降，而不致影響第二階段的軋製。

賭上延遲一年完工的風險

在國際能源價格持續高漲的時代，能源成本是鋼鐵業長期競爭力的主要指標，也是節能減碳的有效途徑。

在侯貞雄推動這個理念後，生產部門幾經試驗，八德廠的油耗量比起過去，每公噸就降了十公升，但部分技術人員仍覺得風險太高。

反對的原因之一是，若不設加熱爐，將煉鋼、軋鋼兩個製程合而為一，就無法在軋延前篩選鋼胚品質，因此煉鋼合格率必須非常高，以免產生許多不合格的成品。

另一個原因則是，「煉鋼、軋鋼製程的關聯性提高，單一方設備故障就會造成另一方停機，萬一不成功，影響所及，就是整個生產線停擺，」劉明宗進一步解釋。

經過審慎評估，桃園廠一開始規劃設備時，仍決定不設加熱爐，但侯傑騰採取折中方案——保留加熱爐的空間。

「萬一不成功，還有空間可以把加熱爐裝回來，」吳惠明說。

不過，「如果真的失敗，當時付出的代價，就是可能會晚一年完工，」侯傑騰說，因為重新訂製一個加熱爐，到完成安裝，平均要一年時間。但如此一來，不僅付出時間，也要多付出更多金錢成本。

瘋狂的點子，最棒的創意

「日本老舊工廠生產的鋼胚比較短，月產一、兩萬公噸是可行的，但我們一個月要做七萬公噸的規模，而且全部直接軋延，」侯傑騰說，「然而，這就是桃園廠成功的地方。」，受限於舊有規劃，日本的鋼廠只能修改局部製程，桃園廠則是全新的規劃，在建廠時，設計製程中就省略了加熱爐，從連鑄到軋鋼，以最現代化的配置方式連結，用最短距離、最快速度，保持鋼胚最小溫降數值，是全球鋼鐵業的創舉。

「這個構想，是我的 crazy idea（瘋狂的點子）！」在電爐設備簽約當晚，侯貞雄宴請設備廠商SMS CONCAST總裁兼執行長F. Zuber時，如此形容。

ＳＭＳ是世界頂級的連續鑄造設備廠商，但還未曾有過設計直接軋延的經驗。ＳＭＳ獲知東和鋼鐵的需求時，曾評估檢討，從連續鑄造、裁切，到第一道粗軋的時間、溫度等關鍵技術，也認為理論上是可行的。

於是，ＳＭＳ為東和鋼鐵量身訂做第一套完全不設加熱爐的直接熱進軋延設備，而採用感應式加熱器，在製程中也可補償少許鋼胚溫度。

從此，桃園廠變成全台灣最現代化、最有效率，也是產能最大、完成軋延速度最快的鋼筋廠，煉鋼年產能一百萬公噸，和苗栗廠並列台灣單一電爐年產量最大的紀錄，電爐煉鋼速度則從一爐一百分鐘，縮短為四十分鐘；鋼筋年產八十萬公噸，完軋速度則從一秒十二公尺變成四十公尺。

生產能源成本減少三、四成

劉德明指出，當初擴建委員會估算，若新廠成功量產，每一公噸鋼筋利潤應該至少達到一千元，每一年公司淨利大約可增加十億元。

和一般設置加熱爐的傳統製程比較，不設加熱爐可以立竿見影地提高效率，且能節省設備成本、燃料成本和時間等生產成本。

首先，是減少設備購置成本，一套加熱爐設備約兩億五千萬元，若以機器折舊年限五年換算，每年約可省下五千萬元的折舊費用，再加上省掉安置設備的空間，建廠成本也會相對縮減；同時，桃園廠導入世界最先進的直接軋延製程，從原料到產出鋼筋，由傳統三小時以上縮短至兩小時內，大幅提升生產效率。

再從節能角度來看，生產一噸鋼筋需要耗費二十九・八公升重油（燃料油），以年產八十萬公噸鋼筋產能估算，不設加熱爐，一年就可以節省兩千三百八十四萬公升的重油；如果重油以每公升十元計算，一年就可以省下兩億多元的油耗成本。

「東和鋼鐵生產的鋼筋，每公噸成本大約比別人少了五、六百元，讓公司可以維持較好的競爭力，」吳惠明說。

不僅如此，使用的原料小鋼胚可以自給自足，不再從國外採購鋼胚半成品加工，大幅提升煉鋼產能。相較於傳統鋼筋廠生產的能源消耗成本，大約降低三〇%至四〇%，省電可達到約五八%。

關鍵投資為企業加值

各種數據皆證實，侯貞雄提出這項冒險大膽的點子，加上侯傑騰果斷不設加熱爐的想法，成為最棒的創意。

反映在獲利實績上，更是亮眼。

桃園廠的成功經驗，讓東和鋼鐵再接再厲，決定投資二十三億元擴建桃園廠軋鋼第二條生產線，以消化鋼胚產能，提升產銷效益，並於二〇一四年七月開工動土。「第二條線已完全不預留設加熱爐的空間，直接軋製的距離又更短，」吳惠明指出，在二〇一七年鋼筋二線投入營運後，鋼筋年產能更由八十萬公噸大幅擴增到一百二十萬公噸。

劉德明引述經濟學理論——米勒－莫迪利安模型（ＭＭ理論）的主要結論之一：「影響公司價值的不是財務結構，而是好的投資，只有不斷做正確淨現值投資的公司，公司價值才會提升。」

從東和鋼鐵三十多年來的成長印證，桃園廠不啻是近年來最好的投資，侯傑騰傳承自祖父和父親的鋼鐵事業，逐步穩健踏實地發光發熱。

第三章　永遠要做有意義的事

開車行經台六十一號線，路過觀音地區，映入眼簾的，是東和鋼鐵桃園廠巨大的工廠外觀牆面，由綠、橘、藍等粗細不同的鋼片所組成，這些顏色分別代表葉子、大地及天空，和周遭的環境融為一體。

如果有人拿著一台超大型的條碼機，對著這座建築一掃，將會出現「東和鋼鐵桃園廠」幾個字。

這就是東和鋼鐵的用心，落實侯貞雄一貫愛台灣與重環保的理念。

「再生」的事業

「東和鋼鐵可說是『再生』的事業，具有不斷循環使用的再生力量，」二〇一二年五月二十八日，在桃園廠舉行落成啟用暨慶祝公司成立五十週年典禮上，侯貞雄有感而發地說：「五十年來，東和鋼鐵一直秉持『循環再利用』的經營理念。」

他說，「早年鋼鐵的兩樣最終產品，第一個是汽車，再來就是船。船和汽車跟鋼鐵工業之間，更是息息相關，因為船和汽車舊了不能用，就要拆掉，叫作recycle，就是『回復過來』。」

東和鋼鐵前身是一九四六年創立的「東和行」，當時以廢五金買賣及舊船解體工程為主要業務，後來成為台灣拆船業龍頭；而後續的產品H型鋼、鋼筋等，原料都來自廢鋼料。不只如此，整個生產線，也是再生的流程，例如：生產過程產生的廢料爐渣、集塵灰或是生產用的水，都是循環再使用。

「廢鋼不是廢棄物，而是一種再生資源及節能的原物料，」這是瑞典材料技術專業研究機構KIMAB，對於廢鋼資源的定義。

這個定義，讓世界確認了廢鋼是一種資源，就像陽光、水一樣，存在於我們四周；不同的是，廢鋼無法自動循環再生，必須靠人為處理才能轉化成資源，因而才有了現今的電爐製程，將廢鋼再循環利用，製成各式鋼材。

年用三十艘鐵達尼號，九成鋼鐵可以回收

一九九四年，美國綠建築協會制定「能源與環境先導設計」（Leadership in Energy and Environmental Design, LEED）的綠色建築分級評估體系，規定並鼓勵建築鋼材應大量使用廢鋼資源再生鋼材，這些主張獲得美國政府及世界先進國家政府公共工程採納，更加速歐美先進國家電爐煉鋼在建築鋼材領域的發展。

其實，早在一九七七年，侯貞雄就掌握趨勢先機，立意朝電爐煉鋼領域發展，可說是引領時代潮流的先驅。

根據東和鋼鐵統計，公司生產使用的回收廢鋼，占原料比重超過九〇%，每年使用廢鋼超過一百五十萬公噸，等於將三十艘鐵達尼號重量的廢鋼鐵，做最大化的資源再利用，在鐵資源的價值再生循環中，扮演了相當重要的角色。

侯傑騰指出，傳統高爐煉鋼的原料是煤和鐵，在開礦過程中即已破壞環境並增加碳排放；電爐煉鋼的原料則是自汽車、船隻、建築等處蒐集廢鋼，重新熔製，回收再利用，碳排放量可大幅減少百分之七十五以上。

隨著再生鋼材製程技術的進步，廢鋼的可回收率高達九四%，遠遠大於其他自然材料，例如：水泥的可回收率二〇%、木材的一三%，因此，回收鋼再利用，讓人類把破壞自然生態以開採鐵礦的情形降到最低，又不影響社會及經濟發展需求。

以電爐煉鋼使用回收廢鋼資源再生，以及低二氧化碳節能減碳的特性，電爐煉鋼無疑是全球建築結構用鋼材發展的主要趨勢。

如今，全球先進國家使用電爐煉鋼的比例持續增加，以二〇一三年為例，歐盟電爐煉鋼占三九．九%，北美則占六一．一%。

引進台灣鋼鐵業第一套集塵設備

侯金堆和侯貞雄早年的真知灼見，讓廢鋼一再循環使用，再生力量成就東和鋼鐵生生不息的永續基業。

但是，侯貞雄看到的、想做的，還有更多。

「台灣早期電爐煉鋼都是所謂的3K產業！」身兼東和鋼鐵轉投資事業嘉德技術開發公司（以下簡稱嘉德）董事長的何長慶說。

3K來自日本用語，指骯髒（kitanai）、辛苦（kitsui）、危險（kiken）的產業。

何長慶解釋，由於電爐煉鋼過程中會產生許多煙塵瀰漫，且早年因國內環保意識尚未普及，這些煙灰就從大大的煙囪向外排放；但當社會進步後，環保意識抬頭，社會不再容忍汙染空氣的行為，自然不允許煙囪排放黑煙。

先知灼見的侯貞雄，早在八〇年代便已率先在高雄廠裝設集塵設備，以求解決煙塵排放問題。

「東和鋼鐵是台灣鋼鐵業界，第一家加裝集塵設備的業者，」何長慶解釋，東和鋼鐵透過完善的集塵處理以降低汙染，「電爐旁邊加裝一個集塵器，做一次集塵；屋頂上也加裝集塵器，做二次集塵。」

十年七億元的投資

二〇〇八年，劉明宗從八德廠調回苗栗接任廠長。他記得，剛上任時，侯貞雄就告訴他：「你回苗栗廠，第一個任務先幫我解決集塵問題。」

侯貞雄對苗栗廠最不滿意的地方就是：「每個外賓到苗栗廠參觀都覺得不錯，就只有一項不好——集塵沒做好，到處粉塵逸散。」劉明宗形容，當年工廠內粉塵嚴重，不過幾公尺距離，卻根本看不到人在哪裡！

由於苗栗廠最初規劃電爐一年產量六十萬公噸，後來做到一百二十萬公噸，「生產量加倍，但集塵設備不足以吸收更多的粉塵，集塵效益就變差，」他指出問題癥結，而且，「改了三次才成功。」

根據公司年報及公開說明書資料，苗栗廠前後三次改善粉塵，歷時十年、花費逾七億元，顯見侯貞雄為改善生產環境，不惜重金購置集塵設備的決心。

然而，如何處理蒐集起來的粉塵，也是一大問題。由於集塵灰含有重金屬，會汙染環境，不能隨意倒棄，必須經過專業處理程序。

侯貞雄的眼光精準，一九九五年便和豐興及其他鋼鐵業者合資，成立台灣鋼聯，其中東和鋼鐵占二五%股權，是台灣鋼聯最大股東。

多角化著眼環保能源事業

台灣鋼聯屬於特許事業，專門處理電爐煉鋼集塵灰以及爐渣等事業廢棄物，向台灣十二家股東及會員鋼鐵廠商收取費用，囊括百分之九十七的集塵灰處理市場，是全台集塵灰處理的龍頭。

東和鋼鐵以鋼鐵專業為營運軸心，多角化經營也與本業相關，並切入侯貞雄關心的能源與環保等事業，讓資源再生利用，落實環保愛地球的理念。

和信醫院院長黃達夫是侯貞雄多年的好友，有段時間因醫療廢棄物處理問題很傷腦筋。「煉鋼爐上千度高溫，可以把醫療廢棄物瞬間熔解，」黃達夫想到電爐高溫處理效益最好，於是和好友提起他的想法。

向來本著善盡企業社會責任服務精神的侯貞雄，二話不說，就開始研究介入醫療廢棄物處理業務的可行性。於是，利用轉投資事業之一、從事資源回收與廢棄物處理的嘉德，來實踐處理醫療廢棄物的理想。後來，嘉德與各大醫院、診所合作，蒐集來的醫療廢棄物，即利用八德廠的電爐熔融處理，這也成為嘉德的主要業務，約占七成比重。

然而，電爐煉鋼業的集塵灰堆積如山，台灣鋼聯處理能力有限，無法消化，在環保政策規定集塵灰必須限期處理的情況下，嘉德在二〇〇六年轉投資嘉德創資源公司，和日本業者技術合作，在桃園縣觀音鄉設立一座電熱熔融還原爐，以高溫熔爐方式處理醫療廢棄物、集塵灰等。

擺脫高汙染惡名

嘉德創資源是台灣第一家可對外營業，專為處理碳鋼、不鏽鋼電爐集塵灰的甲級廢棄物處理公司，能把有害事業廢棄物處理到無害化，降低環境汙染，而且百分之百有效再利用，例如：將集塵灰中的鐵、鋅、鎳、鉻提煉出來再資源化，成為台灣冶金技術投入環保領域的首例。

透過廢棄物處理技術的不斷精進，二〇一五年，東和鋼鐵各廠區廢棄物回收再利用比例已高達九九・七八%。

二〇一六年十月二十二日，星期六晚間九時，探索頻道（Discovery）製作的《探索新未來：鋼鐵的祕密》在台灣首播，隨後即在全亞洲放送。

鋼鐵業向來被視為高汙染產業，但在全亞洲鋼鐵廠中，東和鋼鐵卻獲探索頻道青睞，做為「綠色鋼鐵」報導的案例，深入探討台灣老牌電爐鋼鐵公司如何節能並減少碳排放量。

東和鋼鐵桃園廠以全新的節能減碳與環保設計為主軸，成為台灣唯一沒有加熱爐的鋼筋廠，當時侯貞雄便堅信，「在節能減碳與環保意識日益抬頭的潮流下，未來必定有愈來愈多的鋼鐵廠跟進，加入節能減碳、環保愛地球的新製程。」

目前已有鋼筋廠跟隨桃園廠腳步，設置感應式加熱器，但仍設有加熱爐輔助。

一七六座大安森林公園

沒有加熱爐的最大好處，在於毋須燃燒重油、天然氣等燃料，與傳統製程相較，大量減少能源耗用和燃燒過程中所產生的汙染源排放。

以東和鋼鐵產能估計，一年可以節省兩千多萬公升燃料油。省下來的能源可以做什麼？如果以一輛汽車一年行駛一萬五千公里，平均每公升油耗行駛十二公里，換算下來，即可供應兩萬兩千四百九十五輛車使用一年。

減少這些能耗，相對每年就可減少六萬八千六百三十一公噸的二氧化碳排放量。以台北市大安森林公園為例，每年二氧化碳的吸收量是三百八十九公噸，換句話說，這些二氧化碳需要一百七十六座大安森林公園才足以吸收。

從上述數據來看，桃園廠捨棄加熱爐的創舉，在節能減碳上確實意義非凡。

對於國際環境的變化趨勢，尤其和鋼鐵息息相關的環保議題，侯貞雄具備雷達般強烈的偵測能力，時時刻刻關心。

簽署自願減量協議書

全球氣候暖化，溫室氣體減排議題備受矚目，「碳關稅」、「碳稅及能源稅」以及「碳交易」，將是全球產業必須面對的共同問題。

一九九七年，《聯合國氣候變化綱要公約》在日本京都舉行第三次締約方會議（COP－3）時，通過《京都議定書》，對於二氧化碳等溫室氣體排放限制的規範，更成為全球性議題。

二〇〇三年，侯貞雄接掌工總理事長時，意識到《京都議定書》在二〇〇五年二月十六日正式生效後，將直接衝擊各國能源配比與產業結構，影響各國經濟發展及國際競爭力。

當時他說：「雖然台灣並非締約國，但未來《聯合國氣候變化綱要公約》締約國會議在研討許多議題時，也可能對台灣形成規範，或可能賦予溫室氣體減量責任。」

侯貞雄的眼光向來看得長遠，他認為，台灣應該積極思考，如何因應溫室氣體減量議題的對策。

台灣是高度仰賴出口為主的經濟型態，若無法提出溫室氣體減量的積極作為與具體成果，將面臨遭受歐美先進國家課徵碳稅的風險，出口成本勢必增加。

若比照已開發國家的減排要求，當年侯貞雄認為，「台灣每年二氧化碳總排放量必須從兩億七千一百萬公噸減量至一億兩千一百萬公噸，台灣是以出口為主，減排壓力對於經濟發展將會造成負面且巨大的衝擊。」

於是，在理事長任內，侯貞雄積極邀集電機、電子、鋼鐵、石化、造紙、水泥以及人造纖維，共七大產業，配合政府成立「京都議定書溫室氣體減量措施」因應工作小組，並召開全國能源會議，以隨時掌握《京都議定書》生效後的國際發展趨勢，甚至推動、鼓勵產業界簽署自願減量協議書。

第一家取得「碳足跡證書」的鋼廠

在擴建桃園廠時，侯貞雄便已提出不設加熱爐的構想，大幅減低煉鋼、軋鋼製程中的能源耗用，也因此讓東和鋼鐵在製程上，便享有競爭優勢，達成生產低碳、環保建築結構用鋼材的目標。

侯貞雄前瞻的思維，總是走在法令之先。他甚至加強造林，計算一棵樹可以吸收多少二氧化碳，以因應屆時若實施碳權交易，工廠生產量愈來愈大，造林可以抵消碳排放量。

二〇一一年至二〇一四年間，東和鋼鐵的苗栗廠、高雄廠、桃園廠，已先後拿到產品碳足跡認證，並獲工業技術研究院頒授「琉璃獎座」，成為全台鋼筋業第一家取得「碳足跡證書」的鋼廠。

二〇一六年，東鋼風力發電公司正式取得經濟部能源局核發的電業執照，開始躉售電力，往發展綠色能源再進一步。

不過，這張執照卻是延宕了近七年才拿到手。

迎向綠色工業

二〇〇九年，東和鋼鐵投資設立東鋼風力發電公司，在苗栗縣後龍鎮龍港工業園區設置五部風力發電機組，簡稱風機（俗稱風車）。

「做為一個企業家，最重要的是，要能抓住時代脈動；環保，是未來的產業焦點，」侯貞雄曾在接受《天下》雜誌採訪時表示，綠色工業是未來的成長動能，東和鋼鐵也順應潮流，投資無汙染的風力發電。

向來支持政府政策的侯貞雄，為響應政府開發再生能源政策，在工總理事長任內，即有意推動苗栗後龍的龍港工業區為能源用地，希望藉由綠色能源——風力發電、天然氣發電等，減緩二氧化碳排放量的影響。

侯貞雄有前瞻想法，總是走得比別人早一步，但現實是殘酷的，工業區遲遲無法吸引廠商進駐。

為避免設備閒置耗損，東和鋼鐵自力救濟，從四．三公里外的苗栗廠內，自備變電所，以明挖埋管方式設置輸電線路，終於獲准商轉。

初期估計，五部風機年發電量約三千萬度；依台電統計資料，台灣地區平均每戶家庭每月用電量約為兩百九十一度，換算起來，約可供應八千五百九十一戶家庭一年的用電量。

勇於創新未來

根據經濟部能源局公布的民國一〇五年度電力排放係數，每度電約排放〇．五二九公斤二氧化碳，東鋼風力發電增加三千萬度發電量，換算相對將可減少一萬五千八百七十公噸碳排放，以每公頃林地一年可吸收九．九公噸二氧化碳估算，相當於一千六百公頃的造林面積，對環境保護貢獻相當大。

侯貞雄這條綠色能源路，走了十年，但對熱愛台灣這片土地的他來說，只要是做對的事情、有意義的事情，都值得堅持下去。

「一個企業的永續經營，並不只是滿足於現狀，因為滿足於現狀就會在原地踏步停滯不前，」侯貞雄曾明白地說，「企業要勇於創新未來！」

數十年來，他駕駛東和鋼鐵這艘大船，不論環境如何變遷，仍始終如一地創新發展與改變，堅定地航向未來。

—第十一部—

鋼鐵人生：

鐵漢柔情

第一章　鐵漢柔情見真性

一生從事鋼鐵產業，立下不世基業，不怒而威、表情嚴肅、霸氣十足的侯貞雄，其實是十足細膩柔軟的；他好讀書、常寫詩、擅書法、精棋弈、浸淫古典音樂、愛唱歌，愛打高爾夫球……，興趣相當廣泛，可說是鋼鐵業中少見的才子。

詩書怡情

深具藝術人文素養的侯貞雄，如詩人般善感，一有所感便飲酒、作詩，抒懷寄情。書房案頭上文房四寶觸手可及，公餘之暇經常練字修心。

他欣賞王羲之，經常臨摹〈蘭亭序〉。臨字時，棋楠的悠悠沉韻自是不可或缺的良伴，所謂「隱几香一炷，靈台湛空明」，坐擁藏書千冊，直是人間一大樂事。

他的詩情，隨處可見：孫子出生，以詩寄情；新人福證，以詩相贈；欣賞兒子畫展，以詩抒懷；朋友病，以詩傳達慰問。

多年前，侯貞雄應張安平之邀，赴美國蒙大拿私人莊園度假。黃昏時，在戶外靜坐，仰望天空，群星初集，更聽流水潺潺，乃得「水清火白山川遠，處靜還需逍遙遊」兩句詩。

平日喜歡看道家著作的侯貞雄，偶得的兩句詩，竟與道家情懷交相呼應，連他自己都不禁訝異。

「水」即是情，只心中之情，有妄想與真情，若妄情濫行，勢必流蕩為淫欲，若妄情不生，就是真情；「火」是指心中之性，性有兩種，一為氣性、一為真性，氣性不除，真性不見，人不修行，難免因事物之應酬，一時煩惱心起，化為凡火，熱灼一身，真性為之消滅。相對地，若能修練到水清火白，就會得到「真情」與「真性」，領悟「明心見性」的真諦。而「性」者也即是道家所謂的「虛無元氣」，要進入此一境界，必須自凝神靜篤開始。

明心見性

酒能亂性，若非快飲或牛飲，能保持微醺，喝酒自有一番情趣。

「樂時酒乘興，悲極酒載憂，箇中妙處，非以身試，無以名狀。」

對侯貞雄來說，偶得好酒，知己促膝，夫復何求？

除此之外，圍棋、麻將，也都是侯貞雄公餘之暇的消遣；尤其，對於圍棋，他更是不遺餘力地支持，像是早年支持台灣棋院，以及東和鋼鐵支持的應昌期基金會的年度圍棋盛會——東鋼盃圍棋賽，每年都吸引許多對圍棋有興趣的棋士對弈比賽。

下棋輸贏，最容易看出一個人的本性。通常，棋局中盤時，就是決定輸贏的時候，但即使大勢已去，侯貞雄還是會堅忍到底，試圖創造翻盤的機會，不到最後，絕不認輸，「二枚腰[1]」精神十足。

在友人眼中，侯貞雄是少數具有宏觀思維的企業人，他經常就國內、外政經情勢，與多位企業界友人討論請教，舉凡世界局勢、匯率、油價、金價、歷史、能源、音樂等議題，都是彼此經常切磋的話題。

英雄相知，卻也謹言慎行。他不隨便在公開場合發表意見或高談闊論；但在必須挺身而出發言時，一定擲地有聲，見解獨到，行為、話語都拿捏得非常好。不多話，但卻能以實際行動，付出對家人、朋友的關愛。「用情至深，有血有肉」，是摯友對他最貼切的形容。

大妹大學畢業後，便隨未婚夫赴日本求學，在異鄉結婚時，父母因事業忙碌無法到場參加婚禮。當年，還在美國攻讀碩士的侯貞雄，即專程從美國中部的印第安納州，遠渡重洋飛往日本，代表家長參加妹妹的婚禮。

「他是唯一參加我婚禮的家人，」侯容華輕聲細語說著，依稀可見眼角淚光閃爍，足見身為大哥對妹妹的疼惜，令她回憶起近六十年前的往事，仍舊為之動容。

1 二枚腰一詞，源自日本，是指一個人韌性堅強，即使面對險境，依舊奮戰到底、永不放棄，最終取得勝利。

第二章　洋溢熱情與毅力的企業家

好學的侯貞雄，不僅在學問上努力自我充實，在技藝才能上，也堅持不懈地突破自我極限——六十五歲學游泳、六十六歲學聲樂，向自我挑戰的精神與毅力，令人刮目相看。

一九九五年，侯貞雄前往美國參加次子侯傑騰哈佛大學的畢業典禮。途中，他遇到一位八十歲的老太太，兩人閒聊後才知道，她是一位醫生，六十歲逃離東歐到美國後才開始學醫。那一年，侯貞雄五十六歲。他在她的身上，深深領悟「活到老、學到老」的真義。

學無止境

「人生有很多事可以學習，唯有不間斷地學習，才能讓你我在一生中不覺得寂寞，」侯貞雄相信，「我們要培養心靈的力量，從小開始，任何學習都不要放鬆、不輕易放棄，活到老、學到老，就能成功！」

要提升每個人的心靈力量，侯貞雄認為，每個人每天必須做到兩件事：第一，內心經常保有快樂的思維，因為快樂源於人的內心，而且快樂是有感染力的；第二，要充滿愛心、凡事正面思考、不往負面想，並且積極去做，自然不會回收負面的效果。

這些，也是東和鋼鐵強調樂觀積極進取的企業文化。

其實，在朋友眼中，侯貞雄本就相當多才多藝，學習能力很強的他，不僅孜孜不倦追求學問、智識，在體能上也力求精進，從小就擅長多項運動，跑步、網球、足球、乒乓球等樣樣都會。

經營企業後，侯貞雄在中年開始學習打高爾夫球，也愛上小白球。

早年，一群生肖同屬虎的友人，組織一個「大蟲隊」，經常打高爾夫球；後來，又陸續加入不同生肖的成員，屬兔的侯貞雄也成為大蟲隊的一員，並且經常與球友切磋球藝，後來甚至購入桃園龍潭球場，以球會友。

六十五歲學會游泳

侯貞雄的父親侯金堆，也同樣愛好體育活動。

念初中時，每逢打棒球或打網球時，父親總會準備便當，到場幫忙、加油。這對父子都是棒球迷，當年台灣棒球隊到美國比賽，由於時差的緣故，電視轉播往往在三更半夜，但即使如此，兩人還是堅持從床上爬起來看球賽。

甚至，興建桃園廠時，年逾七十的侯貞雄，率領東和鋼鐵人員多次組團參觀國外鋼鐵工廠，有一次到日本姬路城參觀，因節約能源，很多工廠白天都不生產，工廠參觀行程多安排在晚上十點以後，但是前一晚剛好有場棒球賽，他幾乎整夜未眠觀戰，第二天晚上又去參觀工廠，到半夜才回到旅館。對棒球的熱情與堅持，令員工佩服不已。

然而，如此熱愛運動的侯貞雄，唯獨不會游泳。

身為家中獨子的他，因為早年泳池救生設備不完備，溺水事件頻傳，母親認為游泳很危險，嚴禁他游泳。

侯傅秀英的出發點，自然是一片慈母之心，但不會游泳這件事，確實成為他心中莫大的遺憾，因為他認為，男子漢就是愛運動的人，「他把會不會游泳和『男人』劃上等號，」侯王淑昭解釋。

受到那位老太太的啟發，已過耳順之年的侯貞雄，開始不斷自我突破，挑戰學習新事務，而首先挑戰的就是學習游泳！從訓練浮力和調節呼吸的韻律開始學起，之後他便發現，一旦抓到竅門，很快就學會游泳，從蛙式到自由式，優游泳池，頗能樂在其中。

天下無難事，只怕有心人！在無比的毅力下，六十五歲的侯貞雄學會游泳，了遂心願。

展現音樂長才

二〇一二年，東和鋼鐵五十週年慶，別開生面的慶祝開場儀式之一，是由東和鋼鐵的大家長侯貞雄擔任指揮、執行長侯王淑昭帶領公司員工組成的合唱團，演唱由侯貞雄作詞、知名作曲家溫隆信譜曲，代表東和鋼鐵精神的〈東鋼之歌〉。

演唱到最後，現場歌聲、伴奏突然靜默，原本擔任指揮、背對觀眾的侯貞雄，驀然轉身，開口獨唱，拉高尾音唱出「智慧的光芒……」結尾那一刻，全場爆出如雷掌聲，在場出席的貴賓更直言他的歌藝已經達到國家音樂廳的水準。

音樂的啟蒙，是從小家庭環境的熏陶，但他的歌藝卻是拜師學藝的成果展現。

六〇年代，侯家就有一架黑膠唱盤，「以前，哥哥在家時就會放古典音樂，家裡整天樂聲不斷，」侯貞雄的三妹侯素晴回憶，比她年長七歲的大哥，少年時期就十分愛好音樂，在家時經常會放古典音樂，算是家中音樂的啟蒙。

賦予鋼鐵溫暖之情

文學造詣頗深的侯貞雄，不僅寫詩，還會作詞。

一九九七年，侯貞雄親自作詞，寫出〈東鋼之歌〉。

他所寫的歌詞充滿火焰、火花，是煉鋼過程中必然存在的元素，也展現鋼鐵的光、熱與美，融化鋼鐵原本冷冰冰的形象。之後，溫隆信完成〈東鋼之歌〉的獨唱版和合唱版，侯貞雄便拉著他請教唱法，並興致勃勃要求創作其他版本延伸、訴求到其他不同的生命和角度。

「鋼鐵業太硬、太冷，我覺得它應該要有溫暖的一面，」溫隆信還記得，當初侯貞雄跟他提到創作〈東鋼之歌〉的原因。

於是，溫隆信又譜成搖滾版、無伴奏版、室內樂、交響樂版本，到最後形成五個版本的曲樂。由此即可看出侯貞雄對音樂的喜好和熱忱，已遠超乎一位企業家涉入音樂的水準。

侯貞雄的學習之路不斷延續，作詞之外，他還以七旬高齡，拜師學聲樂。

往年東鋼尾牙宴上，員工總會聽到侯貞雄和侯王淑昭兩人深情對唱〈月亮代表我的心〉，渾厚、動人的聲音，充分顯露出他對終身伴侶的疼惜與愛意。

二〇〇五年，原本是侯王淑昭自己想學唱歌，但她覺得，侯貞雄平常也喜歡高歌一曲，況且從身形來看，他的體格壯碩、脖子粗短，本身就是一個很好的「發聲器」，應該好好拜師學唱歌，可以在繁忙的公事之餘，抒發心情。

聲樂老師第一次看見他時，「未見其人，先聞其聲，」蘇維倫回憶兩人第一次見面時的情況──那是在一場演場會彩排中，台下突然傳出一陣「啊～啊～」的聲音，侯貞雄宏亮的高音，打斷正在彩排的團員。

渾然天成的男高音「Earlerotti」

聲樂學習，啟動侯貞雄深藏的音樂靈魂。

「他的歌聲高亢甜美，」在教唱〈東鋼之歌〉的過程中，溫隆信發現侯貞雄的嗓音特質，「我認為，聲音甜美是因為他是一個善良的人，是一個柔情鐵漢，敏感細膩。」

「搖船的姑娘妳真美……」聽過侯貞雄演唱中國大陸湘西民歌〈妳真美〉，蘇維倫內心不禁發出讚嘆：「他是情感很豐沛的人，才能唱出發自內心的柔情。」

學聲樂時，侯貞雄已是七十二歲高齡。

「我很訝異！他沒有受過專業的五線譜訓練，卻都能抓到高低音準，」蘇維倫在英國歌劇學校學歌劇伴奏和「聲樂教練」，對於這位「聲樂素人」學生，經常豎起大拇指稱讚。

先前侯貞雄跟聲樂老師學唱時，就學了不少義大利歌曲，正巧，蘇維倫的先生是義大利籍聲樂家圖利奧（Tullio），他是男中音，也一起參與教唱，教侯貞雄發音練習。對於侯貞雄的高音表現，圖利奧讚不絕口。

「他有最執著、最原始的聲音，」蘇維倫不諱言，侯貞雄的頸部較短、有厚度，是「渾然天成的發聲器」，像義大利男高音帕華洛帝（Pavarotti）等多位國際知名聲樂家，都是這種體形。

音樂世界裡的不老頑童

巧合的是，帕華洛帝的招牌歌曲〈我的太陽〉（O Sole Mio），也是侯貞雄最愛公開獻唱的曲目之一！甚至，Tullio還俏皮地把侯貞雄和帕華洛帝的英文名字Earle和Pavarotti結合，稱侯貞雄為Earlerotti；而在練唱時，侯貞雄往鋼琴旁一站，有時還配上白色面紙，侯貞雄便開心學著帕華洛帝捏著手帕一角的招牌動作，拿著面紙向上揮揚，讓練唱變得非常有趣。

在音樂世界裡，侯貞雄是游刃有餘的，雖沒有受過正統的音樂訓練，但他的音樂涵養極有深度。他對老師非常尊重，是很認真的學生，儘管有時不見得認同老師的指導，但不管他是否接受，都會配合老師所要求的練習。

侯貞雄喜歡寫詩、唸詩，一個會唸詩的人，可以把歌詞詮釋得很好；唱歌之前，侯貞雄會把歌詞唸一遍，透過對歌詞的想像，把頭腦打開，啟發他唱歌的技巧。想像歌詞的情節和意義，像唸詩一樣，把詞意、詩意和情境溝通清楚，化為美聲。

學習毅力與對生命的熱情，在藝術方面，是不同的侯貞雄。

第三章　如鋼鐵般的生命鬥士

「曾經有人說過：『生命的祕密是持久性。』若說人生是許多的競賽，那麼要得到冠軍的方法，就是繼續比賽。期間，比賽者要持有的態度，就是必須熱愛生命。我相信，能夠解出『美』的道理，是從『善』的出發點開始。」

侯家長子侯玉書是一位畫家，在他的畫冊序言中，侯貞雄曾為他寫下這樣一段話。

一甲子牽手情深

不斷在生命舞台上比賽，無疑是侯貞雄熱愛生命的善始。

在侯玉書的畫作中，有一幅很特別的畫：一隻穿著藍色西裝、像一隻熊的動物，和一位女士、一隻大象，還有馬戲表演平台……。這幅畫，隱喻著侯貞雄和侯王淑昭，就像馬戲團裡表演特技的人。

當時，侯貞雄為了東和鋼鐵要募集全球存託憑證（GDR），必須到歐洲各處推廣，但他才剛做完心臟繞道手術，就要像空中飛人般展演自己；畫作底下的女人，正是侯王淑昭，隻手撐起身型微胖的大熊，正像她默默在背後撐起家裡最重要的人物——侯貞雄。

然而，對自小受儒家思想影響極深的侯王淑昭來說，先生就是她的「天」；但在一九九二年，侯王淑昭第一次感受到她的「天」傾圮。

當年五十三歲的侯貞雄，要到台翔公司上班途中，因心臟不適，到和信醫院找好友黃達夫求治，輾轉送入台大加護病房。

「那時，我跟著他坐救護車到台大，經歷了一個驚恐無助的晚上，」侯王淑昭一邊說著，一邊眼中泛著淚光，彷彿回到二十五年前，那個曾讓她驚心的夜晚。

坐在病床邊，她看著生理監視器，盯著侯貞雄的呼吸、血壓、心跳……不斷跳動的數字，她一夜無法闔眼。後來，在醫院安排下，侯貞雄到美國杜克大學醫院開刀，而黃達夫和太太兩人也從台灣陪著侯貞雄夫婦到美國，三週後才回到台灣。

宛如生命鬥士

「開完刀後，他兩隻手就這樣死命握著，」侯王淑昭兩手靠在胸前，學著當年侯貞雄努力求生時緊握雙拳的模樣，她說：「他就像是生命的鬥士，好像要跟生命拚了！」手術後沒多久，侯貞雄就惦記著要趕回台灣開股東會。

二〇一三年十一月四日，侯王淑昭的「天」再度崩塌，七十五歲的侯貞雄腦血管栓塞。在鬼門關前走了一回，生病後的侯貞雄不能行動、不能言語，過去奔放熱情的靈魂，被禁錮在無法自主的軀殼裡。

為了幫助侯貞雄復健，侯王淑昭不斷嘗試各種努力，運用最先進的機械輔助，透過音樂治療和語言訓練，試圖逐漸找回他行動和語言的能力。

「抬高一點、踩下去，很好、很好；右腳，抬高一點、踩下去……」

在醫院的復健教室，侯貞雄像一位鋼鐵戰士，身上吊著黑色懸吊器、兩手握著握桿，雙腿綁著機器腳，每週三次、每次一小時的密集復健。侯貞雄的眼神異常堅定，注視前方的虛擬實境螢幕，奮力地配合著抬步、踏步，一步一步踩踏在跑步機上。

這是侯王淑昭斥資數千萬元，自瑞士引進全自動機器人步態訓練儀、上肢機器人訓練系統，協助侯貞雄復健。後來，她將這套設備捐贈給醫院，成為全台公立醫院第一套機器人復健機，也是台灣最新一代的機器人復健機，希望可以幫助其他需要復健的人。

復健路上奮力拚搏

每週的機器人復健，是中風後侯貞雄定期的復健課程，從剛開始狀況不理想，必須由機器帶動步伐，逐漸進展到能夠自己抬腳、移步。

透過機器人的協助復健，他不僅體力狀況愈來愈好，雙腳愈來愈有力，身體也愈站愈直，和剛生病時有如天壤之別。他像生命戰士，不輕易服輸、勇於向極限挑戰，他用鋼鐵般的意志，一步一步，努力讓自己重新站起來。

更重要的是，認知能力日益提升，並且透過各種虛擬遊戲訓練上肢動作；以正在進行中的網魚電玩遊戲為例，「不只是抓魚而已，他還會想如何一次抓兩隻魚，」復健師解釋。

在侯貞雄中風三、四個月後，蘇維倫第一次到醫院探望他時，她在他耳邊唱著韓德爾的〈綠樹成蔭〉，輕輕對他說：「侯先生，我們一起來唱這首歌，您是東和鋼鐵最大的樹蔭，所有員工都在您的庇蔭之下……」頓時，侯貞雄激動不已。當蘇維倫哼出慢版的〈綠樹成蔭〉時，神奇地，侯貞雄隨即跟著她的節奏，「喔～喔～」地發出聲音。

由於中風損傷左腦，影響語言能力，在復健過程中，侯王淑昭嘗試各種方式，希望幫助侯貞雄找回更多的能力。後來她發現，透過發聲練習可以訓練他的面頰肌肉，而藉由練唱的音樂旋律，將身體和心智結合，能夠喚回他的記憶，重拾在音樂中得到的快樂！

儘管侯貞雄沒有受過正統的樂理訓練，但節拍抓得很準，即使是病後，仍不忘令他心醉的旋律，拍子都抓得剛剛好。

在音樂的世界中，侯貞雄慢慢找回和現實生活連結的契機。若聽到喜愛的旋律，他便用還能活動的左手，自然地打起拍子。

清大語言治療漸入佳境

在偶然的機緣下，侯王淑昭透過清華大學語言治療課程，對於呈現失語狀態的侯貞雄的病情，燃起一線生機。

這套治療方法，是由美國哈佛大學醫學院一位喜歡音樂的醫師所提出；他發現，病人中風失語後，只要有熟悉的音樂，就會嗯嗯啊啊哼唱，有些人甚至會唱出歌詞。

根據美國哈佛大學醫學院研究，歌唱可以協助中風患者恢復語言能力，主要原因為掌管歌唱旋律的右腦，透過神經連結左腦，活化掌管語言的腦細胞，當抽掉音樂後，可以利用右腦取代左腦，讓病患說話。

經過語言治療後，侯貞雄復健治療的成效有很大的進展。經常可見的畫面是，他的左手時而跟著節拍，拍打著桌面，唸著《詩經》、曹操的詩，一旦受到讚美，便會像極了孩子般，笑得開懷。當然，最令人動容的，還是他堅定的意志力。

除了詩詞，侯貞雄也愛唱李叔同的歌〈送別〉：

「長亭外，古道邊，芳草碧連天……。一觚濁酒盡餘歡，今宵別夢寒……」

唱起這首歌時，他總是忍不住流淚，因為想起與好友把酒言歡的日子。所幸，治療的成效顯而易見，藉著詩詞與音樂交流，持續啟動心靈，再次找回他對生命的嚮往。

奏出永恆的生命樂章

方面大耳，具有福相的侯貞雄曾說過：「付出愈多的施捨或給予，會有愈多的福報。」

二〇一〇年，侯貞雄以個人名義捐助兩億元給清大，設立「侯金堆獎座」，這個機緣轉成了福報，回到他自己身上，讓他在清大找到復健治療失語的契機。

這個奇蹟，無疑是他一手播下善的種子所結成的果。

「鐵是軟的，是活的，是有生命的，」侯貞雄曾經這樣形容鋼鐵，這個他一生努力發揚光大的事業。熾熱的鋼鐵可以變成繞指柔，得以延續生命轉化成為另一種更有價值的物體。熱愛生命、詠嘆生命的他，曾寫下一首詩〈生命低語〉，深刻描寫出他一生低調淡泊、追求智慧的執著。

生命像過客
短暫停留　然後離去
不懈地學習
發現
智慧的源泉
細微的經歷
匯成一條
可回味無窮的長河
我的存在
不啻為一個永恆的驚喜

近八十年的歲月洗鍊，侯貞雄不僅是一位企業家、慈善家，也是一位哲學家，他為台灣社會、經濟和歷史，創造出無數令人讚嘆的驚喜，寫下無數雋永的篇章。

財經企管 BCB631

誠義
侯貞雄與台灣鋼鐵產業七十年

國家圖書館出版品預行編目(CIP)資料

誠義：侯貞雄與台灣鋼鐵產業七十年 / 劉德明監修, 傅瑋瓊撰稿. -- 第一版. -- 臺北市：遠見天下文化, 2017.10
面； 公分
ISBN 978-986-479-321-1(精裝)

1.侯貞雄 2.企業家 3.臺灣傳記

783.3886 106018034

監修 — 劉德明
撰稿 — 傅瑋瓊

主編 — 李桂芬
責任編輯 — 羅玳珊、李美貞（特約）
美術設計 — 斐類設計工作室
圖片提供 — 東和鋼鐵企業股份有限公司

出版者 — 遠見天下文化出版股份有限公司
創辦人 — 高希均、王力行
遠見・天下文化・事業群 董事長 — 高希均
事業群發行人／CEO — 王力行
天下文化社長／總經理 — 林天來
版權部協理 — 張紫蘭
法律顧問 — 理律法律事務所陳長文律師
著作權顧問 — 魏啟翔律師
社址 — 台北市 104 松江路 93 巷 1 號 2 樓
讀者服務專線 —（02）2662-0012
傳 真 —（02）2662-0007；2662-0009
電子信箱 — cwpc@cwgv.com.tw
直接郵撥帳號 — 1326703-6 號 遠見天下文化出版股份有限公司

電腦排版 — 立全電腦印前排版有限公司
製版廠 — 中原造像股份有限公司
印刷廠 — 中原造像股份有限公司
裝訂廠 — 精益裝訂股份有限公司
登記證 — 局版台業字第 2517 號
總經銷 — 大和書報圖書股份有限公司 電話／(02)8990-2588
出版日期 — 2017 年 11 月 10 日第一版第 1 次印行

定價 — 550 元
ISBN — 978-986-479-321-1
書號 — BCB631
天下文化書坊 — bookzone.cwgv.com.tw

天下文化 35 週年

Believe in Reading 相信閱讀